ZHONGDENG ZHIYE XUEXIAO
QICHE LEI ZHUANYE GUIHUA JIAOCAI

中等职业学校汽车类专业规划教材

汽车维修机械基础

主　编：解生杰　撒韶峰　陈大红

副主编：陈金伟　周开彦

主　审：陈　刚

参　编：罗　兰　李小青　彭明道

廖小峰　杨　静　刘章波

国家一级出版社
全国百佳图书出版单位

西南师范大学出版社
XINAN SHIFAN DAXUE CHUBANSHE

图书在版编目(CIP)数据

汽车维修机械基础/解生杰,撖韶峰,陈大红主编. —重庆:西南师范大学出版社,2012.8(2022.7重印)

ISBN 978-7-5621-5823-3

Ⅰ.①汽… Ⅱ.①解…②撖…③陈… Ⅲ.①汽车—维修机械—中等专业学校—教材Ⅳ.①U472.46

中国版本图书馆CIP数据核字(2012)第123041号

汽车维修机械基础

QICHE WEIXIU JIXIE JICHU

主　　编:解生杰　撖韶峰　陈大红
主　　审:陈　刚

策　　划:刘春卉　杨景罡
责任编辑:曾　文
封面设计:雷　桥
出版发行:西南师范大学出版社
（重庆·北碚　邮编:400715）
印　　刷:重庆市正前方彩色印刷有限公司
幅面尺寸:185 mm×260 mm
印　　张:12.75
字　　数:326千字
版　　次:2012年8月第1版
印　　次:2022年7月第8次
书　　号:ISBN 978-7-5621-5823-3

定　　价:36.00元

尊敬的读者,感谢您使用西师版教材!如对本书有任何建议或要求,请发送邮件至xszjfs@126.com。

序言

XUYAN

随着我国经济发展和产业结构的调整，职业教育越来越凸现出其重要性，大力发展职业教育是当今举国之策，重庆市在这大背景下，下发了《中共重庆市委重庆市人民政府关于大力发展职业技术教育的决定》(渝委发〔2012〕11号)文件。该文件对培养现代制造业、现代服务业的高素质技能型紧缺人才的现代职业教育的发展起到了很大的政策支撑和引领作用。

由于汽车产业的快速发展，尤其是现代汽车新技术、新工艺的广泛应用，对汽车制造和汽车后市场人才的要求越来越高。然而，目前许多中职学校汽车运用与维修专业的办学软硬件设施还没有和市场真正接轨，没有适合学生的职业发展规律，更没有结合学校自身的实际情况。最为突出的是在专业教学方面，存在课程体系不合理、教学内容陈旧、教学方法落后等问题，完全不能满足现代汽车产业岗位职业能力培养的需求。

为了更好地满足中等职业学校汽车类专业的教学要求，体现职业教育特色，促进汽车专业人才的培养，我们一线教师和行业专家在广泛调研和深入实践的基础上，按“项目引领、任务驱动”的最新教学理念编写了这套中等职业学校汽车类专业教材。本系列教材共计17本，分别为《汽车文化》《汽车维修机械基础》《汽车维修基本技能》《汽车发动机基础维修》《汽车底盘基础维修》《汽车电气设备构造与维修》《汽车发动机电控系统检修》《汽车底盘电控技术》《汽车电工电子》《汽车车身电控技术》《汽车故障诊断与排除》《汽车维护与保养》《汽车美容与装饰》《汽车车身修复》《汽车维修涂装技术》《汽车评估》《汽车中级技能培训》。

本套教材是以市场人才需求为导向，围绕学生职业能力培养，结合中职学生职业教育规律进行编写的。其主要特点如下：

1．根据学生岗位职业和发展，教材体系体现了“宽、专、精”三个不同层面的内涵。提炼、整合了传统专业基础课程，拓宽专业基础知识、技能的实用性，满足不同岗位的需要；针对不同工种的工作需求，编写了不同工种的专门化核心专业课程；依据“知识够用、技能实用”原则，精细打造课程，实现与实际岗位工作任务无缝对接。

2. 专业课程体例是按“任务驱动的‘理实一体化’”模式编写的，体现了以完成工作任务为目的、以应用为中心的职业技能教育特点，实施了“学中做，做中学”的理论与实践相结合的教学理念。

3. 课程内容满足专业能力培养的需要。坚持“必需、够用”的原则，内容严谨、容量适宜、难易得当。

4. 结合了汽车行业职业技能考核的要求，注重培养“双证”技能型人才。

5. 注重学生职业道德与情感的培养，树立安全和环保的意识。

本套教材是在充分调研和深入实践的情况下，在重庆市多所职业学校和相关高校的一线专业课教师、“双师型”教师共同参与下研发、编写而成。这将更能体现其在实际教学中的适用性和地方特色，满足中职学校汽车运用与维修专业的人才培养要求，从而推动地方职业教育的教学改革，为我国汽车产业发展发挥积极的作用。

前言

QIANYAN

随着人们生活水平的提高，汽车作为一种交通工具已经逐步进入了家庭，私家轿车的迅猛增长极大地冲击着汽车这个朝阳行业，使得这个行业的人才短缺显得尤为突出，尤其是汽车的后市场急需汽车专业的人才。

针对现在社会需求与人才短缺的这一矛盾，为适应市场的需要，许多学校开设了汽车运用与维修、汽车检测等专业。根据教育部颁发的《中等职业学校汽车运用与维修专业教学指导方案》，为适应中等职业学校汽车运用与维修、汽车生产营销与服务等专业主干课程的教学基本要求，参照行业职业技能鉴定规范及中级技术工人等级考核标准，以“够用为度、适用为主、应用为本”为基本原则，我们编写了《汽车维修机械基础》。该教材可供中等职业学校汽车运用与维修、汽车生产营销与服务等专业学生使用，也可作为相关行业岗位从业人员的培训参考用书。

本教材在选材上结合了汽车维修、生产行业的特点，综合了汽车识图、公差与配合、液压传动基础、力学基础、机械设计基础等相关传统学科的知识要点，是汽车运用与维修等专业的一门技术基础课教材，是多学科知识的综合应用。通过本教材的教学，可使学生掌握汽车机械维修技术的基本知识、基本理论、基本方法，并培养学生具有一定汽车机械认识与分析能力。

本书由解生杰、撖韶峰、陈大红任主编，陈金伟、周开彦任副主编，罗兰、李小青、彭明道、廖小峰、杨静、刘章波参与编写。编写该教材的目的在于培养学生应用基本知识和理论分析、解决实际问题的能力，应用多门学科的知识和技术解决汽车工程综合问题的能力，培养学生的动手能力、合作能力、创新能力和对行业的适应能力等。

由于水平有限，书中难免存在错误与不妥之处，殷切希望广大读者批评指正。

目　录

项目一 识别常用汽车材料

任务一 认知材料的力学性能

【任务目标】

目标类型	目标要求
知识目标	(1)认识金属材料的使用性能和工艺性能 (2)理解金属材料制件上的作用载荷及在载荷作用下产生的变形形式 (3)认识金属材料力学性能所包含的各项指标:强度、刚度、疲劳强度、塑性、韧性、硬度等 (4)了解金属材料的物理、化学性能指标 (5)认识金属材料工艺性能所包含的各项指标:铸造性能、压力加工性能、焊接性能、热处理性能、切削加工性能等
技能目标	达到汽车维修中级工如下要求: 能运用金属材料的使用性能和工艺性能相关知识判别汽车制件的选材依据
情感目标	(1)养成根据汽车零部件使用环境判别其使用性能要求的习惯 (2)把握汽车零部件优劣品质的判断指标 (3)养成思考汽车零部件加工工艺的习惯

【任务描述】

大众汽车的外观,如图1-1-1(a)所示;铃木汽车的驾驶室,如图1-1-1(b)所示;仔细地观察、思考汽车零部件制作所采用的材料,可以得出如下的结果:钢板、铸铁、铝合金、塑料、橡胶等。作为一种交通工具,汽车在使用过程中始终处于高速运行的状态,它的零部件既要承

(a)大众汽车的外观　　(b)铃木汽车的驾驶室

图1-1-1　大众汽车的外观、铃木汽车的驾驶室

受摩擦、震动，克服各种阻力，还要防止空气、雨雪等对它的腐蚀，等等。这就要求制作汽车零部件的材料具有各方面的抵抗能力。

因此，我们需要了解汽车零部件材料的性能。

【知识准备】

金属材料的性能一般可分为使用性能和工艺性能，其性能指标见表 1-1-1。

表 1-1-1　金属材料的性能

金属材料的性能	使用性能	金属材料在使用过程中表现出来的性能	力学性能	强度、塑性、硬度、冲击韧性、疲劳强度等
			物理性能	密度、熔点、热膨胀性、导热性、导电性、磁性等
			化学性能	耐腐蚀、抗氧化等
			其他性能	耐磨、抗震等
	工艺性能	金属材料在加工制造过程中表现出来的性能	铸造性能	加工制造零件过程中，表现出来的是否容易被制作成形及被制作的性能
			压力加工性能	
			焊接性能	
			热处理性能	
			切削加工性能	

汽车上的零件，大多数是由金属材料制作的，运行过程中要承受各种外力（又称载荷）的作用，它们会发生形状和尺寸的变化，这种改变又叫变形。因此我们可知在外力的作用下零件会发生变形，当变形过大时，会引起故障（又称失效，即零件丧失工作能力）。

载荷根据力的三要素随时间的变化可分为：静载荷、变载荷、冲击载荷、疲劳载荷等。

①静载荷：力的三要素随时间的变化保持不变或变化非常缓慢的载荷。比如：汽车直线行驶，驾驶员作用于方向盘上的力。

②变载荷：力的三要素随时间的变化而变化的载荷。比如：乡村公路上，路面对汽车车轮的作用力。

③冲击载荷：突然增加或者消失的载荷。比如：发动机活塞在点火瞬间所承受的力。

④疲劳载荷：周期性的变载荷。比如：发动机工作过程中处于活塞和曲轴之间的连杆所承受的力。

查一查：力的三要素包含：__________、__________、__________。

根据变形的形式，汽车零件所发生的变形可分为弹性变形、塑性变形、弹性-塑性变形三种。

①弹性变形：材料在外力作用下产生变形，当外力取消后，材料变形即可消失并能完全恢复原来形状的变形。比如：汽车轮胎在行驶过程中产生的变形。

②塑性变形：材料在外力作用下产生变形，当外力取消后，材料变形不能完全恢复原来形状的变形。比如：汽车外壳在冲压成形的过程中产生的变形。

③弹性-塑性变形：材料在外力作用下产生变形，当外力取消后，发生材料变形的一部分恢复原来形状，一部分不能恢复原来形状的变形。它是弹性变形和塑性变形的结合。

【任务实施】

一、认知金属材料的使用性能

1.力学性能

(1)强度:金属材料在静载荷作用下抵抗塑性变形或断裂的能力。

小提示:本定义含两方面的内容,即塑性变形与断裂。

因为金属材料根据其力学性能可分为塑性材料和脆性材料两种。在静载荷(缓慢加大的力)的作用下,这两种材料制件体现出的失效形式不同。

①塑性材料制件:出现塑性变形即为失效(变形过程:先是产生弹性变形,再有塑性变形,最后才断裂。仔细观察:塑料布被拉断的过程)。

②脆性材料制件:直接断裂为失效(变形过程:先是不显眼的弹性变形,再是断裂。仔细观察:粉笔、玻璃被拉断的过程)。

所以,该定义包含了塑性材料制件和脆性材料制件承受外载荷的强度问题。

(2)刚度:金属材料制件在载荷作用下,其弹性变形不超过允许值的能力。

小提示:以汽车上的悬架减震弹簧为例理解该定义。

汽车悬架减震弹簧的作用是过滤路面颠簸提高车辆舒适性或者提高操控性。减震器又叫阻尼器,作用是抑制弹簧的自由震荡。

弹簧最主要的性能指标是弹簧的刚度。刚度大,弹簧不容易发生弹性变形;刚度小,在很小的载荷作用下就能发生弹性变形。通过汽车悬架弹簧的作用可知悬架弹簧刚度的大小会对人乘坐汽车的舒适性产生影响,刚度小缓冲变形过大,刚度大缓冲变形过小,故其取值一定要合理、匹配,这样才能让人乘坐舒适。

(3)塑性:金属材料在载荷作用下产生塑性变形(永久变形)而不失效的能力。

金属材料的塑性好坏,对零件的加工和使用都有重要的实际意义。塑性好的材料不仅能顺利地进行锻压、轧制等成形工艺,比如汽车车身外壳的冲压成形、盛饭菜用的不锈钢饭盒成形等,都充分利用了金属材料的塑性性能,而且在使用时一旦超载(比如汽车车架),由于塑性变形能避免突然断裂,保证了机件工作时相关人员的人身安全。

(4)韧性:材料在塑性变形和断裂过程中吸收能量的能力。通常把它理解为冲击韧性,指金属材料抵抗冲击载荷作用而不发生破坏的能力。韧性越好,则发生脆性断裂的可能性越小。

想一想:

金属材料的塑性与韧性的相同点与不同点。

相同点:都是形容材料变形性的参数。

不同点:塑性是变形长度大小的量度,而韧性是断裂难易程度的量度。

(5)硬度:材料局部抵抗硬物压入其表面的能力。硬度通常用来衡量金属材料的软硬程度。

硬度值的物理意义随试验方法的不同而不同,硬度值通常在硬度机上采用压入法进行测量,即在一定载荷作用下,将比工件更硬的压头缓慢地压入被测工件表面,使金属局部塑性变形而形成压痕,然后根据压痕面积的大小或压痕的深度来确定硬度值。

进行硬度试验的时候，根据所使用的压头不同一般将硬度值分为：布氏硬度、洛氏硬度等，其中洛氏硬度根据所使用硬度计的标尺不同又分为 HRA、HRB、HRC，最常用的洛氏硬度表示法为 HRC。

①布氏硬度相关指标及表示方法，见表 1-1-2。

表 1-1-2 布氏硬度相关指标及表示方法

硬度值	布氏硬度分类符号	球体直径/mm	试验力/N	试验力保持时间/s
数值	HBS(压头为淬火钢球)	*D*	*F*	10～15 s 不标注，其余均标
	HBW(压头为硬质合金钢球)			

HBW(压头为硬质合金钢球)淬火钢球适于测量布氏硬度在 450 以下的材料硬度，硬质合金钢球适于测量布氏硬度在 650 以下 350 以上的材料硬度。

表示方法：

130HBS10/1200/30 表示用直径为 10 mm 的淬火钢球，在 1200 kgf 试验力的作用下，保持 30 s 测得的布氏硬度值为 130(1 kgf=9.81 N，以下同)。

530HBW5/750 表示用直径为 5 mm 硬质合金钢球，在 750 kgf 试验力的作用下，保持 10～15 s 测得的布氏硬度值为 530。

②洛氏硬度种类及表示方法，见表 1-1-3。

表 1-1-3 洛氏硬度种类及表示方法

表示法	压头类型	主载荷/kgf	测量范围	应用举例
HRA	金刚石圆锥体	50	60～85 HRA	硬质合金、表面淬硬层、渗碳层
HRC	金刚石圆锥体	140	20～67 HRC	一般淬火件
HRB	钢球	90	25～100 HRB	有色金属及合金，退火、正火钢

表示方法，比如：75HRA、95HRB、58HRC 等。

布氏硬度与洛氏硬度最大的区别在于：

a.布氏硬度压痕较大，不适用于成品件、薄型件的测量；高硬度的材料不宜测量。

b.洛氏硬度压痕很小，适用于成品件、薄型件的测量；测量的范围较大。

(6)疲劳强度：金属材料在无数次的疲劳载荷的作用下不致引起断裂的最大疲劳载荷。

金属材料在循环的疲劳载荷作用下，在一处或几处产生局部永久性累积损伤，在经过一定的循环次数后产生裂纹或突然断裂的过程，称为疲劳。

可见疲劳的结果是：突然断裂。

疲劳的过程是：裂纹的产生、裂纹的扩展、突然断裂。

疲劳断面分析：光滑区、粗糙区、断裂区。疲劳断面示意图如图 1-1-2 所示。

图 1-1-2 疲劳断面示意图

疲劳的原因是：材料的内部缺陷、表面划痕、截面突变等因素引起的应力集中而产生的微裂纹。

预防疲劳的措施是：消除应力集中及其带来的微裂纹。

想一想： 不论什么样的汽车，为什么使用一定的年限（或行驶一定的里程）后必须强制报废？

2.物理性能

（1）密度：某种物质单位体积的质量，金属的密度即为单位体积金属的质量。

它是材料的一种基本属性。一般密度小于 5×10^3 kg/m^3 的金属称为轻金属，密度大于 5×10^3 kg/m^3 的金属称为重金属。常用金属的密度见表 1-1-4。

表 1-1-4 常用金属的物理性能

金属名称	符号	密度 ρ (20℃) (kg/m^3)	熔点(℃)	热导率 λ (W/m·K)	线胀系数 α (0～100℃) (10^{-6}/℃)	电阻率 ρ (0℃) $10^{-6}\Omega\cdot$cm
银	Ag	10.49×10^3	960.8	418.6	19.7	1.5
铜	Cu	8.96×10^3	1083	393.5	17	1.67～1.68(20℃)
铝	Al	2.7×10^3	660	221.9	23.6	2.655
镁	Mg	1.74×10^3	650	153.7	24.3	4.47
钨	W	19.3×10^3	3380	166.2	4.6(20℃)	5.1
镍	Ni	4.5×10^3	1453	92.1	13.4	6.84
铁	Fe	7.87×10^3	1538	75.4	11.76	9.7
锡	Sn	7.3×10^3	231.9	62.8	2.3	11.5
铬	Cr	7.19×10^3	1903	67	6.2	12.9
钛	Ti	4.508×10^3	1677	15.1	8.2	42.1～47.8
锰	Mn	7.43×10^3	1244	4.98(－192℃)	37	185(20℃)

（2）熔点：金属从固态向液态转变时的温度点。

金属都有固定的熔点。熔点对于金属而言是其冶炼、铸造、焊接的重要工艺参数。

熔点高的金属有：钨、钼、钒等，用来制造汽车灯丝、发动机气缸套的内涂层等；熔点低的金属有：锡、铅等，可以用来制造汽车电路的保险丝、用于汽车水箱和油箱的裂缝焊接等。

常用金属的熔点见表 1-1-4。

（3）导热性：金属材料传导热量的能力。

通常用热导率来衡量导热性的大小。热导率的符号：λ，单位：W/(m·K)。热导率大，导热性好，金属材料的导热能力以银为最好。

在汽车领域，因导热性好的金属散热性好，所以在制作散热器、热交换器、活塞零件时选用导热性好的金属材料。

常用金属的热导率见表 1-1-4。

（4）导电性：金属材料传导电流的能力。

电阻率是衡量导电性的重要指标。电阻率的符号：ρ，单位：$\Omega\cdot$cm，电阻率越小，金属的导电性越好，导电性好的有：纯铜、纯铝。

常用金属的电阻率见表1-1-4。

(5)热膨胀性:金属材料随着温度变化表现出的膨胀、收缩的特性。

热膨胀性的大小用线胀系数α来表示。

一般来说金属受热时膨胀体积增大,受冷时收缩体积减小。

汽车电路领域很多双金属片触点开关,就充分利用两种金属片上缠绕的加热线圈通电加热后的热膨胀性不同,来实现双金属片触点开关所在电路的接通与断开。

常用金属的线胀系数见表1-1-4。

(6)磁性:金属材料在磁场中受到磁化的能力。

根据金属材料在磁场中受到磁化的程度,把金属材料分为:铁磁性材料、顺磁性材料、抗磁性材料三类。

①铁磁性材料:在外磁场中能强烈被磁化,金属材料化学成分以铁、钴等元素为主。

②顺磁性材料:在外磁场中能微弱被磁化,金属材料化学成分以锰、铬等元素为主。

③抗磁性材料:能抗拒或削弱外磁场对材料本身的磁化作用,金属材料化学成分以铜、锌等元素为主。

磁性材料制作的电子元器件在汽车电子中应用十分广泛,主要应用有以下三个主要领域:一是传统电子产品,如汽车音响、汽车仪表、汽车照明等;二是提高汽车安全性、稳定性、舒适性及娱乐性的产品,如ABS、安全气囊、动力控制系统、底盘控制、GPS等;三是节能环保型电动汽车和混合动力汽车系统,如充电器、电机驱动装置。

3.化学性能

(1)耐腐蚀性:金属材料在常温下抵抗氧、水蒸气及其他化学介质的腐蚀破坏的能力。

腐蚀作用对金属材料的危害极大,它不仅使金属材料本身受损,严重时还会使金属零部件遭到破坏,引起重大的伤亡事故。为了提高汽车领域上各种零件的耐腐蚀性,零部件的选材已出现塑料化的趋势,从保险杠扩大到后视镜壳、门把手、扰流板、侧裙护板、水箱格栅、牌照灯护板、防擦条、轮毂罩、发动机罩、后备厢盖、叶子板等。

(2)抗氧化性:金属材料在加热时抵抗氧化作用的能力。

金属材料的氧化随温度的升高而加速。汽车上的进气歧管、排气歧管、离合器的摩擦片等零部件由于使用环境温度的变化都会出现氧化现象,我们需要选择热稳定性好的材料来制造。

4.其他性能

(1)耐磨性:材料在一定摩擦条件下抵抗磨损的能力。

材料的耐磨性用磨损率表示,其计算公式为:

$$N=\frac{m_1-m_2}{A}$$

式中:

m_1、m_2,分别为材料磨损前、后的质量(g);

N,材料的磨损率(g/cm^2);

A,试件受磨面积(cm^2)。

材料的耐磨性与材料的组成成分、结构、强度、硬度等因素有关。

金属材料的耐磨性与其硬度值有关,一般情况下,硬度值高的材料其耐磨性就好,故常将硬度值作为衡量其耐磨性的一项重要指标。但耐磨性最好的材料不一定硬度高,比如常用来制作发动机凸轮轴的材料——铸铁,其硬度值就不高但非常耐磨。所以我们不能单纯追求零部件的表面硬度,因过硬的材料不易磨合,反而会降低摩擦面的耐磨性。

(2)抗震性:金属材料抵抗震动的能力。

汽车零部件中气缸体、车轮等常采用铸铁材料制作,其原因之一是铸铁有良好的抗震性,铸铁内有柔软的石墨组织,就像棉花一样,能够吸收震动,达到减小震动的目的。

二、认知金属材料的工艺性能

金属材料的工艺性能:金属材料在加工制造过程中表现出来的适应能力。

我们知道汽车是由上万个零部件组成的,其中金属材料制件居多,那么金属材料制件必须经过生产加工、机械制造的手段才能成形,金属的工艺性能是决定材料能否进行加工制造或如何进行加工的重要因素,如果材料不具备被加工的能力,那么汽车也无从谈起。因此我们必须了解金属材料的加工、组装方面的工艺性能。

按照加工制造的工艺方法不同,工艺性能可分为:铸造性、可锻性、可焊性及切削加工性能等。

(1)铸造性。将金属熔炼成液态浇入铸型,待冷却凝固后,获得一定的形状和尺寸铸件的过程称为铸造,而金属材料能否用铸造的方法获得优良的性能称为铸造性。

观察汽车发动机的气缸体(或气缸盖),想一想它的坯件是使用什么方法成形的,如图 1-1-3 所示。

图 1-1-3 气缸体

(2)可锻性。利用锻压机械对金属坯料施加冲击压力,使其产生塑性变形,以获得一定的机械性能、形状和尺寸的锻件,这种加工方法称为锻造,按成形形式,锻造分为自由锻、模锻等。金属材料在锻压加工中能获得优良锻件的性能称为可锻性。

铁匠师傅打造一把镰刀或锄头,都属于自由锻;将烧红的坯料锻打入一定的模型使零件成形的方法称为模锻。

观察汽车发动机的曲轴,想一想它的坯件是使用什么方法成形的,如图 1-1-4 所示。

图 1-1-4 曲轴

(3)可焊性。通过加热熔化或施压,使两个工件的局部产生原子间的结合而得到永久性连接接头的加工工艺称为焊接,焊接主要分为熔焊、压焊、钎焊三大类。金属能否用一般焊接方法获得优良接头的性能称为可焊性。

家里面用的防盗铁门、汽车的车架都属于熔焊成形,汽车车身的两块钢板组合属于压焊,汽车的油箱成形属于钎焊。

观察汽车发动机的水箱焊接缝隙,思考它是使用什么焊接方法成形的。

(4)切削加工性能。用切削工具把被加工零件上多余的材料层切去,使工件获得要求的几何形状、尺寸与表面质量的加工方法称为切削加工,金属材料接受切削加工成形的难易程度称为切削加工性,切削加工如图 1-1-5 所示。

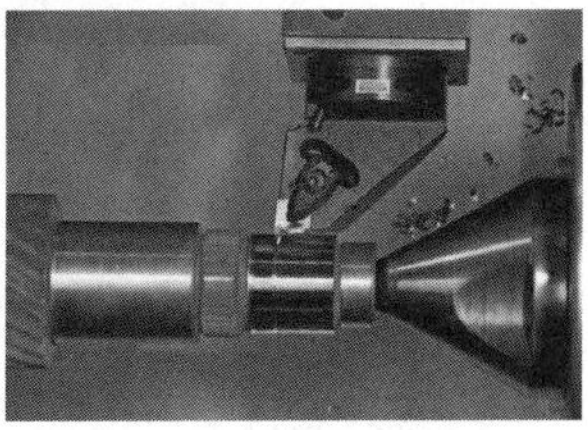

图 1-1-5 金属切削加工

找一找: 找一汽车发动机零件,指一指其上哪些是切削加工出来的表面。

【任务拓展】

一、拉伸试验

金属在静载荷作用下，抵抗塑性变形和断裂的能力称为强度。按载荷作用方式不同，强度可分为抗拉强度、抗压强度、抗弯强度、抗剪强度和抗扭强度等。一般情况下多以抗拉强度作为衡量强度高低的指标。抗拉强度的测定通常用拉伸试验法。

拉伸试验是将试样安放在拉伸试验机上，施加一定载荷进行的。拉伸试验机如图 1-1-6 所示。拉伸试样有圆形、矩形、管形三种。常用的是圆形低碳钢拉伸试样，如图 1-1-7 所示。按国家标准，拉伸试样分长试样（$L_0=10d_0$）和短试样（$L_0=5d_0$）两种。试样拉断前后状态如图1-1-8所示。

图 1-1-6　拉伸试验机

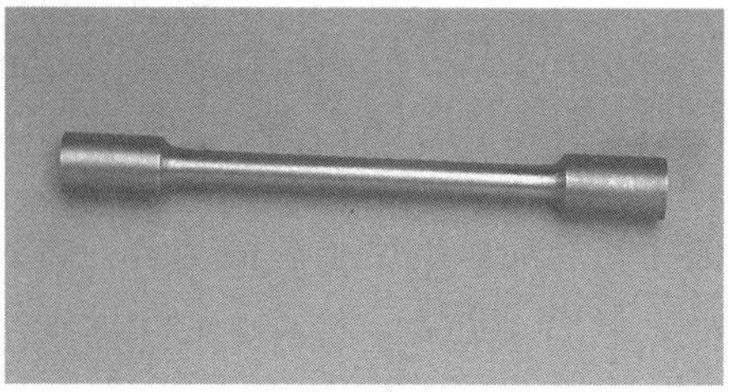

图 1-1-7　圆形低碳钢拉伸试样

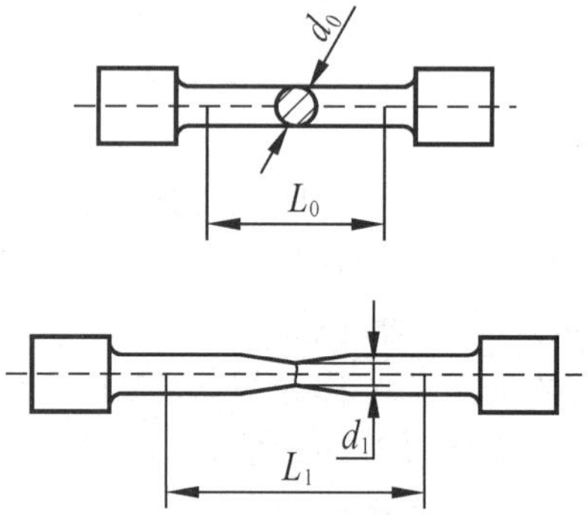

图 1-1-8　试样拉断前后的状态

试验时，将钢制成标准试样，安放在拉伸试验机上，缓慢加载，试样长度随载荷的增加而增加，实时记录载荷与试样伸长量的数值，直至拉断为止。将试验过程中的外加载荷（F）与试样绝对伸长量（$\Delta L=|L_0-L_1|$）描绘在以载荷 F 为纵坐标，绝对伸长量 ΔL 为横坐标的坐标系中，连接各点所得曲线即是载荷-变形量关系曲线，常称拉伸曲线。

1.拉伸曲线的各个阶段

图 1-1-9 所示为退火低碳钢试样拉伸曲线，其拉伸曲线有以下几个阶段：

(1)弹性变形阶段（OE 线段）：当载荷 F 为零时，ΔL 也为零。当载荷由零增加到 F_e 时，试样发生均匀伸长。在此阶段中若去除载荷，试样能完全恢复到原来的形状和尺寸。这种随载荷的作用而产生，随载荷的去除而消失的变形称为弹性变形。这个阶段称为弹性变形阶段。

(2)微量塑性变形阶段(ES 线段):载荷超过 F_e 后,试样继续变形。此阶段中若去除载荷,试样不能完全恢复到原来尺寸,而保留一部分残余微量变形。这种随载荷的去除而不能完全消失的变形称为塑性变形(或永久变形)。这个阶段称为微量塑性变形阶段。

(3)屈服阶段(SS'线段):当载荷增加到 F_s 时,图上出现近似的水平线段(或锯齿形线)。这表明载荷没有明显增加,变形量仍在继续增加。这种现象称为屈服,这个阶段称屈服阶段。

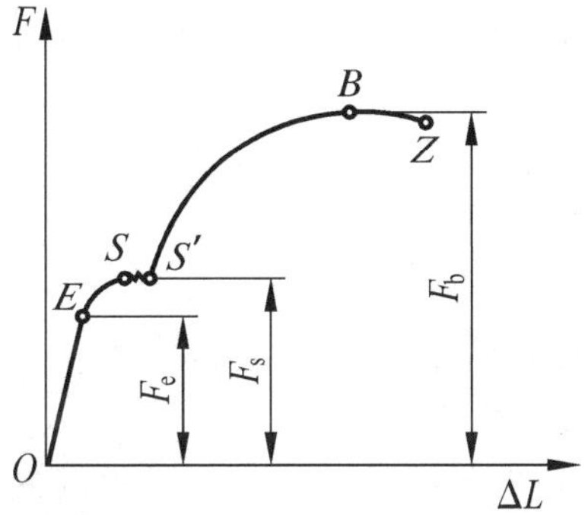

图 1-1-9　退火低碳钢试样拉伸曲线

在载荷不增加或略有减小的情况下,试样还继续伸长的现象叫作屈服。屈服后,材料开始出现明显的塑性变形。F_s 称为屈服载荷。

(4)均匀变形阶段($S'B$ 线段):载荷超过 F_s 后,试样开始发生大量变形,其变形量随载荷的增大而增大,一直到 B 点。该过程的变形是沿试样标距长度均匀发生的,称为均匀变形阶段。在此阶段,载荷增加,试样标距长度明显增长,试样横截面积均匀缩小。经过塑性变形,使材料能承受更大的载荷,这就是加工硬化现象。

(5)缩颈与断裂阶段(BZ 线段):载荷增加到 F_b 时,变形显著地集中到试样最薄弱部分,试样出现局部直径收缩,这个现象称为颈缩现象。然后,试样变形局限在颈缩部分。由于试样断面局部缩小,试样变形所需载荷逐渐减小,直到 Z 点,试样在颈缩处被拉断。

工程上使用的金属材料,多数没有明显的屈服现象,有些脆性材料,不但没有屈服现象,而且也不产生"缩颈"。如铸铁等。

2.强度指标

(1)弹性极限:材料不产生塑性变形所能承受的最大应力。用符合 σ_e 表示。计算公式为:

$$\sigma_e = \frac{F_e}{S_0}$$

式中:

σ_e——弹性极限(MPa);

F_e——材料不产生塑性变形时所能承受的最大载荷(N);

S_0——试样的原始横截面积(mm^2)。

(2)屈服极限:材料产生屈服现象时的最小应力,又称屈服点,用符号 σ_s 表示,计算公式为:

$$\sigma_s = \frac{F_s}{S_0}$$

式中:

σ_s——屈服极限(MPa);

F_s——材料产生屈服现象时的最小载荷(N);

S_0——试样的原始横截面积(mm^2)。

值得注意的是，除低碳钢和中碳钢等合金有屈服现象外，有些金属材料（铸铁、高碳钢）在拉伸时没有明显的屈服现象，测定 σ_s 很困难。因此，国家标准规定了一个相当于屈服点的强度指标，即规定残余伸长应力。规定残余伸长应力是指试样卸除拉伸力后，其标距部分的残余伸长达到规定的原始标距百分比时的应力，用符号 σ 表示。例如，$\sigma_{0.2}$ 表示规定残余伸长率为 0.2%时的应力。

(3)抗拉强度（强度极限）：材料在拉断前能承受的最大应力，用符号 σ_b 表示。计算公式为：

$$\sigma_b=\frac{F_b}{S_0}$$

式中：

σ_b——抗拉强度（MPa）；

F_b——材料在拉断前能承受的最大载荷（N）；

S_0——试样的原始横截面积（mm^2）。

机械零件或构件在工作中虽然有不同形式或不同程度的变形，但要求的严格程度不一样。对不允许产生微量塑性变形的零件，以弹性极限为设计和选材的主要依据。对不允许产生明显的塑性变形零件，以屈服极限为设计和选材的主要依据。对塑性差的材料（如灰口铸铁），在拉伸时基本上不发生塑性变形，不仅没有屈服现象，而且无颈缩现象，其断裂是突然发生的，在设计和选材时，以抗拉强度为主要依据。所以屈服极限和抗拉强度是设计、选材和评定金属材料质量的重要依据。

二、塑性

金属材料在外力的作用下，产生永久变形而不破坏其完整性的能力称为塑性。如起重机吊索受到拉力、机床夹具工作时受夹紧力等，在规定的条件下它们都有一定的永久变形而不产生破坏。塑性的衡量指标是断后伸长率和断面收缩率。

1.断后伸长率

试样拉断后，其标距的伸长量与原始标距长度比值的百分率称为断后伸长率。用符号 δ 表示。计算公式为：

$$\delta=(L_1-L_0)/L_0\times100\%$$

式中：

δ——断后伸长率（%）；

L_0——试样原来的标距长度（mm）；

L_1——试样拉断后的标距长度（mm）。

长试样测出的断后伸长率用 δ_1 表示，短试样测出的断后伸长率用 δ_2 表示，对同一塑性材料，δ_1 与 δ_2 数值不相等，不能直接进行比较。实验表明短试样的断后伸长率大于长试样的延伸率，$\delta_2>\delta_1$。由于短试样具有节约试样材料和加工较方便等优点，目前各国标准中有优先选取短试样的趋势，我国也逐渐向这方面求得统一。

2.断面收缩率

试样在拉断之处，横截面积的缩减量与原始横截面积比值的百分率称为断面收缩率。用 ψ 表示。计算公式为：

$$\psi=(S_0-S_1)/S_0\times100\%$$

式中：

ψ——断面收缩率(%)；

S_0——试样的原始横截面积(mm^2)；

S_1——试样断裂处的横截面积(mm^2)。

塑性也是金属材料的重要机械性能指标。一般来说，金属材料的断后伸长率(δ)和断面收缩率(ψ)数值越大，表示材料的塑性越好。金属材料塑性的好坏，对零件的加工和使用具有十分重要的意义。塑性好的金属可以产生大量塑性变形而不破坏，以利于塑性变形加工。如塑性好的材料容易进行轧制、锻压、冲压和焊接等。塑性好的零件在使用时遇到超载现象，由于产生明显的塑性变形而使材料承受载荷的能力增强，从而避免突然断裂，比较安全。

【课后训练】（打“※”为选做题）

一、名词解释

1.金属材料的性能　2.强度　3.刚度　4.抗拉强度　5.断后伸长率　6.塑性　7.韧性　8.硬度　9.疲劳　10.可焊性　11.失效

二、填空题

1.金属材料的性能包括__________和__________两方面。

2.根据载荷作用性质的不同，载荷可以分为________、________、________及________四种。

3.金属材料制件在静载荷作用下，__________的能力称为强度。

4.材料__________称为抗拉强度，用符号__________表示。

5.__________能力称为塑性。常用__________和断面收缩率表示。

6.500HBW5/750 表示用直径为________ mm，材质为________的压头，在________ kgf 的压力下，保持________ s，测得的硬度值为________。

7.__________能力称为冲击韧性。

8.工艺性能是________的适应能力，包括________、________、________和________等。

三、选择题

1.作用在汽车零件上的载荷，其大小、方向随时间发生周期性的变化，这种载荷叫(　　)。

A.冲击载荷　　B.静载荷　　C.疲劳载荷

2.汽车零部件在工作中所承受的应力，不允许超过抗拉强度，否则会产生(　　)。

A.弹性变形　　B.断裂　　C.塑性变形

3.汽车零件失效，大约有 80%以上属于(　　)，这种破坏发生前没有明显的变形。

A.疲劳破坏　　B.剪切破坏　　C.弯曲破坏

4.测量汽车发动机上的零件——曲轴的硬度，一般选用(　　)来测试。

A.布氏硬度计　　B.洛氏硬度计　　C.维氏硬度计

5.金属材料的(　　)越好，则其锻造性能越好。

A.强度　　B.塑性　　C.硬度

四、判断题

1.使用性能是指金属材料在使用条件下所表现出来的性能。 ( )

2.汽车直线行驶,驾驶员作用于方向盘上的力为冲击载荷。 ( )

3.刚度是指在力的作用下零件抵抗变形的能力,其中也包括塑性变形。 ( )

4.将烧红的坯件放入模型中锻打,称为铸造。 ( )

5.发动机内部连杆在正常状态下工作,其发生的变形都是弹性变形。 ( )

五、简答题(※)

1.汽车零件所发生的变形有哪几种?它们的定义分别是什么?

2.金属材料根据其性能可分为哪两种?体现在强度上它们的失效形式是什么?

3.布氏硬度和洛氏硬度最大的区别在哪里?

4.汽车电路中为什么经常用双金属片制作触点开关?

5.指出汽车材料铸造性和锻造性的区别。

任务二 认知常见汽车用黑色金属材料

【任务目标】

目标类型	目标要求
知识目标	(1)认知金属材料与黑色金属材料的区别 (2)认知黑色金属材料所包含的碳素钢、合金钢、铸铁、粉末冶金等材料的牌号、性能和用途 (3)认知金属材料热处理的相关知识 (4)了解市场供应钢材的基本特点
技能目标	达到汽车维修中级工如下要求： 能运用黑色金属材料的牌号、性能和用途相关知识判别汽车制件的选材原则
情感目标	(1)养成根据汽车零部件使用要求判别汽车制件选材原则的习惯 (2)把握汽车零部件材料优劣品质的判断指标 (3)养成根据零部件材料性能思考汽车零部件修配工艺的习惯

【任务描述】

观察图 1-2-1、图 1-2-2 和图 1-2-3，想一想这些汽车零部件具体是用哪些材料制成的。

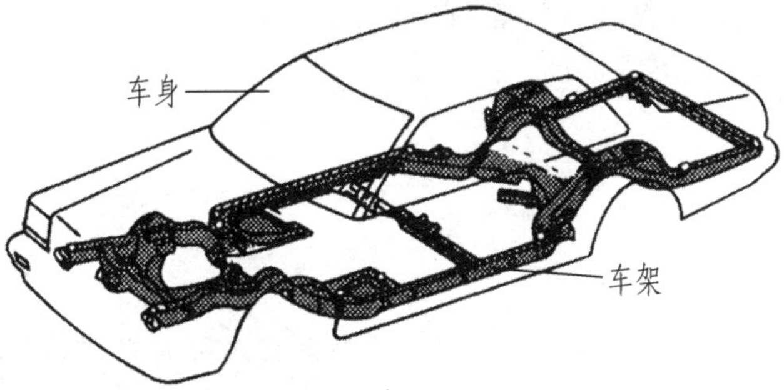

图 1-2-1 车架与车身

图 1-2-2 主减速器齿轮

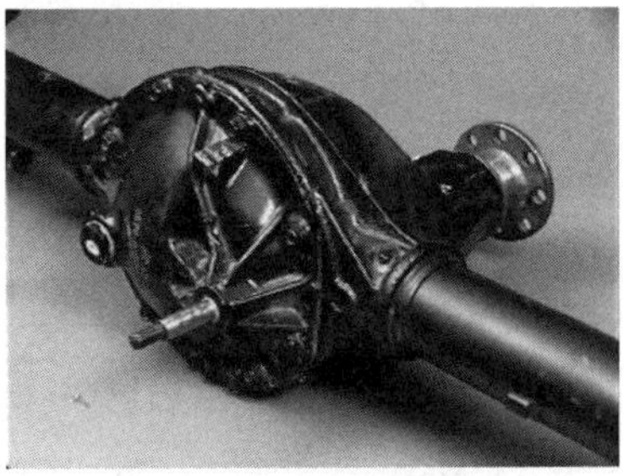

图 1-2-3 主减速器外壳

要求写清楚钢材的牌号。

车架：______________；车身：______________；主减速器齿轮：______________；主减速器外壳：______________。

由此可知，要想知道汽车零部件的具体材料，或者是为了给汽车零部件加工制造选择合适的具体材料，我们还必须具备相关的材料知识，尤其是在汽车制造领域用量最大的黑色金属材料。

【知识准备】

金属材料是指金属元素或以金属元素为主构成的具有金属特性的材料的统称，包括纯金属、合金、金属间化合物和特种金属材料等。

小提示：金属氧化物（如氧化铝）不属于金属材料。

金属材料通常分为黑色金属、有色金属和特种金属材料。

黑色金属又称钢铁材料，主要是以铁为基本元素的铁碳合金，包括含铁 90%以上的工业纯铁，含碳 2%～4%的铸铁，含碳小于 2%的碳钢，以及各种用途的结构钢、不锈钢、耐热钢、高温合金、精密合金等。广义的黑色金属还包括铬、锰及其合金。

有色金属是指除铁、铬、锰以外的所有金属及其合金，通常分为轻金属、重金属、贵金属、半金属、稀有金属等。有色合金的强度和硬度一般比纯金属高，并且电阻大、电阻温度系数小。

特种金属材料包括不同用途的结构金属材料和功能金属材料。其中有通过快速冷凝工艺获得的非晶态金属材料，以及准晶、微晶、纳米晶金属材料等；还有隐身、抗氢、超导、形状记忆、耐磨、减震阻尼等特殊功能合金以及金属基复合材料等。

钢铁材料在汽车工业中作用巨大，占据重要地位。汽车用的钢铁材料有结构钢、特殊用途钢、烧结合金、铸铁及部分复合材料等，它们主要用来制造车架、车轴、车身、传动齿轮、发动机曲轴、缸体、罩板、外壳等零部件。

【任务实施】

一、钢铁材料(黑色金属)

钢铁材料是以铁为基本元素的铁碳合金，其中含有多种元素，但主要元素是 Fe 和 C，因此将它们统称为铁碳合金。

根据含碳量的不同，将铁碳合金分为工业纯铁、碳钢（又称碳素钢）和铸铁（又称铸造生铁），见表 1-2-1。

表 1-2-1　铁碳合金的分类

名称	含碳量	备注（又称）
工业纯铁	$W_c \leq 0.0218\%$	纯铁
碳素钢	$0.0218\% < W_c \leq 2.11\%$	碳钢
铸造生铁	$W_c > 2.11\%$	铸铁

注：工业纯铁在实际生产中没有太多意义，故不作过多阐述。

1.碳素钢

(1)杂质元素对碳钢的影响。

实际使用的碳钢并不是单纯的铁碳合金，其中或多或少包含一定的杂质元素。其中常见的杂质元素有：硫(S)、磷(P)、硅(Si)、锰(Mn)。

硫、磷是有害的杂质元素。硫不熔于铁，以硫化铁形式存在。当钢材热加工(1000～1200 ℃)时产生“热脆”现象；磷熔于铁素体中，使室温下钢材的塑性、韧性急剧降低，并使脆性转化温度有所升高，使钢变脆，产生“冷脆”现象。

硅、锰是有益的杂质元素。硅和锰熔于钢中，能起固熔强化作用，可提高钢的强度、硬度，锰能减轻硫的危害，硅能脱氧，降低钢的脆性。

(2)碳素钢的分类。

碳素钢按含碳量、质量和用途来分，见表 1-2-2。

表 1-2-2 碳素钢的分类

分类方法	名称	含碳量
按含碳量分	低碳钢	$W_C \leqslant 0.25\%$
	中碳钢	$0.25\% < W_C < 0.60\%$
	高碳钢	$W_C \geqslant 0.60\%$
分类方法	**名称**	**杂质含量**
按质量分	普通钢	$0.03\% < W_S \leqslant 0.035\%, 0.03\% < W_P \leqslant 0.035\%$
	优质钢	$0.02\% < W_S \leqslant 0.03\%, 0.025\% < W_P \leqslant 0.03\%$
	高级优质钢	$W_S \leqslant 0.02\%, W_S \leqslant 0.025\%$
分类方法	**名称**	**应用举例**
按用途分	普通碳素结构钢	铆钉、垫圈、开口销、螺栓、螺母、拉杆、齿轮等
	优质碳素结构钢	油箱、机罩、气缸垫、挺柱、活塞销、飞轮齿圈、活塞销卡簧等
	碳素工具钢	凿子、锤子、冲头、手工锯条、锉刀等

注：钢产品命名时，往往将含碳量、质量和用途等分类方法结合起来，如：高级优质碳素工具钢等。

(3)普通碳素结构钢。

①普通碳素结构钢的牌号，见表 1-2-3。

表 1-2-3 普通碳素结构钢的牌号

举例	Q	235	—	A	·	F
牌号写作	Q235—A·F					
说明	表示屈服点的字母大写	屈服点强度值	分隔符号	质量等级	分隔符号	脱氧方法
解释	屈服点	屈服强度 $\sigma_s \leqslant 235$ MPa	分隔符	质量等级为 A 级	分隔符	脱氧方法为沸腾钢

注：(1)脱氧方法分为 F(沸腾钢)、B(半镇静钢)、Z(镇静钢)、TZ(特殊镇静钢)；(2)质量等级分为 A、B、C、D 共四级。

试一试：解释普通碳素结构钢的牌号 Q195—A·F 所表示的含义。

②普通碳素结构钢的用途，见表 1-2-4。

表 1-2-4　普通碳素结构钢的用途

牌号	性能与用途	应用举例	图例	备注
Q195 Q215	强度要求不高的零件，如：铆钉、垫圈、开口销等	铆钉、开口销	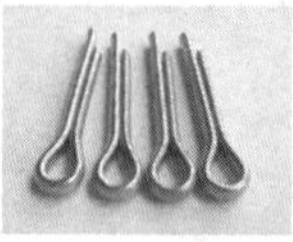 	因塑性好，常制作油底壳
Q235	对强度要求一般的零件	螺钉、螺母、螺栓、拉杆等		—
Q255 Q275	强度要求较高的零件	转轴、摇杆、齿轮		—

(4)优质碳素结构钢。

①优质碳素结构钢的牌号，见表 1-2-5。

表 1-2-5　优质碳素结构钢的牌号

举例	两位数字表示，如：45 钢	备注
牌号写作	45	实际钢中的含碳量在 0.42%～0.45%之间
说明	两位数字表示钢中平均含碳量的万分之几	
解释	钢中平均含碳量为万分之四十五($W_C \approx 0.45\%$)	

注：08 钢牌号中的“0”不能省略。

②优质碳素结构钢的用途，见表 1-2-6。

表 1-2-6　优质碳素结构钢的用途

牌号	性能与用途	应用举例	图例
08 钢	硬度低，塑性好，具有良好的冲压、拉伸及焊接性能，用于制造焊接零件	油底壳、油箱、仪表板盖、机器罩、气缸盖衬垫、曲轴止推片连杆轴瓦的钢背等	
10 钢			
15、20 钢	良好的冷冲压性能和焊接性能，用来制造表面硬而耐磨，心部具有良好韧性的零件	凸轮、小齿轮、摩擦片、活塞销、摇臂、挺柱等	

（续表）

牌号	性能与用途	应用	图例
45 钢	调制处理后，可获得良好的综合力学性能，耐磨部位要进行表面淬火处理	凸轮轴	
30～55 钢		齿轮、飞轮齿圈、连杆、曲轴等	
60～70 钢	经淬火＋中温回火后，可制作弹性元件	活塞销、卡环	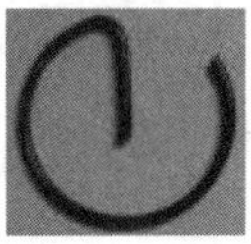

（5）碳素工具钢。

①碳素工具钢的分类，见表 1-2-7。

表 1-2-7　碳素工具钢的分类

名称	含碳量	分类
碳素工具钢	$0.65\%<W_C\leqslant1.35\%$	优质碳素工具钢
		高级优质碳素工具钢

②碳素工具钢的牌号，见表 1-2-8。

表 1-2-8　碳素工具钢的牌号

表示方法	在“碳”字或字母“T”后附以数字		备注
举例	T8 钢		优质碳素工具钢
	T8A 钢		高级优质碳素工具钢
说明	T 表示碳素工具钢		常用牌号有：T7、T8、T9、T10、T11、T12、T13 等
	数字表示钢中平均含碳量的千分之几		
	牌号后加 A 表示高级优质碳素工具钢，否则表示优质碳素工具钢		
解释	T8	平均含碳量为 0.8％的优质碳素工具钢	
	T8A	平均含碳量为 0.8％的高级优质碳素工具钢	

③碳素工具钢的用途。

碳素工具钢一般都经过淬火＋低温回火处理，处理后硬度相差不大，具有较高的耐磨性，常用于制造刃具、模具和量具。

T7、T8 钢：常用于制作承受冲击的工具，如：凿子、锤子、冲头等。

T9～T11 钢：常用于制作中等韧性的工具，如：简单的小冲模、手动锯条等。

T12、T13 钢：常用于制作不承受冲击负荷的量具，如：锉刀、刮刀等。

T7A～T13A 钢：制作形状复杂的工具。

2.合金钢

（1）对合金钢的认识。

合金钢就是在碳钢的基础上加入其他元素的钢。

合金元素就是加入的其他元素。常用的合金元素有硅(Si)、锰(Mn)、铬(Cr)、镍(Ni)、钨(W)、钼(Mo)、钒(V)、钛(Ti)、铝(Al)、硼(B)等。

合金元素的作用:通过与钢中的铁和碳发生作用,合金元素之间相互作用,影响钢的组织和组织转变,从而提高钢的力学性能,改善钢的热处理工艺性能,让其获得某些特殊性能。

合金钢的分类:按用途可分为合金结构钢、合金工具钢、特殊性能钢(如:不锈钢、耐热钢、耐磨钢等)。

(2)合金结构钢。

①合金结构钢的分类。

按用途合金结构钢可分为:普通低合金高强度钢、渗碳钢、调制钢、弹簧钢、滚动轴承钢等。

②合金结构钢的牌号(表 1-2-9)。

表 1-2-9　合金结构钢的牌号

表示方法	两位数字	合金元素	数字(可省)	合金元素	数字(可省)
说明	钢的平均含碳量的万分之几	化学元素符号	本合金元素平均含量的百分之几	化学元素符号	本合金元素平均含量的百分之几
举例	60	Si	2	Mn	—
牌号写作	60Si2Mn				
解释	钢的平均含碳量的万分之六十(0.6%)	化学元素符号 Si	Si 元素平均含量的百分之二	化学元素符号 Mn	Mn 元素平均含量小于 1.5%

注:(1)合金元素的平均含量小于 1.5%时,只标化学元素符号不标含量;

(2)如果合金元素平均含量大于 1.5%、2.5%、3.5%等,合金元素符号后面标 2、3、4 等;

(3)其牌号后跟上字母“A”,表示高级优质钢。

试一试: 解释合金钢的牌号 1Cr18Ni9Ti、12CrNi3A 所表示的含义。

③合金结构钢的用途(表 1-2-10)。

表 1-2-10　合金结构钢的用途

类属	牌号	热处理与性能	应用	图例
合金渗碳钢	20Cr 20MnVB 20CrMnTi	属低碳钢,渗碳+淬火+低温回火后,表硬而里韧,适用于高速重载受冲击的重要零件	柴油机凸轮轴、十字销、气门座、变速齿轮、缸头精密螺栓等	
合金调制钢	40Cr 40MnVB 38CrMoAlA	属中碳钢,调质后具有良好的机械性能,适用于高速受冲击零件	大齿轮、连杆、连杆螺栓、万向节叉等	
合金弹簧钢	65Mn 60Si2Mn 55SiMnMoV	属高碳钢,淬火+中温回火后,弹性极限和疲劳强度提高,适用于弹性零件	气门弹簧、离合器簧片、大截面板簧等	

(3)合金工具钢。

①合金工具钢基本认识。

合金工具钢常用于制作刀具、模具和量具等工具,按用途可分为刀具钢、模具钢、量具钢。

②合金工具钢牌号(表 1-2-11)。

表 1-2-11 合金工具钢牌号

表示方法	数字(可省)	合金元素	数字(可省)	合金元素	数字(可省)
说明	钢的平均含碳量的千分之几	化学元素符号	本合金元素平均含量的百分之几	化学元素符号	本合金元素平均含量的百分之几
举例	9	Si	—	Cr	—
牌号写作	9SiCr				
解释	钢的平均含碳量的千分之九(0.9%)	化学元素符号 Si	Si 元素平均含量为小于 1.5%	化学元素符号 Cr	Cr 元素平均含量为小于 1.5%

注:1.平均含碳量≥1.0%时不标出,<1.0%时以千分之几表示;高速钢有例外,其平均含碳量<1.0%时也不标出,合金元素后的数字表示该合金元素的平均含量。

2.合金元素的平均含量小于 1.5%时,只标化学元素符号不标含量。

3.如果合金元素平均含量大于 1.5%、2.5%、3.5%等,合金元素符号后面标 2、3、4 等。

试一试:解释合金工具钢的牌号 W18Cr4V 所表示的含义。

③合金工具钢的用途(表 1-2-12)。

表 1-2-12 合金工具钢的用途

类属	牌号	性能	应用	图例	备注
合金刃具钢	9SiCr	高硬度,高耐磨性,高淬透性,变形小等	丝锥、板牙、钻头、绞刀、刮刀、冷作模具等		低合金刃具钢
	CrWMn				
	W18Cr4V	高硬度,高耐磨性,高淬透性,变形小,高热硬性,足够的强度和韧性	车刀、铣刀、拉刀等	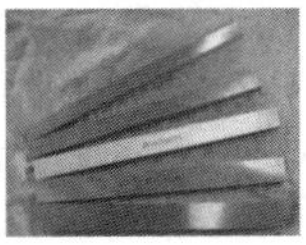	高速钢
合金模具钢	Cr12	高硬度,高耐磨性,足够的韧性和抗疲劳能力,较小的热处理变形	使金属在冷态下变形的模具,如冷冲模、冷挤压模等	略	冷作模具
	Cr12MoV				
	9Mn2V				
	5CrMnMo	高温下具有足够的强度、韧性和耐磨性,较高的热疲劳性和导热性	使金属在高温下成形的模具,如热锻模、压铸模等	略	热作模具
合金量具钢	CrWMn	高硬度,高耐磨性,高的尺寸稳定性及足够的韧性,良好的磨削加工性能	各种量具,如游标卡尺、千分尺、塞规、样板等		—
	CrMn				

(4)特殊性能钢。

特殊性能钢指具有特殊的物理和化学性能的钢,包含:不锈钢、耐热钢、耐磨钢等。

特殊性能钢的种类、性能和用途见表 1-2-13。

表 1-2-13 特殊性能钢的种类、性能和用途

种类	定义	分类	牌号	用途	备注
不锈钢	抗腐蚀能力的钢	铬不锈钢	1Cr13	汽轮机叶片、水压机阀、螺栓、螺母等	一般不具备磁性或磁性很弱
			2Cr13		
			3Cr13	弹簧、弹性好的手术钳、医用镊子等	
			4Cr13	外科手术用的手术剪、手术刀等医疗器械	
			1Cr17	耐酸槽、输送管道等	
		镍不锈钢	1Cr18Ni9	耐酸容器、管道、吸收塔等	
			1Cr18Ni9Ti	抗磁仪表、医疗器械等	
耐热钢	高温下不氧化和高强度的钢	抗氧化钢	3Cr13Mn12Si2N	锅炉钓钩、渗碳炉构件，最高使用温度约为 1000 ℃	—
		热强钢	15CrMo	发动机排气门、高中压蒸汽导管等	
			4Cr10Si2Mo		
耐磨钢	高耐磨性能钢	高锰钢	ZGMn13	拖拉机履带、挖掘机铲齿等	—

3.钢的热处理

(1)钢热处理的定义。

钢的热处理是指对钢或钢的制件通过加热、保温、冷却的处理方法，使钢的组织结构发生转变，获得所需性能的加工工艺。

钢的热处理根据加热和冷却的方式不同，可分为(表 1-2-14)：

表 1-2-14 钢的热处理

<table>
<tr><td colspan="4">普通热处理</td><td colspan="4">表面热处理</td><td colspan="4" rowspan="2">化学热处理</td></tr>
<tr><td rowspan="3">退火</td><td rowspan="3">正火</td><td rowspan="3">淬火</td><td rowspan="3">回火</td><td colspan="4">表面淬火</td></tr>
<tr><td rowspan="2">火焰加热</td><td colspan="3">感应加热</td><td rowspan="2">渗碳</td><td rowspan="2">渗氮</td><td rowspan="2">碳氮共渗</td><td rowspan="2">其他</td></tr>
<tr><td>低频</td><td>中频</td><td>高频</td></tr>
</table>

①钢的退火。

钢的退火的定义：将钢或其制件加热到适当温度，保温到一定时间，然后缓慢冷却(随炉冷却)，获得接近平衡状态组织的热处理方法。

退火的目的：消除铸锻件的内应力，防止变形与开裂；细化晶粒，均匀组织，改善机械性能；降低硬度，以利于切削加工；为最终热处理(淬火、回火)做好组织上的准备。

钢的退火工艺种类：根据处理的目的和要求不同可分为完全退火、不完全退火、球化退火、扩散退火(均匀化退火)、再结晶退火、去应力退火等。

②钢的正火。

钢的正火的定义：指将钢或其制件加热到适当温度，保持适当时间后，在静止的空气中或喷水、喷雾或吹风冷却的热处理的工艺。

钢的正火的目的：主要是提高低碳钢的力学性能，改善切削加工性，细化晶粒，消除组织缺陷，为后一道热处理做好组织准备等。

正火与退火的区别：正火的冷却速度较快，是在空气中冷却，得到的结果比退火好，尤其在强度和硬度方面，而且缩短了冷却时间，提高了生产率和设备利用率，较经济，故应用更为广泛。

③钢的淬火。

钢的淬火的定义：指将钢或其制件加热到某一温度，保持一定的时间，然后以适当的冷却速度（水中冷却、油中冷却、盐水中冷却、碱溶液中冷却等），获得所需组织的热处理方法。

淬火的目：提高材料的强度、硬度和耐磨性，与回火配合后可赋予工件最终的使用性能。

提高强度、硬度和耐磨性：采用淬火＋低温回火，用于各种模具。

提高弹性：采用淬火＋中温回火，用于各种弹簧。

提高综合性能：采用淬火＋高温回火（也叫调质），用于各种轴、齿轮。

注意： 由于淬火的冷却方式有很多种，水中冷却、油中冷却、盐水中冷却、碱溶液中冷却等，所以淬火操作时一定要注意工件浸入淬火介质的方法，否则会造成不良的后果。

④钢的回火。

钢的回火的定义：指将钢及其制件经淬硬后，再加热至临界温度以下的某一温度，保温一定时间，然后冷却到室温的热处理工艺。

注意： 淬火钢一般不直接使用，必须进行回火。

钢的回火的目的：主要是消除钢件在淬火时所产生的应力，降低脆性，稳定工件尺寸，使钢件具有高的硬度和耐磨性，并具有所需要的塑性和韧性等。

钢的回火的分类：低温回火、中温回火、高温回火等。

a.低温回火（150～250 ℃）。

目的是在保持淬火钢的高硬度和高耐磨性的前提下，降低其淬火内应力和脆性，以免使用时崩裂或过早损坏。主要用于各种高碳的切削刃具、量具、冷冲模具、滚动轴承以及渗碳件等，回火后硬度一般为 58～64HRC。

b.中温回火（250～500 ℃）。

目的是获得较高的屈服强度、弹性极限和韧性。因此，它主要用于各种弹簧和热作模具的处理，回火后硬度一般为 35～50HRC。

c.高温回火（500～650 ℃）。

目的是获得强度、硬度、塑性和韧性都较好的综合机械性能。因此，广泛用于汽车、拖拉机、机床等的重要结构零件，如连杆、螺栓、齿轮及轴类。回火后硬度一般为 200～330HB。

习惯上把淬火＋高温回火结合的热处理方法称为调质处理。

（2）钢的表面热处理。

汽车上许多零件如齿轮、凸轮、曲轴等，都是在交变载荷和摩擦状态下工作，因而对其使用性能的要求是：表面高硬度、高强度及好的耐磨性，而心部高韧性，所以需要对这类零件进行表面热处理，才能满足其使用要求。

钢的表面热处理最常见的是表面淬火。

钢的表面淬火定义：是指对钢及其制件通过快速加热，使其表面很快到淬火的温度，不等热量传到其心部就立即冷却，实现局部淬火，达到表硬心韧目的的热处理方法。

钢的表面淬火可分为火焰加热表面淬火和感应加热表面淬火两种。

火焰加热表面淬火是利用可燃混合气体(如氧-乙炔或氧-煤气)燃烧产生的高温火焰,喷射到工件表面进行快速加热,使工件表面迅速达到淬火温度,而后快速喷水或使用乳化液进行冷却的淬火工艺,如图 1-2-4 所示。火焰加热表面淬火无须特殊设备,操作简单,工艺灵活,淬火成本低,其淬硬层深度可达 2～6 mm。在实际生产中,此方法由于加热温度和淬硬层深度不易把握,质量不易控制,因此适用于单件、小批量生产,以及大型工件如大型轴类、大模数齿轮、轧辊等的表面淬火。

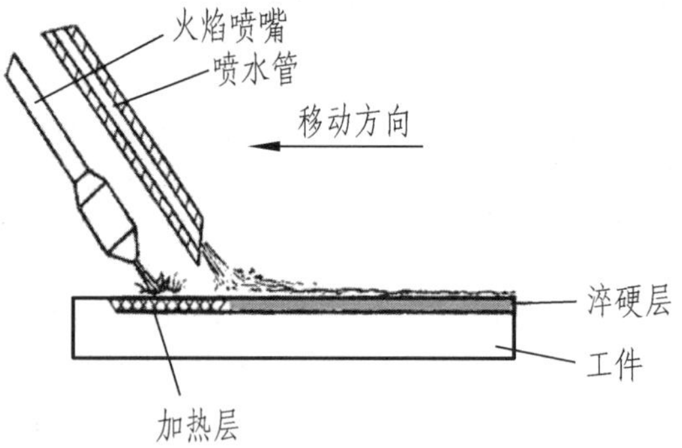

图 1-2-4　火焰加热表面淬火

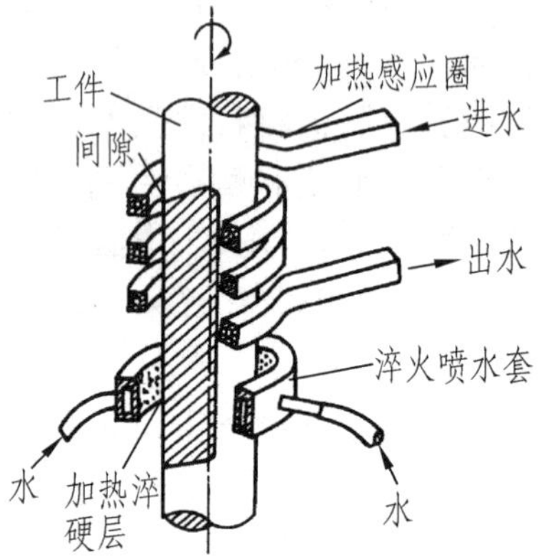

图 1-2-5　感应加热表面淬火

感应加热表面淬火是将工件放在感应线圈内,在感应圈内通一交变电流,于是在感应圈内部和周围同时产生与电流频率相同的交变磁场,在工件中便产生感应电流,由电能转变成热能,使工件表面快速加热到淬火温度后快速喷水进行冷却的淬火工艺。如图 1-2-5 所示。

根据交变电流频率变化的快慢,将感应加热表面淬火分为低频、中频、高频感应加热表面淬火。

感应加热表面淬火工艺处理异常迅速,表面硬度极高,氧化变形极小,加热温度容易控制,从而淬硬层厚度可以控制,便于机械化、自动化生产,适用于大批量生产。

(3)钢的化学热处理。

钢的化学热处理定义:是将钢及其制件置于一定的介质中加热、保温和冷却,使介质中的活性原子渗入工件表层,改变工件表层的化学成分及组织,从而使工件表层获得所需特殊性能的热处理方法。

化学热处理的三个过程:介质分解、表面吸收、原子扩散。

化学热处理分为渗碳、渗氮、碳氮共渗等处理方式。

渗碳就是把低碳钢放在碳性介质中,加热到一定的温度,然后保温足够长的时间,使其表层的碳浓度升高的一种热处理方法。

渗碳根据介质不同可分为固渗、液渗、气渗三种,其中以气渗最为常用。

渗碳用钢:渗碳件一般采用低碳钢或低碳合金钢制造,如 20、20Cr、20CrMnTi、20CrMo 等。

渗碳温度:900～950 ℃。

渗碳时间:依要求的渗层厚度而定。

渗碳目的:使工件在热处理后表面具有高硬度和耐磨性,而心部仍保持一定强度以及较高的韧性和塑性。主要用于:表面将受严重磨损,并在较大冲击载荷、交变载荷,较大的接触应力条件下工作的零件,如齿轮、活塞销、套筒等。

一般规定，从表层到过渡层的一半处的深度为渗层厚度。渗碳温度越高、时间越长，则得到的渗层深度越厚，渗碳层的碳浓度在0.8%～1.5%之间。

渗碳后的热处理——常用淬火方法处理。

渗氮：在一定温度下一定介质中使氮原子渗入工件表层的化学热处理工艺。对于一些微变形、硬度要求极高(65～70HRC)的零件采用渗氮处理。

氮化钢为中碳钢、中碳合金钢，一般采用能形成稳定氮化物的中碳合金钢，如38CrMoAlA、38CrWVAlA等。Al、Cr、Mo、W、V等合金元素与N结合形成的氮化物能起到弥散强化作用，使氮化层达到很高的硬度。

渗氮温度为500～570 ℃，渗氮时间最长可超过72小时。

碳氮共渗的定义：是在一定温度下同时将碳、氮渗入工件表层奥氏体中并以渗碳为主的化学热处理工艺。

碳氮共渗的主要目的是提高钢的硬度、耐磨性和疲劳强度，低温气体碳氮共渗以渗氮为主，其主要目的是提高钢的耐磨性和抗咬合性。

4.铸铁

铸铁是含碳量在2.11%以上的铁碳合金。汽车工业常用铸铁的含碳量 W_C 一般为2.5%～4.0%之间，另外还含有比普通碳素钢更多的硅、锰、硫、磷更多的元素，其中硅含量为1%～3%。

铸铁具有优良的铸造性能、可切削性能、耐磨性、吸震性，生产工艺简单，成本低廉，经合金化后还具有良好的耐热、无磁或耐腐蚀等特点。因此，在工业生产中得到了广泛的应用。由于杂质元素硫、磷含量较多，故铸铁的机械性能(抗拉强度、塑性、韧性)较低，在加工制造上只能采用铸造成形方法，不能采用锻造或轧制成形方法。

在铸铁中，碳元素以两种形态分布：一种是石墨，一种是渗碳体。根据碳在铸铁中存在形态的不同，铸铁可分为：灰口铸铁、白口铸铁、可锻铸铁、球墨铸铁等。在灰口铸铁或球墨铸铁中有目的地加入一些合金元素可得到合金铸铁。

白口铸铁，俗称生铁，其中碳主要以渗碳体形态存在，断口呈银白色。凝固时收缩大，易产生缩孔、裂纹。硬度高，脆性大，不能承受冲击载荷，很少用来制造零件，故此处不予介绍。

(1)灰口铸铁。

含碳量较高(2.7%～4.0%)，碳主要以片状石墨形态存在，断口呈灰色，简称灰铁。熔点低(1145～1250 ℃)，凝固时收缩量小，抗压强度和硬度接近碳素钢，减震性好。用于制造机床床身、气缸盖、气缸体、箱体等结构件。如图1-2-6所示为发动机气缸体，如图1-2-7所示为柴油发动机气缸盖。

图1-2-6　发动机气缸体

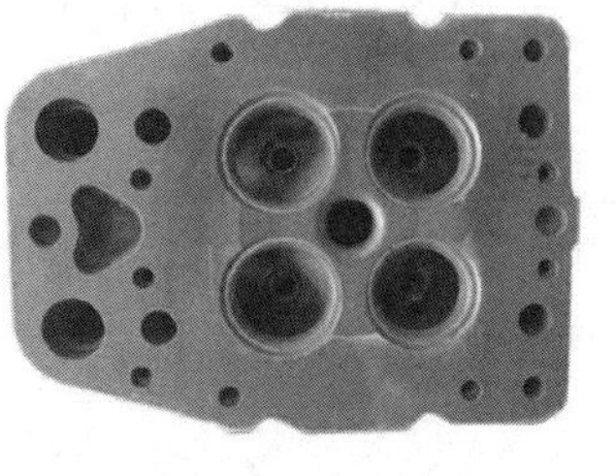
图1-2-7　柴油发动机气缸盖

①灰铸铁的牌号,见表 1-2-15。

表 1-2-15　灰铸铁的牌号

表示方法	HT	数字
说明	表示灰铸铁	表示最低抗拉强度(MPa)
举例	HT	200
牌号写作	HT200	
解释	灰铸铁,抗拉强度不低于 200 MPa	

②灰铸铁的热处理方式。

热处理只能改变灰铸铁的基体组织,不能从根本上消除片状石墨的有害作用,对提高灰铸铁的整体力学性能作用不大。通常对灰铸铁进行热处理的目的是减少铸件中的应力,消除铸件薄壁部分的白口组织,提高铸件工作表面的硬度和耐磨性等。常用的热处理方法有:消除内应力退火(人工时效)、正火和表面淬火。

③灰铸铁的应用,见表 1-2-16。

在汽车制件上,最常用的是 HT200 和 HT250。

表 1-2-16　灰铸铁的应用

类属	牌号	性能	应用	图例
灰铸铁	HT200	强度、耐磨性、耐热性、减震性、铸造性均好,需进行人工时效处理,适合制造较高要求的零件	气缸、齿轮、机座、飞轮、床身、气缸体、气缸套、活塞、刹车轮、齿轮箱、油缸、气门导管等	 刹车轮
	HT250			

(2)可锻铸铁。

由一定化学成分的白口铸铁浇注成白口坯件,再经退火后石墨呈团絮状分布,可以部分代替碳钢,简称韧铁。与灰铸铁相比,有较高的强度、塑性和冲击韧度,由此得名“可锻”,实际上并不能锻造。

可锻铸铁按退火方法不同可分为黑心(铁素体)可锻铸铁和白心(珠光体)可锻铸铁两种。

①可锻铸铁的牌号,见表 1-2-17。

表 1-2-17　锻铸铁的牌号

表示方法	KT	H(或 Z)	数字	-	数字
说明	表示可锻铸铁	黑心(或珠光体)	表示最低抗拉强度(MPa)	连接符	表示最低延伸率(%)
举例	KT	H	350	-	10
牌号写作	KTH350-10				
解释	最低抗拉强度为 350 MPa 最低断后延伸率为 10%的黑心(或铁素体)可锻铸铁				

注:牌号中黑心可锻铸铁的“H”可省略。

试一试: 解释可锻铸铁牌号 KTH700-02 所表示的含义。

②可锻铸铁的性能和用途，见表 1-2-18。可锻铸铁主要用来制作一些形状复杂而在工作中可锻铸铁的应用又经受振动的薄壁小铸件。

表 1-2-18 可锻铸铁的应用

类属	牌号	应用	图例
黑心（铁素体）可锻铸铁	KTH300-06	弯头、三通管件	略
	KTH330-08	螺丝扳手、犁刀、车轮壳等	略
	KTH350-10	汽车拖拉机前后轮壳、轮毂、减速器壳、差速器壳、转向节壳、板簧吊架、制动器等	 300 型半轴套管
	KTH370-12		
白心（珠光体）可锻铸铁	KTZ450-06	曲轴、凸轮轴、连杆、齿轮、活塞环、发动机摇臂、轴套、万向接头、棘轮、扳手、传动链条等	 300 型后桥壳体
	KTZ550-04		
	KTZ650-02		
	KTZ750-02		

（3）球墨铸铁。

铸铁中，石墨呈球状（或团絮状）分布，故名球墨铸铁。

由于石墨呈球状（或团絮状）分布，有效地提高了铸铁的机械性能，特别是提高了塑性和韧性，从而得到比碳钢还高的强度，正是基于其优异的性能，已成功地用于铸造一些受力复杂，强度、韧性、耐磨性要求较高的零件。球墨铸铁已迅速发展为仅次于灰铸铁的、应用十分广泛的铸铁材料。所谓“以铁代钢”，主要指球墨铸铁。

①球墨铸铁的牌号，见表 1-2-19。

表 1-2-19 球墨铸铁的牌号

表示方法	QT	数字	-	数字
说明	表示球墨铸铁	表示最低抗拉强度（MPa）	连接符	表示最低延伸率（%）
举例	QT	450	-	10
牌号写作	QT450-10			
解释	最低抗拉强度为 450 MPa 最低断后延伸率为 10%的球墨铸铁			

试一试： 解释球墨铸铁牌号 QT500-7 所表示的含义。

②球墨铸铁的性能和用途，见表 1-2-20。

表 1-2-20　球墨铸铁的应用

类属	牌号	应用	图例
球墨铸铁	QT400-18	汽车拖拉机底盘零件、牵引钩前支撑座、机床零件等	略
	QT400-15		
	QT450-10		
	QT500-7	机油泵齿轮	略
	QT600-3		
	QT700-2	曲轴、凸轮轴、发动机摇臂、气缸体、气缸套、活塞环等	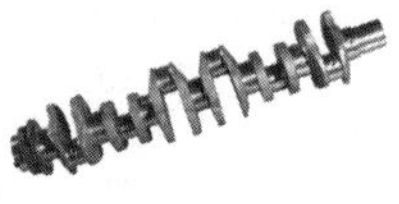 曲轴
	QT800-2		
	QT900-2	拖拉机减速齿轮、柴油机凸轮轴	略

(4)合金铸铁(特殊性能铸铁)。

普通铸铁加入适量合金元素(如硅、锰、磷、镍、铬、钼、铜、铝、硼、钒、锡等)获得。合金元素使铸铁的基体组织发生变化,从而具有相应的耐热、耐磨、耐蚀、耐低温或无磁等特性。用于制造矿山、化工机械和仪器、仪表等的零部件。常用合金铸铁的分类和用途,见表 1-2-21。

表 1-2-21　常用合金铸铁的分类和用途

类属	耐磨铸铁	耐热铸铁	耐蚀铸铁
说明	加入硅、锰提高耐磨性	加入硅、铝、铬提高耐热性	加入硅、铝、铬、铜、镍提高耐蚀力
用途	机床导轨、气缸套、活塞环、凸轮轴、气门摇臂及挺杆、磨球、履带板等	炉栅、退火罐、炉体定位板、锅炉燃烧嘴等	化工管道、阀门、泵、挺柱等

5.粉末冶金简介

粉末冶金的定义:是不经熔炼、铸造,将几种金属或金属与非金属粉末,按比例配制,混合均匀后,压制成形,通过烧结和后处理等制成零件或毛坯的成形方法。

粉末冶金的应用:

①减摩材料、摩擦材料:含油轴承、离合器片、刹车片等。

②结构材料:以碳钢或合金钢为原料,采用粉末冶金制成的结构件,精度高、表面光洁,不需加工即为成品等。如凸轮、小齿轮等。

③高熔点材料:熔点较高、不易加工,如钨、钼、碳化钨、碳化钛等,可用粉末冶金成形。

④粉末冶金的缺点:生产模具的限制,制件尺寸较小、形状简单、制件韧性差、效率低、成本高等。

常见的粉末冶金工件:硬质合金刀片、硬质合金刀、硬质合金车刀、刹车片等。如图 1-2-8 所示。

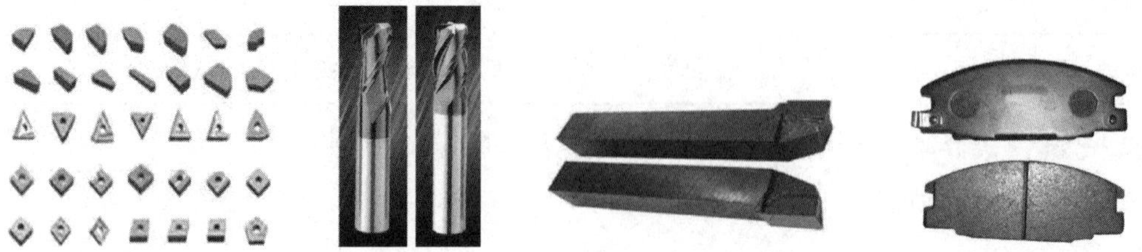

(a)硬质合金刀片　(b)硬质合金刀　(c)硬质合金车刀　(d)刹车片

图 1-2-8　常用的粉末冶金工件

6.钢材简介

钢锭、钢坯通过压力加工制成所需要的各种形状、尺寸和性能的材料即为钢材。汽车上的各种零部件在成形之前都应是钢材(图 1-2-9),汽车零部件生产厂的材料采购员应根据生产制造的需要,采购回钢材原料后方能进行生产制造。钢材应用广泛、品种繁多,根据断面形状的不同,钢材一般分为型材、板材、管材和金属制品四大类。为了便于组织钢材的生产、订货供应和搞好经营管理工作,又分为重轨、轻轨、大型型钢、中型型钢、小型型钢、优质型钢、线材、中厚钢板、薄钢板、电工用硅钢片、带钢、无缝钢管钢材、焊接钢管、金属制品等品种。

图 1-2-9 钢材

前面介绍的各种金属材料,基本都应依上述的形式在市场供应。钢材品种见表 1-2-22。

表 1-2-22 钢材品种

品种名称	说明	备注
重轨	每米质量大于或等于 24 kg 的钢轨	—
轻轨	每米质量小于 24 kg 的钢轨	—
型钢	普通圆钢、方钢、六角钢、工字钢、槽钢、等边或不等边角钢及螺纹钢等	按尺寸分为大、中、小型螺纹钢,如图 1-2-10 所示
线材	直径为 5～9 mm 的圆钢或螺纹钢	—
厚钢板	厚度大于 4 mm 的钢板	—
薄钢板	厚度小于或等于 4 mm 的钢板	—
带钢	—	—
电工硅钢薄板	—	—
优质型材	优质圆钢、方钢、扁钢、六角钢等	优质圆钢如图 1-2-11 所示
无缝钢管	断面有:圆形、扁形、方形、六角形等	圆形无缝钢管如图 1-2-12 所示
焊接钢管	直焊缝和螺旋焊缝两种,断面一般为圆形	螺旋焊缝钢管如图 1-2-13 所示
金属制品	钢丝、钢丝绳、钢绞线等	—
其他钢材	重轨配件、车轴坯、轮毂等	—

图 1-2-10 型钢

图 1-2-11 优质圆钢

图 1-2-12 圆形无缝钢管

图 1-2-13 螺旋焊缝钢管

【任务拓展】

由“自相矛盾”的故事发展到的……

楚国有个既卖矛又卖盾的人，他赞美自己的盾，说：“我的盾很坚固，任何武器都无法刺破。”接着，他又夸起了他的矛，说：“我的矛很锐利，没有什么东西是穿不透的。”有的人问他：“如果拿你的矛去刺你的盾，会怎么样？”那人便答不上话来了。刺不破的盾和什么都刺得破的矛，是不可能同时存在的。

有好事者这样想到，如果我躲到由盾组成的房子里，不就谁也刺杀不到我了吗？可是这样也不行，房子不能动而且不具备攻击性，保护了自己但消灭不了敌人，如果我能把矛装在由盾组成的房子上，不就既能防御又能攻击敌人了吗？于是，这就发明了战场上横冲直撞的坦克。

时间的长河流到1914年，第一次世界大战，英国人的军队首次使用了坦克，战场上横冲直撞，如入无人之境，可是好景不长，英国人的坦克被德军的炮弹一辆辆地击毁了。什么样的炮弹如此厉害呢？原来德国人发明了一种可以击穿普通钢铁材料制作的坦克装甲钨钢弹头。正当德国人得意的时候，英国人改进了自己坦克的装甲材料，向钢材中加入了一定量的铬、锰、钼、镍等合金元素，提高了坦克装甲的强度、硬度、塑性和韧性，远非德国人的钨金弹头所能应付的。

现在，我们日常生活中的很多特种车辆都是采用合金钢板制作的，像防弹车、装甲车，还有抵抗海水腐蚀的轮船钢板等，大大地提高了日常生活和战场上的防御能力。

当时德国人要是能发明钒钢弹头的话，也用不着害怕英国军队的新型坦克了，因为钒钢极其坚硬，用它制作的炮弹头，可以射穿40 mm厚的优质钢板，完全能摧毁英国人的新型坦克。世界的历史也可能会被改写。

世界上“一物降一物”，没有永恒的、一成不变的事物。只要我们努力寻找，足能改善我们汽车世界的历史，尤其是在金属材料的改进方面。

【课后训练】（打“※”为选做题）

一、名词解释

1.金属材料　2.黑色金属　3.碳钢　4.合金钢　5.球墨铸铁　6.粉末冶金　7.调质　8.T12A　9.50CrVA　10.淬火　11.渗碳

二、填空题

1.牌号Q255里的255表示__________。

2.发动机气门弹簧材料应选用的合金钢牌号是__________。

3.提高钢的抗氧化性能，可在钢中加入__________元素。

4.在普通铸铁中加入一定量的__________，制成合金钢。

5.普通热处理可以分为__________、__________、__________、__________。

6.渗碳层的厚度由__________决定。

三、选择题

1.零件渗碳后，一般需经过__________处理，才能达到表面高硬度及耐磨的目的。

A.淬火＋低温回火　B.正火　C.调质　D.淬火＋中温回火

2.汽车发动机曲轴可选用__________材料制作。

A.Q235　B.20CrMnTi　C.HT200　D.KTZ450-06

3.40Cr 制作的汽车变速箱中的变速大齿轮一般需经过__________处理。

A.正火　B.回火　C.退火　D.表面淬火

4.汽车维修工具中的螺丝刀常用__________材料制作。

A.Q235　B.45　C.HT200　D.T10A

5.弹簧钢制作的气门弹簧制作过程中必不可少的处理方法是__________。

A.淬火＋低温回火　B.正火＋低温回火　C.淬火＋中温回火　D.淬火＋高温回火

三、判断题

1.钢的质量分数越高，其淬火温度越高。（　　）

2.汽车前刹车的刹车蹄铁可选用球墨铸铁制作。（　　）

3.材料 Q235 可以用来制作汽车的排挡杆。（　　）

4.20Cr 制作的汽车变速小齿轮，可采用渗碳＋表面淬火来处理。（　　）

5.一般的不锈钢可以用磁铁把它稳稳地吸住。（　　）

四、简答题(※)

1.合金工具钢按其用途可分为哪几种？其主要用途是什么？

2.为什么汽车的变速齿轮常采用 20CrMnTi 来制作，而机床上变速齿轮却常采用 40Cr 制作？

3.什么是碳钢？什么是铸铁？它们的区别在哪里？

4.在汽车上找出一些碳钢、合金钢、铸铁制作的典型零件。

5.金属材料中哪些元素是有害元素？对金属材料的性能有哪些影响？

任务三　认知常见汽车用有色金属材料

【任务目标】

目标类型	目标要求
知识目标	(1)认知铝及铝合金、铜及铜合金、滑动轴承合金的性能特点和用途 (2)理解有色金属材料在汽车上的用途
技能目标	达到汽车维修中级工如下要求： 运用所学有色金属材料的相关知识合理地开展汽车维修服务
情感目标	(1)养成根据零部件材料特点进行正确维修的习惯 (2)把握汽车零部件材料优劣品质的判断指标 (3)养成根据零部件材料性能思考汽车零部件修配工艺的习惯

【任务描述】

拆开汽车发动机，观察气缸盖(图 1-3-1)、活塞(图 1-3-2)以及发动机油管(图 1-3-3)、小轿车轮辋(图 1-3-4)，思考它们是用什么材料制作的。

图 1-3-1　气缸盖

图 1-3-2　活塞

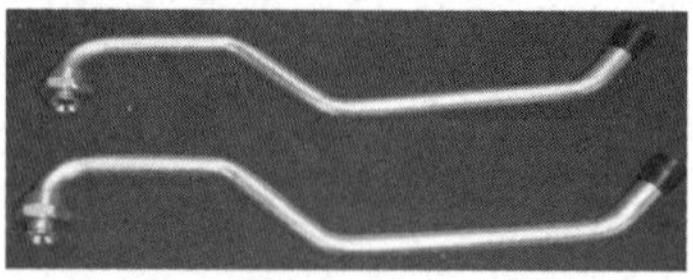

图 1-3-3　发动机油管

图 1-3-4　小轿车轮辋

气缸盖________________________，活塞________________________，
发动机油管________________________，小轿车轮辋________________________。

【知识准备】

汽车中使用的有色金属主要是铝、铜、镁合金和少量的锌、铅及轴承合金。随着汽车轻量化运动的不断发展，铝镁合金的用量不断加大。汽车重量对燃料经济性起着决定性的作用，车重每降低 100 kg，每 100 km 油耗可减少 0.7 L。铝合金是最佳的汽车轻量化用材。据预测，汽车零部件的极限铝化率可达 50%左右。以往除了在航天航空领域外，镁合金并没有像铝合金那样得到广泛的应用。近年来，随着汽车轻量化的发展，人们将目光投向了镁合金。目前，镁合金零件主要用于小汽车与赛车。国外用镁合金制造的零件有：离合器盒、变速箱、制动器盒、踏板架、仪表板、轮毂等。国内上海大众汽车公司生产的桑塔纳轿车的手动变速箱壳体也是用镁合金压铸的。

汽车上使用的铜主要是纯铜、黄铜和青铜。纯铜用来制造制动管、散热管、油管和电器接头。

【任务实施】

1.铝及铝合金

(1)工业纯铝。

铝为银白色轻金属,有延展性,商品常制成棒状、片状、箔状、粉状、带状和丝状,在潮湿空气中能形成一层防止金属腐蚀的氧化膜。铝粉和铝箔在空气中加热能猛烈燃烧,并发出炫目的白色火焰。易溶于稀硫酸、硝酸、盐酸、氢氧化钠和氢氧化钾溶液,不溶于水。密度 2.7 g/cm^3。熔点 660 ℃。沸点 2327 ℃。以其轻、良好的导电和导热性能、高反射性和耐氧化性而被广泛使用。

工业纯铝不像化学纯铝那样纯,或多或少都含有杂质(铁和硅等)。工业纯铝的代号用"L+顺序号"形式表示,有 L1、L2、L3、L4、L5、L6 共 6 种,其中 L1 杂质最少,L6 杂质最多。

工业纯铝的性能和用途:纯的铝很软,强度不大,有着良好的延展性,可拉成细丝和轧成箔片,大量用于制造电线、电缆、无线电工业以及包装业。它的导电能力约为铜的三分之二,但其密度仅为铜的三分之一。将等质量和等长度的铝线和铜线相比,铝的导电能力约为铜的二倍,且价格较铜低,所以,野外高压线多由铝做成,节约了大量成本,缓解了铜材的紧张。铝的导热能力比铁大三倍,工业上常用铝制造各种热交换器、散热材料等,家庭使用的许多炊具也由铝制成。与铁相比,它还不易锈蚀,延长了使用寿命。铝粉具有银白色的光泽,常和其他物质混合用作涂料,刷在铁制品的表面,保护铁制品免遭腐蚀,而且美观。

(2)铝合金。

往纯铝中加入合金元素就得到了铝合金。

根据铝合金的加工工艺特性,可将它们分作变形铝合金和铸造铝合金两类。变形铝合金塑性好,适宜于压力加工。

①铝合金的分类及代号表示意义,见表 1-3-1。

表 1-3-1 铝合金

<table>
<tr><th rowspan="2">名称</th><th rowspan="2">分类</th><th rowspan="2">划分</th><th colspan="5">代号</th></tr>
<tr><th>前面</th><th>后面</th><th>举例</th><th>解释</th><th>备注</th></tr>
<tr><td rowspan="8">铝合金</td><td rowspan="4">变形铝合金</td><td>防锈铝</td><td>LF</td><td rowspan="4">数字(顺序号)</td><td>LF5</td><td>5 号防锈铝</td><td rowspan="4">—</td></tr>
<tr><td>硬铝</td><td>LY</td><td>LY12</td><td>12 号硬铝</td></tr>
<tr><td>超硬铝</td><td>LC</td><td>LC6</td><td>6 号超硬铝</td></tr>
<tr><td>锻铝</td><td>LD</td><td>LD10</td><td>10 号锻铝</td></tr>
<tr><td rowspan="4">铸造铝合金</td><td>铝硅系(Al-Si)</td><td rowspan="4">ZL</td><td rowspan="4">类别号+顺序号</td><td>ZL105</td><td>5 号铸造 Al-Si 合金</td><td rowspan="4">种类号 1、2、3、4 分别表示铝硅、铝铜、铝镁、铝锌合金</td></tr>
<tr><td>铝铜系(Al-Cu)</td><td>ZL201</td><td>1 号铸造 Al-Cu 合金</td></tr>
<tr><td>铝镁系(Al-Mg)</td><td>ZL301</td><td>1 号铸造 Al-Mg 合金</td></tr>
<tr><td>铝锌系(Al-Zn)</td><td>ZL401</td><td>1 号铸造 Al-Zn 合金</td></tr>
</table>

②常用变形铝合金的牌号和用途，见表 1-3-2。

变形铝合金根据是否可以进行热处理强化分为不可热处理强化和可热处理强化两种。不可热处理强化变形铝合金只能通过加工硬化进一步提高强度。

表 1-3-2　常用变形铝合金的牌号和用途

类别		常用牌号	用途
不可热处理强化	防锈铝	LF5	耐蚀油箱、油管、铆钉、蒙皮、骨架、轻载荷零件、高塑性高耐蚀零件、焊接件、冲压件等
		LF21	
可热处理强化	硬铝	LY1	铆钉、蒙皮、发动机叶片、梁、隔框、滑轮、结构板材等
		LY12	
	超硬铝	LC4	重量轻受力大构件，如飞机大梁、起落架、加强框、火炮牵引杆、轻型坦克、运兵车构件等
		LC6	
	锻铝	LD5	复杂锻件、冲压件，如发动机零件、发动机风扇叶片、活塞、气缸头、步枪弹匣体等
		LD10	

③常用铸造铝合金的牌号、性能及用途，见表 1-3-3。

表 1-3-3　常用铸造合金的应用

类别	常用牌号	性能	用途
铝硅合金	ZL102	极好铸造性、收缩性，高气密性和耐蚀性	仪表、水泵壳体等
	ZL105		风冷发动机气缸、油泵壳体等
	ZL109		活塞、启动滑轮等
	ZL111		高负荷、气密性高的大铸件等
铝铜合金	ZL201	耐热性好，用作要求强度、工作温度高的地方	内燃机气缸、活塞、挂架等
	ZL202		形状简单光洁，中等载荷零件
铝镁合金	ZL301	比强度高、耐海水腐蚀等	螺旋桨、船舰配件、雷达底座等
铝锌合金	ZL401	大型、复杂、高载荷零件	汽车、飞机零件

2.铜及铜合金

纯铜外观呈紫红色，又称紫铜，密度为 8.9 g/cm^3，熔点为 1083 ℃，具有优良的导电性、导热性、延展性和耐蚀性。主要用于制作发电机、母线、电缆、开关装置、变压器等电工器材和热交换器、管道、太阳能加热装置的平板集热器等导热器材。

铜合金是以纯铜为基体加入一种或几种其他元素所构成的合金。纯铜呈紫红色，又称紫铜。常用的铜合金分为黄铜、青铜、白铜 3 大类。

(1)黄铜。

按照化学成分，黄铜可分为普通黄铜和特殊黄铜。

①普通黄铜。

由铜和锌组成的铜合金，代号用“H＋数字”表示，H 表示黄铜，数字表示铜的质量分数。如 H68 表示含铜量为 68％，含锌量为 32％的黄铜。铸造黄铜则在代号前“Z”字，如 ZCuZn38 表示含锌量为 38％，余量为铜的铸造黄铜。

黄铜的常用牌号及用途见表 1-3-4。

表 1-3-4 黄铜的常用牌号及用途

常用牌号	用途
HT96	冷凝管、热交换器、散热器、导电零件、空调器、计算机插件等
HT70	弹壳等
HT68	散热器外壳等
HT62	铆钉、螺帽、垫圈等

②特殊黄铜。

在普通黄铜中加入其他合金元素所组成的多元合金称为特殊黄铜。常加入的元素有铅、锡、铝等，相应地可称为铅黄铜、锡黄铜、铝黄铜。加合金元素的目的，主要是提高抗拉强度，改善工艺性能。

代号："H＋主加元素符号(除锌外)＋铜的质量分数＋主加元素质量分数＋其他元素质量分数"表示。如：HPb59-1 表示铜的质量分数为 59%，含主加元素铅的质量分数为 1%，余量为锌的铅黄铜。

常用特殊黄铜的牌号及用途，见表 1-3-5。

表 1-3-5 常用特殊黄铜的牌号及用途

组别	代号	用途
铅黄铜	HPb63-1	钟表零件、汽车拖拉机及一般机器零件
	HPb60-1	一般机器结构零件
锡黄铜	HSn90-1	汽车拖拉机弹性套管
	HSn62-1	船舶零件
铝黄铜	HAl177-2	海船冷凝管及耐蚀零件
	HAl160-1-1	缸套、齿轮、蜗轮、轴及耐蚀零件
	HAl159-3-2	船舶、电机、化工机械等常温下工作的高强度耐蚀零件

(2)青铜。

青铜原指铜锡合金，后除黄铜、白铜以外的铜合金均称青铜，并常在青铜名字前冠以第一主要添加元素的名。锡青铜的铸造性能、减摩性能好和机械性能好，适合于制造轴承、蜗轮、齿轮等。铅青铜是现代发动机和磨床广泛使用的轴承材料。铝青铜强度高，耐磨性和耐蚀性好，用于铸造高载荷的齿轮、轴套、船用螺旋桨等。铍青铜和磷青铜的弹性极限高，导电性好，适于制造精密弹簧和电接触元件，铍青铜还用来制造煤矿、油库等使用的无火花工具。

(3)白铜。

白铜是以镍为主要添加元素的铜基合金，呈银白色，有金属光泽，故名白铜。铜镍之间彼此可无限固熔，从而形成连续固熔体，当把镍熔入红铜里，含量超过 16%以上时，产生的合金色泽就变得相对近白，如银。镍含量越高，颜色越白，但是，毕竟与铜熔合，只要镍含量比例不超过 70%，肉眼都会看到铜的黄色，何况通常白铜中镍的含量一般为 25%。

由于白铜饰品从颜色、做工等方面和纯银饰品差不多。有的不法商家利用消费者对银饰不了解的心理，把白铜饰品当成纯银饰品来卖，从而从中获取暴利。

3.滑动轴承合金

轴承起减摩作用，可分为滚动轴承和滑动轴承，滑动轴承接触面积大，工作平稳无噪声，检修方便，所以在汽车上尤其在发动机的两大机构（配气机构、曲柄连杆机构）中应用广泛。

在滑动轴承中，制造轴瓦及其内衬的合金称为滑动轴承合金。

滑动轴承合金具有足够的抗压强度和抗疲劳性能，良好的减摩性（摩擦因数要小），良好的储备润滑油的功能，良好的磨合性，良好的导热性和耐蚀性，良好的工艺性能，使之制造容易，价格便宜。

工业上应用的轴承合金很多，常用的有锡基、铅基、铜基和铝基轴承合金等，其中锡基和铅基轴承合金又称巴氏合金，是应用最广的轴承合金。

（1）滑动轴承合金的编号方法，见表 1-3-6。

表 1-3-6　滑动轴承合金的编号方法

表示方法	ZCh	元素符号	元素符号	质量分数	-	质量分数
说明	“铸”“承”汉字的汉语拼音字首	基本元素	主加元素	主加元素质量的百分数	连接符	附加元素质量的百分数
举例	ZCh	Sn	Sb	11	-	6
牌号写作	ZChSnSb11-6					
解释	表示 W_{Sb} 为 11%，W_{Cu} 为 6%，其余为 W_{Sn} 的锡基轴承合金					

（2）常用轴承合金分类、牌号、性能特点和用途，见表 1-3-7。

①锡基轴承合金。

锡基轴承合金是以锡为基础，加入锑、铜等元素组成的合金。其优点是具有良好的塑性、导热性和耐蚀性，而且摩擦系数和膨胀系数小，适合于制作重要轴承，如汽轮机、发动机和压气机等大型机器的高速轴瓦。缺点是疲劳强度低，工作温度较低（不高于 150 ℃），这种轴承合金价格较贵。

②铅基轴承合金。

铅基轴承合金是以铅为基体，加入锑、锡、铜等合金元素组成的合金。铅基轴承合金的强度、硬度、导热性和耐蚀性均比锡基轴承合金低，而且摩擦系数较大，但价格便宜。适合于制造中、低载荷的轴瓦，如汽车、拖拉机曲轴轴承、铁路车辆轴承等。

③铜基轴承合金。

铜基轴承合金通常有锡青铜与铅青铜。铜基轴承合金具有高的疲劳强度和承载能力，优良的耐磨性，良好的导热性，摩擦系数低，能在 250 ℃以下正常工作。适合于制造高速、重载下工作的轴承，如高速柴油机、航空发动机轴承等。常用牌号是 ZCuSn10P1、ZCuPb30。

④铝基轴承合金。

铝基轴承合金是以铝为基础，加入锡等元素组成的合金。这种合金的优点是导热性、耐蚀性、疲劳强度和高温强度均高，而且价格便宜。缺点是膨胀系数较大，抗咬合性差。目前以高锡铝基轴承合金应用最广泛。适合于制造高速(13 m/s)、重载(3200 MPa)的发动机轴承。常用牌号为 ZAlSn6Cu1Ni1。

表 1-3-7 常用轴承合金的应用

分类	常用牌号	性能特点	用途	备注
锡基轴承合金	ZChSnSb11-6	硬度适中，减摩性良好，好的耐蚀性、导热性，塑性韧性足够，膨胀系数小，但疲劳强度低，工作温度不宜过高等	高速、重载下的轴承	另外还有铝基和铜基轴承合金
	ZChSnSb12-4-10			
	ZChSnSb8-4			
	ZChSnSb4-4			
铅基轴承合金	ZChPbSb16-16-2	强度、硬度、韧性低于锡基轴承合金，摩擦系数较大，但价格较低，可能的情况下可代替锡基轴承合金	中等负荷轴承	
	ZChPbSn15-5-3			
	ZChPbSn15-10			
	ZChPbSb15-5			

【任务拓展】

镁合金是以镁为基本元素加入其他元素组成的合金。其特点是：密度小($1.8\ g/cm^3$ 左右)，比强度高，弹性模量大，散热好，消震性好，承受冲击载荷能力比铝合金大，耐有机物和碱的腐蚀性能好。镁合金的主要合金元素有铝、锌、锰、铈、钍以及少量锆或镉等。目前使用最广的是镁铝合金，其次是镁锰合金和镁锌锆合金。在实用金属中是最轻的金属，镁的密度大约是铝的 2/3，是铁的 1/4。它是实用金属中的最轻的金属，高强度、高刚性。

目前，镁合金在汽车上的应用零部件可归纳为两类。

(1)壳体类。如离合器壳体、阀盖、仪表板、变速器箱体、曲轴箱、发动机前盖、气缸盖、空调机外壳等。

(2)支架类。如方向盘、转向支架、刹车支架、座椅框架、车镜支架、分配支架等。

根据有关研究，汽车所用燃料的 60%消耗于汽车自重，汽车自重每减轻 10%，其燃油效率可提高 5%以上；汽车自重每降低 100 kg，每 100 km 油耗可减少 0.7 L 左右，每节约 1 L 燃料可减少 CO_2 排放 2.5 g，年排放量减少 30%以上。所以减轻汽车重量对环境和能源的影响非常大，汽车的轻量化成必然趋势。

虽然镁合金的导热系数不及铝合金，但是，比塑料高出数十倍。因此，镁合金用于电器产品上，可有效地将内部的热散发到外面。

在内部产生高温的电脑和投影仪等的外壳和散热部件上使用镁合金。电视机的外壳上使用镁合金可做到无孔散热。

电磁波屏蔽性：镁合金的电磁波屏蔽性能比在塑料上电镀屏蔽膜的效果好，因此，使用镁合金可省去电磁波屏蔽膜的电镀工序。

【课后训练】（打“※”为选做题）

一、名词解释

1.HSn90-1　2.ZL109　3.ZChSnSb4-4　4.L3

二、填空题

1.变形铝合金可分为__________、__________、__________、__________。

2.汽车发动机水箱应选用的有色金属牌号是__________。

3.汽车发动机曲轴轴承可选用的滑动轴承合金是__________。

4.蜗轮蜗杆传动中的蜗轮齿圈可选用__________制成。

5.特殊黄铜可分为__________、__________、__________。

三、简答题(※)

1.下列物件分别是由哪种类型的铜合金制作？并推荐合适的合金品牌。

弹壳　船用螺旋桨　凸轮轴支承轴承　高级精密弹簧

2.滑动轴承合金的特点是什么？

3.在汽车上找出用铝合金、铜合金、轴承合金制作的典型零件，并说明选用这种材料的目的。

4.什么是铝及铝合金、铜及铜合金？它们性能上的区别是什么？

5.如何鉴定白铜与纯银制品？

任务四 认知常见汽车用非金属材料

【任务目标】

目标类型	目标要求
知识目标	(1)描述塑料、橡胶、玻璃、摩擦材料的定义及性能 (2)阐述塑料、橡胶、玻璃、摩擦材料在汽车上的运用 (3)了解各种新型材料在汽车上的发展趋势 (4)认识各种非金属材料在汽车零部件选材上的优劣
技能目标	达到汽车维修中级工如下要求： (1)完成对各种非金属材料性能的认识 (2)根据非金属材料的性能合理地选用汽车维修工具
情感目标	(1)养成根据非金属材料的性能合理选用维修设备的习惯 (2)注意汽车零部件选材的合理性及优劣零部件判别的意识培养

【任务描述】

汽车上使用了大量的非金属材料，观察图 1-4-1 所列零件(或其部分)并思考其是用什么材料制作的。

(a)轮胎　(b)保险杠　(c)火花塞　(d)风窗玻璃

图 1-4-1　汽车零部件

轮胎：________________________________。

保险杠：________________________________。

火花塞绝缘部分：________________________________。

风窗玻璃：________________________________。

【知识准备】

非金属材料是由非金属元素或化合物构成的材料。自 19 世纪以来，随着生产和科学技术的进步，尤其是无机化学和有机化学工业的发展，人类以天然的矿物、植物、石油等为原料，制造和合成了许多新型非金属材料，如水泥、人造石墨、特种陶瓷、合成橡胶、合成树脂(塑料)、合成纤维等。这些非金属材料因具有各种优异的性能，原料来源丰富，加工简单，为天然的非金属材料和某些金属材料所不及，从而在近代工业尤其是在汽车工业中的用途不断扩大，并迅速发展。

汽车制造业使用了大量的非金属材料，如轮胎、传动带、风窗玻璃、后视镜玻璃、制动摩擦片、保险杠、转向盘、仪表板壳、连接软管、火花塞、温度传感器等。

【任务实施】

1.塑料

塑料为合成的高分子化合物(聚合物),是利用单体原料以合成或缩合反应聚合而成的材料,由合成树脂及填料、增塑剂、稳定剂、润滑剂、色料等添加剂组成的。

汽车的轻量化使塑料在汽车上的应用范围不断扩大,从最初的内饰件、外装件、小机件,发展到可以代替金属制成各种配件。

(1)塑料的组成。

塑料主要由树脂和添加剂两大部分组成,具体组成及性能见表 1-4-1。

表 1-4-1　塑料的组成及性能

<table>
<tr><th>组成</th><th colspan="2">分类</th><th>性能</th><th>备注</th></tr>
<tr><td rowspan="6">树脂</td><td colspan="2">天然树脂</td><td>来源于植物渗出物的无定形半固体或固体有机物。特点是受热时变软,可熔化,在应力作用下有流动倾向,不溶于水,而能溶于醇、醚、酮及其他有机溶剂</td><td>如松香等</td></tr>
<tr><td rowspan="4">合成树脂</td><td>酚醛树脂</td><td>原为无色或黄褐色透明物,耐弱酸和弱碱,遇强酸发生分解,遇强碱发生腐蚀。不溶于水,溶于丙酮、酒精等有机溶剂。苯酚与甲醛缩聚而得</td><td>也叫电木</td></tr>
<tr><td>聚酯树脂</td><td>易润湿、工艺性好,固化后的胶层硬度大、透明性好、光亮度高,可室温加压快速固化,耐热性较好,电性能优良。缺点是收缩率大、胶黏强度不高,耐化学介质性和耐水性较差</td><td>—</td></tr>
<tr><td>有机硅树脂</td><td>在有机溶剂如甲苯存在下,在较低温度下加水分解,得到酸性水解物。水解物经水洗除去酸,中性的初缩聚体于空气中热氧化或在催化剂存在下进一步缩聚,最后形成高度交联的立体网络结构</td><td>—</td></tr>
<tr><td>聚酰胺树脂</td><td>具有坚韧、柔软性,结合力强,耐磨,耐油,耐水,抗酶菌等特点,但吸水大</td><td>俗称“尼龙”</td></tr>
<tr><td rowspan="11">添加剂</td><td colspan="2">填料和增强材料</td><td colspan="2">增强强度、尺寸稳定性,降低成本</td></tr>
<tr><td colspan="2">填料</td><td>可以提高塑料的强度和耐热性能,并降低成本</td><td>又叫填充剂</td></tr>
<tr><td colspan="2">增塑剂</td><td>增加塑料的可塑性和柔软性,降低脆性,使塑料易于加工成形</td><td>—</td></tr>
<tr><td colspan="2">稳定剂</td><td>防止合成树脂在加工和使用过程中受光和热的作用分解和破坏,延长使用寿命</td><td>—</td></tr>
<tr><td colspan="2">着色剂</td><td>使塑料具有各种鲜艳、美观的颜色</td><td>—</td></tr>
<tr><td colspan="2">润滑剂</td><td>防止塑料在成形时粘在金属模具上</td><td>—</td></tr>
<tr><td colspan="2">抗氧剂</td><td>防止塑料在高温时受热氧化,而使塑料变黄、发裂等</td><td>—</td></tr>
<tr><td colspan="2">固化剂</td><td>使树脂加工成形后加速固化</td><td>—</td></tr>
<tr><td colspan="2">阻燃剂</td><td>增加阻燃性</td><td>—</td></tr>
<tr><td colspan="2">发泡剂</td><td>使塑料形成微孔或蜂窝状结构</td><td>—</td></tr>
<tr><td colspan="2">抗静电剂</td><td>保护塑料的安全,不易吸尘</td><td>—</td></tr>
</table>

(2)塑料的分类,见表 1-4-2。

表 1-4-2 塑料的分类

名称	分类方法	种类	细分
塑料	按热性能	热塑性塑料	可一再重复生产
		热固性塑料	无法重新塑造使用
	按使用范围	通用塑料	指产量大、用途广、成形性好、价格便宜的塑料
		工程塑料	能承受一定外力作用,具有良好的机械性能和耐高温、低温性能,尺寸稳定性较好,可以用作工程结构的塑料
		特种塑料	指具有特种功能,可用于航空航天等特殊应用领域的塑料

通用塑料有五大品种,即聚乙烯(PE)、聚丙烯(PP)、聚氯乙烯(PVC)、聚苯乙烯(PS)及丙烯腈-丁二烯-苯乙烯共聚物(ABS 树脂)。

①聚乙烯:常用聚乙烯可分为低压聚乙烯、高压聚乙烯和线性高压聚乙烯。三者当中,高压聚乙烯有较好的热性能、电性能和机械性能,而低压聚乙烯和线性高压聚乙烯有较好的柔韧性、耐冲击性、成膜性等。低压聚乙烯主要用于包装用薄膜、农用薄膜等;而高压聚乙烯的用途比较广泛,如薄膜、管材、注射日用品等多个领域。

②聚丙烯:相对来说,聚丙烯的品种更多,用途也比较复杂,领域繁多,品种主要有均聚聚丙烯、嵌段共聚聚丙烯和无规共聚聚丙烯。根据用途的不同,均聚聚丙烯主要用在拉丝、纤维、注射、薄膜等领域,嵌段共聚聚丙烯主要应用于家用电器注射件管材等,无规共聚聚丙烯主要用于透明制品、高性能产品、高性能管材等。

③聚氯乙烯:由于其成本低廉,产品具有自阻燃的特性,故在建筑领域里应用广泛,尤其是下水道管材、塑钢门窗、板材、人造皮革等。

④聚苯乙烯:作为一种透明的原材料,常用在有透明需求的情况下,如汽车灯罩、日用透明件等。

⑤ABS 树脂:是一种用途广泛的工程塑料,具有良好的机械和热性能,广泛应用于家用电器、面板、面罩、组合件、配件等,尤其是家用电器,如洗衣机、空调、冰箱、电扇等,用量十分庞大,另外在塑料改性方面用途也很广。

(3)塑料的特性。

①质轻,化学性稳定,不会锈蚀;

②耐冲击性好;

③具有较好的透明性和耐磨损性;

④绝缘性好,导热性低;

⑤一般成形性、着色性好,加工成本低;

⑥耐热性差,热膨胀率大,易燃烧;

⑦尺寸稳定性差,容易变形;

⑧多数塑料耐低温性差,低温下变脆;

⑨容易老化。

(4)塑料在汽车上的运用,见表 1-4-3。

表 1-4-3 塑料在汽车上的运用举例

零部件	塑料名称	图例
仪表板	ABS 树脂	
保险杠	聚丙烯	
保险杠	玻璃纤维复合聚氨酯	
尾灯	丙烯腈-苯乙烯	
分电器盖	酚醛压塑粉	
油箱	聚乙烯或尼龙	
冷却风扇	聚酰胺或聚缩醛	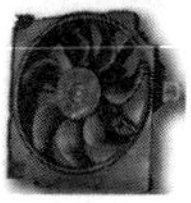
风窗摇手柄-门手柄	聚酞胺或聚缩醛	 
其他可查阅相关的资料		

2.橡胶

橡胶是提取橡胶树、橡胶草等植物的胶乳,加工后制成的具有弹性、绝缘性、不透水的材料。高弹性的高分子化合物分为天然橡胶与合成橡胶两种。天然橡胶是从橡胶树、橡胶草等植物中提取胶质后加工制成;合成橡胶则由各种单体经聚合反应而得。汽车上有许多零件是用橡胶制成的,如轮胎、风扇传动带、缓冲垫、油封、制动皮碗、门窗密封胶带、各种胶管等。橡胶零部件对汽车的防震、减噪、提高行驶平稳性和乘坐舒适性等起很大的作用。

(1)橡胶的性能。

①极高的弹性。

橡胶及橡胶制品的弹性极高,其伸长率可达 100%~1000%。因此橡胶被广泛用作减轻撞击、敲击和震动的材料。

②良好的热可塑性。

橡胶在一定的温度下，会暂时失去弹性转而进入塑性状态，当橡胶处于热可塑性状态时，经过加温加压的硫化处理，经过一定时间会重新恢复弹性。所以橡胶可以一而再地重复使用。

③具有黏附性。

橡胶具有与其他材料黏结而成为整体不易分离的能力。特别是能与毛、棉、尼龙等材料牢固地黏合在一起使用，如汽车轮胎、传动带等制品。

④良好的绝缘性。

橡胶大部分是绝缘体，是制造电线、电缆的绝缘材料。另外，橡胶还有良好的耐磨、抗酸、抗碱等特性。

⑤橡胶的缺点。

易老化。在使用过程中，为了防止老化，延长使用寿命，应避免和酸、碱、油等物质放在一起，不能用开水长时间浸泡，更不能用火烤或在阳光下暴晒。

橡胶的缺点还有抗拉强度不高、抵抗磨损能力差和硬度不高等。

(2)橡胶的组成与分类，见表 1-4-4。

表 1-4-4　橡胶的组成与分类

组成	分类		性能	备注
生胶	天然橡胶		来源于橡胶树，当这种橡胶树的表皮被割开时，就会流出乳白色的汁液，称为胶乳，胶乳经凝聚、洗涤、成形、干燥即得天然橡胶	生胶是橡胶工业的主要原料
	合成橡胶	通用橡胶	可以代替天然橡胶使用的橡胶，其物理、力学和加工性能较好，如丁苯、异戊、顺丁橡胶，主要用于制造各种轮胎及一般工业橡胶制品。是合成橡胶的主要品种	合成橡胶由人工合成方法而制得，采用不同的原料(单体)可以合成出不同种类的橡胶
		特种橡胶	指具有耐高温、耐油、耐臭氧、耐老化和高气密性等特点的橡胶。常用的有硅橡胶、聚硫橡胶、氯醇橡胶、丁腈橡胶、聚丙烯酸酯橡胶、聚氨酯橡胶、丁基橡胶等。主要用于某些具有特殊要求的场合	
配合剂	硫化剂		能与橡胶发生硫化反应或使之胶黏的物质的统称	又叫胶黏剂
	硫化促进剂		加快硫化速度，降低硫化温度，提高硫化胶性能等	简称促进剂
	硫化活性剂		提高硫化促进剂的作用，改善硫化胶的物理机械性能等	简称活性剂
	防老剂		延长制品的使用寿命，防止橡胶老化	—
	补强填充剂		提高硫化橡胶的强度，增强橡胶的耐磨、耐撕裂和弹性	也叫炭黑
	软化剂		使各种配合剂能均匀地混合，降低胶料的加工时间等	—

(3)橡胶材料在汽车上的应用,见表 1-4-5。

表 1-4-5　橡胶材料在汽车上的应用

橡胶名称	代号	用途	图例及名称
天然橡胶	NR	轮胎、胶带、胶管	 轮胎
丁苯橡胶	SBR	胶管、胶带、胶板、电线电缆以及其他橡胶制品	 胶板
氯丁橡胶	CR	减震零件、油封、门窗嵌条、橡胶密封件	 门窗嵌条
丁腈橡胶	NBR	输油管、耐油密封圈	 输油管
顺丁橡胶	BR	内胎、橡胶弹簧	 橡胶弹簧
异戊橡胶	IR	载重轮胎、越野轮胎	 越野轮胎
丁基橡胶	IIR	内胎、窗框橡胶、蒸汽软管、耐热输送带等	 内胎
乙丙橡胶	EPDM	汽车密封条、散热器软管、火花塞护套、空调软管、胶垫、胶管等	 散热器软管
硅橡胶	Q	耐高温制品、油封	略
氟橡胶	FRM	O 形密封圈、油管内的耐酸层	 O 形密封圈

查一查：翻阅相关资料了解更多汽车上的橡胶制品。

3.汽车玻璃

汽车玻璃是构成汽车外形的重要材料之一,要求具有刚度高、透光性好、隔音及保温效果好等优点。目前,已由平板型向曲面型、普通型向强化型、全钢化向局部钢化、钢化玻璃向夹层玻璃、三层夹层向多层夹层等方向发展。

玻璃的主要成分是二氧化硅(化学式:SiO_2)。

(1)玻璃的分类。

汽车上玻璃的选用,与安全性有关,所以玻璃的使用分安全玻璃和普通玻璃。因普通玻璃在交通事故中极易造成人员伤亡,所以逐渐被淘汰。

安全玻璃分为钢化玻璃、区域钢化玻璃、夹层玻璃三种。

①钢化玻璃。

普通玻璃在加热炉内加热到接近软化温度,保温一段时间,然后将此片玻璃迅速送入冷却装置,用低温高速气流对玻璃均匀淬冷,经过这样处理的玻璃制品强度大大提高,就是钢化玻璃。

钢化玻璃遇到破坏性的外力冲击造成玻璃破裂时，在残余应力的的作用下会迅速形成雪崩样的小碎粒，不会形成锋利的刀口伤人，主要用于挡风玻璃。

②区域钢化玻璃。

普通玻璃在加热炉内加热到接近软化温度，然后将玻璃迅速送入不同冷却强度的风栅中，对玻璃进行不均匀冷却，使玻璃主视区与周边区产生不同的钢化效果，周边区处于风栅的强风位置，进行全钢化，此位置碎片好，钢化强度高，主视区处于风栅弱冷位置，碎片大、钢化强度低，用这种方法生产出的玻璃就是区域钢化玻璃。

区域钢化玻璃主要是保证破碎后不影响视区，防止二次事故的发生。

③夹层玻璃。

由两层或两层以上的玻璃用一层或数层透明的黏结材料黏合而成的玻璃制品。

汽车上的普通夹层玻璃是两片玻璃中间夹有一片安全黏结膜，当汽车发生碰撞事故时，即使玻璃破碎，碎片也能黏附在安全黏结膜上，所以夹层玻璃的安全性比区域钢化玻璃又提高了一步。

(2)车用玻璃的发展趋势(新型玻璃)。

①特殊的夹层玻璃。

a.防弹玻璃。

在夹层玻璃中夹一层非常结实的、透明的化学薄膜。不仅能有效地防止枪弹射击，而且还能防爆、抗震，撞碰后不出现裂纹。

b.电热玻璃。

在两层玻璃与PVB薄膜结合时，中间夹入极细的钨丝，通电后钨丝发热，可以蒸发玻璃表面的水分。这种玻璃可以解决挡风玻璃上结冰、结霜及阴雨潮湿地区的结雾等问题。

c.天线夹层玻璃。

在玻璃夹层中夹有很细的康铜丝，用以代替拉杆天线，既可避免天线杆拉进拉出的麻烦，又不致发生腐蚀。一般在前挡风玻璃上，用于电视、AM和FM收音机以及电话和导航。

d.遮阳夹层玻璃。

在前挡风玻璃上方夹层上一层彩色膜片，由深而浅，在某种程度上起遮阳作用。

e.隔热夹层玻璃。

在两夹层玻璃间夹有尼龙热线反射薄膜，它可以让太阳的可见光透入，而对于近红外光谱热线能大部分反射回去，从而降低车内的温度。夏天，太阳光线强，为了抑制车内的温度升高，减轻空调负荷，可以装设隔热夹层玻璃。

②其他的新型玻璃。

a.单面透视玻璃。

主要用在汽车的侧窗上。在玻璃上用真空涂抹法加上一层金属铬、铝或铱的薄膜制成。人坐在车里可清晰地看到外面，但外面的人看不到里面。这种玻璃最常见。

b.憎水玻璃。

在玻璃的表面上涂一层有机氟树脂薄膜，可使玻璃不沾水。汽车采用这种玻璃可省去雨刮器。

其他新型玻璃还有明暗自动调节玻璃、除霜玻璃、控制雨刷玻璃、显示系统玻璃、清污玻璃、隐蔽玻璃等。

4.陶瓷材料

陶瓷材料是用天然或合成化合物经过成形和高温烧结制成的一类无机非金属材料。它具有高熔点、高硬度、高耐磨性、耐氧化等优点。可用作结构材料、刀具材料，由于陶瓷还具有某些特殊的性能，还可作为特殊功能材料。

陶瓷材料分为普通陶瓷（传统陶瓷）材料和特种陶瓷（现代陶瓷）材料两大类。

普通陶瓷材料。采用天然原料如长石、黏土和石英等烧结而成，是典型的硅酸盐材料，主要组成元素是硅、铝、氧，这三种元素占地壳元素总量的90%，普通陶瓷原料来源丰富，成本低，工艺成熟。

特种陶瓷材料。采用高纯度人工合成的原料，利用精密控制工艺成形烧结制成，一般具有某些特殊性能，以适应各种需要。

（1）常见陶瓷。

氧化铝（Al_2O_3）陶瓷。耐高温，耐腐蚀，高强度，其强度为普通陶瓷的2～3倍，高者可达5～6倍。其缺点是脆性大，不能接受突然的环境温度变化。用途极为广泛，可用作坩埚、发动机火花塞、高温耐火材料、热电偶套管、密封环等，也可作刀具和模具。

氮化硅（Si_3N_4）陶瓷。耐高温、高强度、高硬度、高耐磨、高耐腐蚀并能自润滑的高温陶瓷，线膨胀系数在各种陶瓷中最小。除氢氟酸外，能耐其他各种酸的腐蚀，并能耐碱、各种金属的腐蚀，并具有优良的电绝缘性和耐辐射性。可用作高温轴承、在腐蚀介质中使用的密封环、热电偶套管，也可用作金属切削刀具。

碳化硅（SiC）陶瓷。高强度、高硬度的耐高温陶瓷，碳化硅陶瓷还具有良好的导热性、抗氧化性、导电性和高的冲击韧度。而且还是良好的高温结构材料，可用于火箭尾喷管喷嘴、热电偶套管、炉管等高温下工作的部件；利用它的导热性可制作高温下的热交换器材料；利用它的高硬度和耐磨性制作砂轮、磨料等。

（2）陶瓷材料在汽车上的应用。

①在汽车传感器上的应用。

各种温度传感器（冷却液温度传感器、进气温度传感器、排气温度传感器等）、爆震传感器、氧传感器、超声波传感器等上面都使用了陶瓷材料。

②在汽车发动机上的应用。

氮化硅（Si_3N_4）陶瓷和碳化硅（SiC）陶瓷，都具有耐高温、高强度的特点，所以现在汽车上的活塞、活塞环、活塞销，还有涡轮增压技术中的陶瓷涡轮都是汽车陶瓷材料的发展方向。

③在汽车制动器、减震器、喷涂技术上的应用。

陶瓷制动器中的碳硅化合物表面硬度接近钻石，碟片内的碳纤维结构使其坚固耐冲击、耐腐蚀，让碟片特别耐磨。高级轿车的减震装置利用敏感陶瓷的正压电效应、逆压电效应和电致伸缩效应成功地制造出了智能减震器。活塞顶部和缸套内喷涂的氧化锆对发动机的性能有极大的提高。

5.黏接剂

黏接剂是能将相同物质或不同物质的物体表面紧密地连接在一起的物质，又称为黏合剂或胶黏剂。它以黏性物质为基础加入添加剂制成。

（1）黏接剂的特点。

采用黏接剂连接物体的技术称为黏接技术，黏接技术与焊接、铆接、螺栓连接等其他连接技术相比有以下特点：接头应力分布均匀、结构简化、重量轻、防震、隔热、防腐、防漏、密封可靠、减少噪声等。

(2)黏接剂在汽车上的应用。

常见的一些使用黏接剂的地方见表 1-4-6。

表 1-4-6 常见的一些使用黏接剂的地方

黏接对象	胶黏剂	效果
刹车蹄与摩擦片	丁腈酚醛胶	提高刹车效果
挡风玻璃与窗柜(或橡胶密封条)	橡胶型黏接剂	增加了车身的整体强度、挡风玻璃的密封性
车身钣金件接缝	黏接密封剂	提高密封性能,防水、防灰尘,以免引起锈蚀
车身顶盖、发动机罩、发动机底板、发动机侧围板等	隔热胶或隔音涂料	隔热、隔音、防震
修复冻裂的发动机缸体	液态密封胶剂厌氧密封胶	提高密封性,如防漏水、漏电、漏油等
发动机缸体、变速箱、底盘的“三漏”修复		
发动机缸体与缸套及缸盖的密封		
发动机缸盖螺栓、连杆螺栓	厌氧螺纹密封胶	防松动,增加密封性等
黏接剂还用于汽车的内饰材料的黏接,如泡沫塑料、座椅皮革、橡胶、海绵、地毡以及车门橡胶密封条等		

黏接剂的应用实例见表 1-4-7。

表 1-4-7 黏接剂的应用实例

零件名称	被黏接体		黏接剂	使用方法
制动器衬片	衬片	钢	腈基酚醛树脂	加热加压黏接
离合器摩擦片	摩擦片	钢	腈基酚醛树脂	加热加压黏接
电机磁铁	磁铁	镀锌板	环氧树脂	加热黏接
前发动机机罩	钢板	钢板	聚氯乙烯或橡胶	自动喷射
后备厢盖				
顶板				
门板				
门玻璃撑条	玻璃	不锈钢	环氧树脂	高频热压
内视镜	玻璃	锌	乙烯基丁缩醛	热压
挡风组合玻璃	玻璃	玻璃	乙烯基丁缩醛	热压(组合玻璃)
后组合灯	丙烯酸	聚丙烯	环氧树脂	热压
挡风玻璃密封条	橡胶	玻璃或喷涂板	聚氨酯	排气
皮革顶棚	皮革	涂漆板	腈基橡胶	喷涂(压敏)
侧保险装置	聚氯乙烯	涂漆板	丙烯酸酚醛树脂	压敏
车门玻璃密封带	聚氯乙烯	尼龙毛绒	聚氨酯	静电植绒
车顶消声衬垫	再生棉	喷漆板	氯丁橡胶	喷涂

更多汽车上的黏接剂使用可翻阅相关资料。

6.摩擦材料

摩擦材料是一种应用在动力机械上，依靠摩擦作用来执行制动和传动功能的部件材料。它主要包括制动器衬片(刹车片)和离合器面片(离合器片)。刹车片用于制动，离合器片用于传动。各种车辆都必须有制动或传动装置。摩擦材料是这种制动或传动装置上的关键性部件。它最主要的功能是通过摩擦来吸收或传递动力。如离合器片传递动力，制动片吸收动能，它们使各种机动车辆能够安全可靠地工作。

摩擦材料的特点是具有良好的摩擦因数和耐磨损性能，同时具有一定的耐热性和机械强度，能满足车辆或机械的传动与制动的性能要求。它们被广泛应用在汽车、火车、飞机、石油钻机等各类工程机械设备上。

在20世纪70年代中期以前，汽车制动系统多为四轮毂式，制动摩擦片几乎都用石棉基摩擦材料，只有那些超重型车辆采用金属基摩擦材料。由于石棉基摩擦材料的热衰退性大、并且又是强致癌物质，20世纪70年代中期至80年代中期，汽车制动器结构开始向“前盘后毂”与非石棉摩擦材料过渡。自20世纪80年代中期以后，是盘式制动器与新型无石棉摩擦材料大力发展和工业化生产应用时期。

基于现代社会对环保与安全的要求越来越高，世界汽车工业发达国家迅速开展了非石棉摩擦材料的研究开发，相继推出了非石棉的半金属型摩擦材料、烧结金属型摩擦材料、代用纤维增强或聚合物黏接摩擦材料、复合纤维摩擦材料、陶瓷纤维摩擦材料等，它们的共同特点是：均没有石棉成分，采用代用纤维或聚合物作为增强材料；增加了金属成分，以提高其寿命；加入了多种添加剂或填料，以改善摩擦平稳性和抗黏着性、降低制动噪声和震颤现象。

(1)半金属摩擦材料。

半金属摩擦材料应用于轿车和重型汽车的盘式刹车片(图1-4-2)。其材质配方组成中通常含有30%～50%的铁质金属物(如钢纤维、还原铁粉、泡沫铁粉)。半金属摩擦材料因此而得名，是最早取代石棉而发展起来的一种无石棉材料。其特点：耐热性好，单位面积吸热效率高，导热系数大，适用于汽车在高速、重负荷运行时的制动工况要求。但其存在制动噪声大、边角易脆裂等缺点。

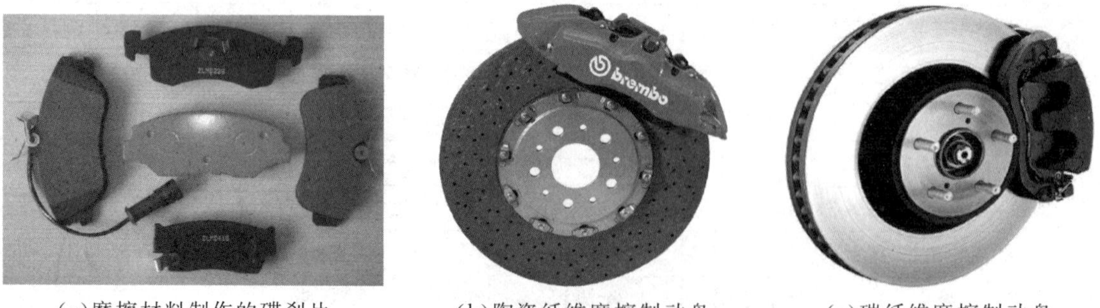

(a)摩擦材料制作的碟刹片　　(b)陶瓷纤维摩擦制动盘　　(c)碳纤维摩擦制动盘

图1-4-2　盘式刹车片

(2)碳纤维摩擦材料。

碳纤维摩擦材料系用碳纤维为增强材料制成的一类摩擦材料。碳纤维具有高模量、导热好、耐热等特点。碳纤维摩擦材料是各种类型摩擦材料中性能最好的一种。碳纤维摩擦片的单位面积吸收功率高，密度小，特别适合生产飞机刹车片，国外有些高档轿车的刹车片也使用。因价格昂贵，其应用范围受到限制，产量较少。在碳纤维摩擦材料组分中，除了碳纤维外，还使用石墨。组分中的有机黏接剂也要经过碳化处理，故碳纤维摩擦材料也称为碳基摩擦材料。

【任务拓展】

1998 年 2 月 9 日夜，格鲁吉亚总统谢瓦尔德纳泽在乘一辆奔驰汽车回家途中，突然从夜色笼罩下的密林里窜出 20 多个杀手，向总统座车疯狂扫射并投掷手榴弹，汽车伤痕累累，但幸运的是谢瓦尔德纳泽毫发无损！是什么保护总统躲过了这场灾难呢？这要归功于德国政府赠送给他的这辆价值 50 万美元的奔驰牌防弹汽车。那么防弹汽车为什么能够防弹呢？原来它安装了一种安全玻璃——防弹玻璃。安全玻璃是由坚韧的塑料内层(PC/PVB)将两片玻璃在一定温度和压力下粘贴而成，夹层 PC 厚度一般为 0.5～5 mm，也称为夹层玻璃或胶合玻璃，其塑料内层可以吸收冲击和爆炸过程中所产生的部分能量和冲击波压力，即使被震碎也不会四处飞溅。夹层玻璃根据不同的需要可用普通玻璃、钢化玻璃、热增强玻璃来制成，也可制成中空玻璃。安全玻璃具有良好的安全性、抗冲击性和抗穿透性，具有防盗、防弹、防爆功能。

运钞车防弹玻璃品种差异较大。同为抵御 79 式微型冲锋枪钢芯弹的多发射击，有的防弹玻璃需要 23 mm 厚，有的则只需要 15 mm 厚。二者之间并非质量优劣的区别，而是两种完全不同的产品。23 mm 厚的防弹玻璃称为“全玻璃防弹玻璃”，其面密度为 53 kg/m^2。这是一种由多层无机玻璃通过 PVB 胶片夹层制成的经济型防弹玻璃，早期防弹运钞车大都采用这种防弹玻璃，优点是制造成本低、价格低廉，缺点是笨重、防弹可靠性差，尤其低温下防弹能力大幅度下降。一些防弹运钞车在冬天检测时容易被打漏，多因于此。15 mm 厚的防弹玻璃称为“PC 板防弹玻璃”，面密度为 33 kg/m^2，比全玻璃防弹玻璃减重 1/3。这是一种采用高强度聚碳酸酯板(简称 PC 板)和玻璃复合的轻质防弹玻璃，几乎具备了防弹运钞车需要的所有特点：防弹可靠性好、防暴能力特别强、低温弹性稳定、厚度薄、面密度低。一辆防弹运钞车采用轻质 PC 板防弹玻璃后，可减重 50～60 kg，至今在各运钞车检测中还没有被打漏的记录，其缺点是制造成本高、价格昂贵，因此推广阻力不小。但目前一些品牌意识较强的防弹运钞车生产厂已在采用这种防弹玻璃。

【课后训练】（打“※”为选做题）

一、名词解释

1.塑料 2.橡胶 3.陶瓷 4.摩擦材料 5.黏接剂 6.夹层玻璃 7.区域钢化玻璃

二、填空题

1.塑料的组成主要有__________和__________两大部分。

2.合成树脂可分为__________、__________、__________、__________，其中__________也叫“电木”。

3.塑料添加剂中的增塑剂的主要作用是__________。

4.汽车尾灯盖主要用__________塑料制成。

5.橡胶及其制品主要的原材料是__________。

6.橡胶由__________和__________组成，合成橡胶可以分为__________、__________。

7.安全玻璃分为__________、__________、__________三种。

8.特种陶瓷材料分三种，它们是__________、__________、__________。

9.制动器衬片常用__________黏接剂黏接。

10.新型的摩擦材料有（列写三种）、__________、__________。

三、判断题

1.酚醛树脂属于天然塑料。（ ）

2.区域钢化玻璃主要适用于低档车辆的挡风玻璃。（ ）

3.SiC 是陶瓷材料的主要组成部分。（ ）

4.陶瓷纤维摩擦材料因其价格昂贵，主要用于高档汽车摩擦部位。（ ）

5.橡胶可以和碱、酸、油等物质混合使用，不会引起橡胶老化。（ ）

四、简答题（※）

1.塑料及其制品的特性是什么？

2.橡胶的性能有哪些（含优、缺点）？

3.车用新型玻璃有哪些？它们有什么新特点？

4.举例说明塑料、橡胶、玻璃、摩擦材料、陶瓷材料在汽车上的应用。

5.说出下列汽车零部件在汽车上常用什么材料制作。

轮胎、传动带、风窗玻璃、后视镜玻璃、制动摩擦片、保险杠、转向盘、仪表板壳、连接软管、火花塞、温度传感器。

任务五 认知典型汽车零部件的选材原则

【任务目标】

目标类型	目标要求
知识目标	(1)描述汽车零部件选材应该注意的事项 (2)阐述汽车典型零部件的具体选材方法 (3)认识汽车关键零部件具体使用的材料
技能目标	达到汽车维修中级工如下要求： (1)具备汽车零部件选材的基本素质 (2)能运用汽车零部件选材的原则合理地给相关零件选定材料
情感目标	(1)养成选定价格合理零配件的思维意识 (2)零部件选材执行合理即节约的行为习惯

【任务描述】

通过前面的学习，我们已经知道构成汽车零部件的材料有很多种，对于同一种零部件，我们可以选出很多种材料来制作。如果单从成形的角度考虑，我们可以选取任何一种材料制作出样品，可是能否满足使用要求、造价是否合理、制造过程中牵扯到的相关工艺能否得到满足等都是我们应该考虑的。

比如汽车的发动机缸体，仅从成形的角度考虑，普通的塑料都可以制作。可是，发动机缸体的工作条件十分恶劣。它要承受燃烧过程中压力和温度的急剧变化以及活塞运动的强烈摩擦。因此，它应具有以下性能：①有足够的强度和刚度，变形小，保证各运动零件位置正确，运转正常，震动噪声小。②有良好的冷却性能，在缸筒的四周有冷却水套，以便让冷却水带走热量。③耐磨，以保证气缸体有足够的使用寿命。因此，一般汽车发动机缸体的制作材料是灰铸铁或铸造铝合金。

因此，汽车零部件的选材，要从使用角度、工艺角度和经济角度分析入手。

【知识准备】

零部件选材的原则，一般包括三个方面：①使用性原则；②工艺性原则；③经济性原则。

1.使用性原则

它是保证零件完成规定功能的必要条件，主要是指零件在使用状态下材料应该具有的机械性能、物理性能和化学性能，主要针对机械性能。对一些特殊条件下工作的零件，则必须根据要求综合考虑材料的机械、物理、化学性能。

零件使用时的工作条件：

(1)受力状况。主要是载荷的类型和大小，载荷的形式，载荷的特点等。

(2)环境状况。主要是温度特性、介质情况等。

(3)特殊要求。对导电性、磁性、热膨胀、密度、外观等的要求。

通过对零件工作条件和失效形式的全面分析，确定对零件使用性能的要求。常用零件的工作和失效形式见表 1-5-1。

表 1-5-1 常用零件的工作和失效形式

零件	工作条件			主要失效形式	机械性能要求
	受力类型	载荷性质	受载状态		
螺栓	拉、剪	静载	—	过量变形、断裂	强度，塑性
传动轴	弯、扭	循环冲击	轴颈摩擦	疲劳、过量变形、轴颈磨损	综合机械性能
传动齿轮	压、弯	循环冲击	摩擦、震动	轮齿折断、疲劳断裂、齿面接触疲劳（齿面麻点）	表面高硬度、高疲劳极限，心部高强度及韧性
弹簧	扭、弯	交变冲击	震动	弹性失稳，疲劳破坏	高弹性极限、高屈强比、高疲劳极限

综上所述，在零部件选材时，应根据零件的工作条件、失效形式及机械性能要求综合考虑，这是选择材料的基本出发点。

2.工艺性原则

它表征材料加工的难易程度、工艺性能应满足生产工艺的要求，这是选材必须考虑的问题。

工艺性包括：铸造、焊接、锻造、压力加工、切削加工、热处理、热压、注塑、吹塑、粉末化、烧结、成形等性能，以及加工工艺路线的合理安排。良好的加工工艺性可以大大减少加工过程的动力、材料消耗，加工周期及废品率等。

优良的加工工艺性能可以降低产品成本。

3.经济性原则

它保证零件生产和使用成本最低，效益最大。

在选择材料时，应该考虑材料的价格、零件的总成本与国家的资源等。还要注意生产所用材料的能源消耗，尽量选用耗能低的材料，把汽车整体的总成本控至最低，使产品在市场上具有最强的竞争力，获取最大的经济效益。

常用金属材料的相对价格见表 1-5-2。

表 1-5-2 常用金属材料的相对价格

材料	相对价格	材料	相对价格
普通碳素结构钢	1	Cr 不锈钢	5
普通低合金结构钢	1.25	Cr-Ni 不锈钢	15
优质碳素结构钢	1.3～1.5	普通黄铜	13～17
易切钢	1.7	锡青铜、铝青铜	19
合金结构钢（Cr-Ni 钢除外）	1.7～2.5	灰口铸铁件	0.4
Cr-Ni 合金结构钢（中合金钢）	5	球墨铸铁件	0.8
滚珠轴承钢	3	可锻铸铁件	2～2.2
碳素工具钢	1.6	碳素铸铁件	2.5～3
低合金工具钢	3～4	铸造铝合金、铜合金	8～10
高速钢	16～20	铸造锡基轴承合金	23
硬质合金（YT 类刀片）	150～200	铸造铅基轴承合金	10

【任务实施】

1.汽车零部件常用的选材方法

汽车零部件的选材常用方法有两种，分别为理论计算法和经验比较法。

(1)理论计算法：对零件进行受力分析、失效形式分析以后，确定零件在工作时必须具备的强度、刚度、使用寿命，然后根据材料的力学性能进行理论计算，从而选定材料牌号的方法。

(2)经验比较法：根据对已经用过的同类零件的设计和使用过程中总结出来的经验进行选材的方法，具有较强的实用性。

2.汽车典型零部件的选材及热处理

据统计，一台汽车的零部件大约有三万多个，而整台汽车是由发动机、底盘、电气设备、车身及附属设备四大部分组成。下面就四大部分分别介绍零部件、材料种类及牌号、使用性能要求、热处理及其他要求等。

发动机主要零件的用材情况，见表 1-5-3。

表 1-5-3 发动机主要零件的用材情况

典型零件	常用材料及牌号	使用性能要求	热处理及其他
气缸体	灰铸铁 HT200	高温下高强度、高刚度、高的尺寸和性能稳定性	不处理或去应力退火
	铸铝合金 ZL104		固溶处理后时效
气缸盖	灰铸铁 HT200	高温下高强度、高刚度、高的尺寸和性能稳定性	不处理或去应力退火
	铸铝合金 ZL105		固溶处理后时效
正时齿轮	灰铸铁 HT200	高强度、高刚度、高尺寸稳定性	不处理或去应力退火
油底壳	钢板 Q235、08、20	高强度、高刚度	不热处理
气缸套	高磷铸铁、硼铸铁	耐热、耐蚀、耐磨	铸造状态
排气门	高铬耐热钢 4Cr10Si2Mo	耐热、耐蚀、耐磨	淬火、回火
进气门	中碳合金钢 40Cr、35CrMo、38CrSi	耐热、耐蚀、耐磨	模锻
曲轴	中碳钢 45 钢、40Cr	高强度、高刚度、良好的耐磨性	锻造调质后(轴颈部位：表面淬火或渗氮)
	中碳合金钢 35CrMo		
	球墨铸铁 QT600-2		精密铸造、调质
凸轮轴	优质钢 20Mn	高强度、高耐磨性	模锻、渗碳＋高频淬火
	球墨铸铁 QT600-2		调质或等温淬火
连杆	调质钢 45 钢、40Cr、40MnB	足够的刚度、强度和抗冲击疲劳强度，质量轻，惯性小	调质(淬火＋高温回火)、磁力探伤
连杆螺栓	调质钢 40Cr	足够的强度、冲击韧性、抗疲劳强度	调质(淬火＋高温回火)
活塞	高强度铝合金 ZL109	耐热性、耐磨性、平稳的导向性和良好的密封功能，减少发动机的摩擦功损失，降低油耗、噪声和排放	淬火强化
活塞销	低碳合金钢 20 钢、20Cr、20CrMnTi	表面硬而耐磨，内部韧而耐冲击	正火后渗碳或碳氮共渗＋表面淬火
活塞环	磷钨合金铸铁	高的耐磨性、抗刮伤性、耐蚀性、导热性、贮油性、密封性、弹性和疲劳强度，还必须具有很低的摩擦系数	镀铬、镀锡

(1)汽车底盘主要零件的用材情况，见表 1-5-4。

表 1-5-4 汽车底盘主要零件用材情况

典型零件	常用材料及牌号	使用性能要求	热处理及其他
传动齿轮	中碳钢 45、40Cr	轮齿塑性变形小、齿面点蚀小	调质
	低碳合金钢 20CrMnTi		正火后渗碳＋表面淬火
非传动齿轮	不淬火碳钢 35、铸铁、夹布胶木、电木或尼龙	具有一定的强度、刚度	抛光
半轴	中碳钢 45、40Cr	强度高、抗疲劳性强、韧性强	适于中、小型汽车
	合金钢 40CrMnMo、40MnB		适于重型汽车
转向节臂	中碳钢 45、40Cr、40MnB	强度高、抗疲劳性强、韧性强	调质、圆角滚压、磁力探伤
变速箱轴	中碳钢 40Cr、40CrMnMo	强度高、抗疲劳性强、韧性强	调质、轴颈表淬
变速器壳体	铝合金 ZL102	强度、刚度高，尺寸稳定	变质处理
离合器壳体	铸钢 ZG200-400		去应力退火
弹簧	弹簧钢 65 钢、70 钢	抗疲劳、冲击和腐蚀	淬火＋中温回火喷丸处理
减震弹簧	弹簧钢 65Mn、55Si2Mn、		
钢板弹簧	弹簧钢 55SiMnMoV、50CrVA		
后桥壳	可锻铸铁 KT350-10 球墨铸铁 QT400-10	强度、刚度高，尺寸稳定	还可用铸钢或优质钢板冲压焊接
车架	25、16Mn 等型材	冲压工艺性、可焊性好	—

(2)车身及附属设备。

车身及附属设备包括驾驶室、货箱等，用热轧钢板或冷轧钢板：08、20、25、16Mn 等。

(3)电气设备。

电气设备包括电源、启动设备、照明、信号、控制设备等电气元件，主要用材为铜及其合金。

【任务拓展】

一、飞轮效应

飞轮效应指为了使静止的飞轮转动起来，一开始你必须使很大的力气，一圈一圈反复地推，每转一圈都很费力，但是每一圈的努力都不会白费，飞轮会转动得越来越快。达到某一临界点后，飞轮的重力和冲力会成为推动力的一部分。这时，你无须再费更大的力气，飞轮依旧会快速转动，而且不停地转动。这就是“飞轮效应”！

二、飞轮效应的启示

这一原理告诉我们在每件事情的开头都必须付出艰巨的努力才能使你的事业之轮转动起来，而当你的事业走上平稳发展的快车道之后，一切都会好起来。万事开头难，努力再努力，光明就在前头。持续的改善和提升绩效中蕴藏了巨大的力量。

三、飞轮效应的运用

1.开始阶段

(1)制订清晰职业目标。

(2)做好失败的准备。

(3)养成成功的习惯。

(4)要具备良好的学习态度。

(5)做好职业的规划及计划。

2.基础阶段

我们必须要脚踏实地地做好基础工作,打好根基,为以后的发展提供有效的保障。就像我们不管用什么方法,都必须让飞轮主受力方向与想要它转动的方向一致才可以达到让它转动的目的。

3.发展阶段

通过前面的准备,飞轮是可以在力的作用下转动起来的,但是这个时候的转动是非常被动的,非常吃力的。一旦它的受力停止的话,马上就会停止下来,只有不断地加力或使力持之以恒,才可以使所受的力越来越接近临界点。

4.辉煌阶段

当飞轮所受力达到临界点时,由于牵引力和惯性的存在,即使飞轮所受力停止,飞轮也可以在一定的时间内转动。当做好所有准备后,获得的将是很好的发展,在发展的背后,将是许多的认同、认可与依赖。即使在某个时刻或在某个方面发生一点点失误也不会导致完全的失败,因为我们已经被接受了。只要在失误之后能够及时意识到失误,及时更正,别人就会继续认可与依赖。

四、飞轮效应的举例说明

例 1:克罗格公司的总裁、著名管理专家吉姆·柯林斯运用飞轮效应让公司的 5 万员工接受他的改革方案。他没有试图一蹴而就,也没有打算用煽情的演讲打动员工。他的做法是组建了一个高效的团队来“慢慢地但坚持不懈地转动飞轮”——用实实在在的业绩来证明他的方案是可行的,也是会带来效益的。员工看到了吉姆的成绩,越来越多的人对改革充满信心,他们以实实在在的行动为改革做贡献,到了某一时刻,公司这个飞轮就基本上能自己转动了。此后,吉姆·柯林斯调查了 1435 家大企业,经过调查、比较、研究,吉姆吃惊地发现:在从优秀公司到伟大公司的转变过程中,根本没有什么“神奇时刻”,成功的唯一道路就是清晰的思路、坚定的行动,而不是所谓的灵感。成功需要我们每个人排除一切干扰,把精力集中在最重要的事情上,全力以赴去实现目标。

例 2:纽可公司在 1965 年开始推动飞轮,起初只试图避免踏上破产的命运,后来则因为找不到可靠的供应商,建立起第一座自己的钢铁厂。纽可的员工发现,他们有办法把钢铁炼制得比别人好,也比别人便宜,因此后来又建了两座迷你炼钢厂,接着又建了三座厂。开始有客户向他们采购,然后又有更多的客户上门!一圈又一圈,年复一年,飞轮累积了充足的动力。在 1975 年左右,纽可人猛然醒悟,如果他们一直推动飞轮,纽可将可成为美国排名第一、获利率最高的钢铁公司。波尔曼解释:还记得 1975 年有一次我和艾弗森谈话的时候,他说:“波尔曼,我想我们应该可以成为美国排名第一的钢铁公司。”我问他:“那么,你打算什么时候成为全美第一?”他说:“我不知道。但是只要我们继续做我们目前在做的事情,我看不出有什么理由我们不能成为全美第一。”尽管花了20年才达到这个目标,但是纽可一直努力不懈地推动飞轮,终于成为《财星》一千大企业排行榜上最会赚钱的钢铁公司。

【课后训练】(打“※”为选做题)

一、名词解释

1.使用性原则 2.工艺性原则 3.经济性原则

二、填空题

1.使用性原则是保证零件完成规定功能的__________条件。

2.使用性原则主要是指零件在使用状态下材料应该具有的__________、__________和__________,主要针对__________。

3.在零部件选材的设计过程时,应根据零件的__________、__________及__________综合考虑,这是选择__________的基本出发点。

4.工艺性原则是表征材料加工的__________、工艺性能应满足生产工艺的要求,这是选材必须考虑的问题。

5.__________保证零件生产和使用成本最低,效益最大。应该考虑__________、零件的总成本与__________等,还要注意生产所用材料的能源消耗,尽量选用耗能低的材料。

三、判断题

1.汽车零件的选材往往是唯一的,具有不可替代性。 ( )

2.汽车前刹车的刹车蹄铁可选用可锻铸铁制作。 ( )

3.材料35钢可以用来制作越野汽车变速箱中的传动小齿轮。 ( )

4.弹簧钢制作的载重汽车板弹簧常用淬火+低温回火的热处理方法加工。 ( )

5.一般非金属材料的成形工艺简单、成本低,故在汽车上经常代替金属件。 ( )

四、简答题(※)

1.为什么陶瓷碳纤维材料仅用在高等轿车和F1赛车的发动机缸体上?

2.为什么传动受力齿轮要用渗碳合金钢制作?

3.材料的工艺性能具体包括哪些性能?

4.载重汽车的钢板弹簧的选材和热处理应该注意哪些事项?

5.汽车零部件选材的常用方法有哪两种?各是怎样进行的?

任务六 认知常用汽车运行材料

【任务目标】

目标类型	目标要求
知识目标	(1)了解汽车运行材料的定义、种类及作用 (2)理解汽车各运行材料的牌号、性能指标、选用原则及使用注意事项
技能目标	达到汽车维修中级工如下要求： 运用所掌握的汽车运行材料相关知识合理地选用、使用相关材料
情感目标	(1)培养合理选用运行材料的意识 (2)养成及时检查、更换汽车运行材料、合理保养汽车的习惯

【任务描述】

汽车运行材料是汽车正常行驶的根本保证，是汽车技术的重要组成部分。正确合理地选用汽车运行材料关系到汽车动力性能的可靠性、安全性、舒适性、耐久性、经济性、环保性等，并能减缓汽车零部件的磨损周期，延长汽车的使用寿命。

那么，什么是汽车的运行材料呢？

【知识准备】

1.汽车运行材料的概念

汽车运行材料是指汽车在运行过程中所消耗掉的运行周期短、运行费用高及对车辆性能影响巨大的一些非金属材料。

2.汽车运行材料的分类

根据其对汽车运行的作用和消耗方式的不同可分为四大类：

(1)汽车燃料。

为汽车提供动力的可燃性物质，影响着汽车的动力性、排放性、经济性。包括汽油、柴油、替代燃料(如天然气、液化石油气、电力等)。

(2)汽车润滑材料。

汽车各相对运动零件摩擦表面间的润滑介质，具有减小摩擦阻力，保护摩擦表面的功能，并有密封、吸收和传散摩擦热以及清洗零件的作用，影响汽车动力的传递效率和汽车的使用寿命。包括发动机润滑油、车用齿轮油等。

(3)汽车特种液料。

汽车某些机构工作必需的液料，对汽车的安全行驶、乘坐的舒适性及节约车用汽车燃料和汽车润滑料有着巨大关系。主要有汽车制动液、汽车防冻液、液力变扭器液、动力转向器液、减震器液等。

(4)汽车轮胎。

轮胎是汽车的行驶部件，由橡胶和骨架材料制成，装于车轮轮辋的外周，用以支撑汽车重量和传递驱动力矩。

【任务实施】

一、汽车燃料

(一)汽油

汽油是汽油机的燃料，是从石油中提炼出来的碳氢化合物。

第一，含铅汽油。为改善车用汽油的抗爆性能，在车用汽油中加入一定量的四乙基铅。因对人体和环境造成严重污染，现已不再使用。

第二，无铅汽油。是指含铅量在0.013 g/L以下的汽油。使用无铅车用汽油能够减少汽车尾气排放中的铅化合物，减少污染，对保护环境起到一定的积极作用。目前广泛使用的是无铅汽油。

1.车用汽油的主要性能指标

车用汽油主要性能指标包括汽油的挥发性、抗爆性、安定性、防腐性和清洁性。其中最主要的是汽油的抗爆性。

(1)汽油的挥发性是指汽油由液体状态转化为气体状态的性能。

挥发性好的汽油，容易与空气混合均匀，燃烧速度快，燃烧完全，可提高发动机动力性、经济性，且可保证启动容易、加速及时、各工况转换柔和。挥发性不好的汽油汽化不完全，造成燃烧不完全，增加油耗及排放污染，没有完全燃烧的油滴还可能破坏缸壁润滑油膜，增加磨损。

(2)汽油的抗爆性是指汽油在发动机的气缸内燃烧时防止产生爆燃的能力。

爆燃是汽油机的一种不正常燃烧。在特定情况下，由于受到气缸温度、压力上升的影响，在未燃部分的混合气中产生大量不稳定的过氧化物，在正常火焰前锋到达之前，由于剧烈氧化而自燃，产生许多火焰中心，火焰传播极快，形成压力脉冲，使气缸内产生清脆的金属敲击声。爆燃使机件过快磨损，热负荷增大，噪声增大，功率下降，油耗上升，因此应尽量减轻和避免爆燃发生。抗爆性好的汽油允许发动机采用较高的压缩比，从而提高动力性和经济性。

汽油的抗爆性用辛烷值评定。辛烷值高的汽油抗爆性好，国产汽油的牌号就是用辛烷值表示的。

(3)汽油的安定性是指汽油在正常的贮存和使用条件下，保持其性质不发生永久变化的能力。

安定性差的汽油，容易发生氧化反应，生成胶状物质和酸性物质，使辛烷值降低，酸值增加，颜色变深。使用这种汽油，易堵塞电喷式发动机的喷嘴，气门黏结关闭不严，积炭增加，气缸散热不良，火花塞积炭导致点火不良等故障，使维修费增加。

(4)汽油的防腐性是指汽油阻止与其接触的金属被腐蚀的能力。

(5)汽油的清洁性是指汽油中是否含机械杂质和水分。机械杂质和水分会造成油路堵塞、磨损加剧等严重后果，故机械杂质和水分也要严加限制。

2.我国车用汽油的牌号

我国车用汽油按辛烷值不同分为 RQ-89、RQ-92 和 RQ-95 三个牌号。

牌号中,“R”表示燃料(“燃”字的汉语拼音字头),“Q”表示汽油(“汽”字的汉语拼音字头),数字“89、92、95”表示牌号中汽油的辛烷值。

3.汽油的选用原则

(1)根据车辆使用说明书的要求选择。

(2)在没有使用说明书时,根据发动机的压缩比等因素选用。一般来说,压缩比大的发动机爆燃倾向严重,应选用辛烷值高的汽油。反之,压缩比小,选用低牌号的汽油。

(3)根据使用条件选择。高原地区空气稀薄,大气压力小,汽油机工作时爆燃的倾向减小,可以适当降低汽油的辛烷值。

(4)根据发动机的使用时间来选择。使用时间长的汽油机,由于燃烧室积炭、水套积垢等原因,使爆燃的倾向增加,应选用高一级牌号的汽油。

(5)还可根据驾驶员的经验进行选择。

4.汽油使用注意事项

(1)经过维修的发动机,如果改变压缩比,应考虑更换汽油牌号。

(2)原用低牌号汽油改用高牌号汽油时,应适当提前点火,反之,应适当延迟点火。

(3)在炎热夏季和高原地区,应加强发动机散热,使油管和气管隔热,避免产生气阻。

(4)汽车从平原驶到高原地区后,可换用较低辛烷值汽油,或适当调前点火提前角。

(5)不要在汽油中渗入煤油或柴油。

(6)不要使用长期存放已变质的汽油。

(7)加油时尽量加满油箱,防止蒸发损失。

(8)严禁用嘴吸汽油,少闻汽油蒸汽。

(9)汽油易燃、易爆、易产生静电,使用中注意安全。

(二)柴油

柴油是柴油机的燃料,又称为轻柴油,是从石油中提炼出来的碳氢化合物。

比起汽油来,柴油含更多的杂质,它燃烧时也更容易产生烟灰,造成空气污染。但柴油不像汽油般会产生有毒气体,比汽油更环保和健康,所以一些小型汽车甚至高性能汽车也改用柴油作燃料。

1.柴油的主要性能指标

(1)柴油的发火性:是柴油的自燃能力,用十六烷值评定,十六烷值越高,发火性越好。

(2)柴油的流动性:表示燃料不经加热而能输送的最低温度。其评定指标是凝点,是柴油冷却到开始失去流动性的温度值。

2.柴油的牌号

柴油按质量可分为优等品、一等品和合格品三个等级。

每个等级的柴油按凝点可分为:RCZ-10、RC-0、RC-10、RC-20、RC-35 和 RC-50 等。

其中:

“R”:表示燃料(“燃”字的汉语拼音字头);“C”:表示柴油(“柴”字的汉语拼音字头);“Z”:有“Z”表示牌号中凝点值为正(“正”字的汉语拼音字头),无“Z”表示凝点值为负。牌号中的数字表示柴油的凝点,单位为℃。

3.柴油的选用

对照当地当月的最低气温来选择。所选用柴油的凝点要比当地当月的最低气温低4～6 ℃。车用柴油牌号参照气温选用，见表1-6-1。

表1-6-1　车用柴油牌号参照气温

柴油牌号	10号	5号	0号	－10号	－20号	－35号	－50号
使用地最低气温不低于(℃)	13	8	4	－5	－14	－29	－44

4.使用柴油的注意事项

不能在柴油中掺入汽油使用。低温启动柴油机时应先预热。

注意：

①不同牌号的轻质柴油可以掺兑使用，以降低高凝点轻质柴油凝点。

②低温启动时可以采用低温启动液辅助启动，但低温启动液辅助启动不能加入油箱中使用，以免造成气阻。

(三)汽车代用燃料

随着世界石油资源的枯竭、人们环保意识的增强，寻找新的汽车能源、减轻汽车排污、提高燃油质量、减少大气污染，已成为日益迫切的问题和不可逆转的发展趋势。而开发汽车代用燃料是减少和解决问题的有效途径。

汽车代用燃料的标准：热值高、能量大、少量燃料有足够的行驶里程并保证足够的载重重量、安全无毒、对大气污染少、价格便宜、制造方便、储存携带使用方便等。最基本的要求是能与现代的汽车供油系统兼容或只需简单改装即可使用。

现在已开发出的汽车代用燃料有：液化天然气(LNG)、压缩天然气(CNG)、液化石油气(LPG)、甲醇、乙醇、电能、太阳能、氢燃料等。其中压缩天然气(CNG)已在城市公共交通汽车上广泛使用，采用电能的电动汽车也有广阔的发展前景。

二、汽车润滑材料

(一)内燃机油

汽车、拖拉机、工程机械和其他机动车使用的汽油机和柴油机都是内燃机，内燃机所用的润滑油统称为内燃机润滑油，简称内燃机油或机油。

1.内燃机油的作用

内燃机油俗称发动机“血液”，在发动机运行期间，“血液”的循环会起到如下作用：

(1)润滑作用。机油在运动零件所有摩擦表面之间形成连续油膜，以减小零件之间的摩擦。

(2)冷却作用。机油在循环过程中流过零件工作表面，可以降低零件温度。

(3)清洗作用。机油可以带走摩擦表面产生的金属碎屑及冲洗掉沉积在气缸、活塞、活塞环及其他零件上的积炭。

(4)密封作用。附着在气缸壁、活塞及活塞环上的油膜，可起到密封防漏的作用。

(5)防锈作用。机油有防止零件发生锈蚀的作用。

2.机油的主要性能

(1)机油的黏度：俗称黏度，是机油流动时内摩擦力的度量，是油液的重要性能指标。

(2)机油的黏温性:机油的黏度随温度而变化的特性。温度升高,黏度减小;温度降低,黏度增大。

机油黏度对发动机工作的影响:机油黏度对发动机的工作有很大的影响。黏度过小,在高温、高压下容易从摩擦表面流失,不能形成足够厚度的油膜;黏度过大,冷启动困难,机油不能被油泵送到需要润滑的摩擦表面上。

3.机油的分类、品种与牌号

(1)我国机油的分类方法参照美国石油公司(API)的使用分类法和美国汽车工程师协会(SAE)的黏度分类法。

(2)美国石油公司(API)的使用分类法,分类结果见表 1-6-2。

表 1-6-2 美国石油公司的使用分类法

分类方法	结果	别称	品种
按使用性能和场合分	S* 系列	汽油机油	SA、SB、SC、SD、SE、SF、SG、SH 等
	C* 系列	柴油机油	CA、CB、CC、CD、CD-Ⅱ、CE、CF-4 等

注:S* 系列品种依次反映了车用汽油机不同年代产品性能和结构特点及对汽油的不同要求。

C* 系列品种发展过程反映了车用柴油机强化和性能提高的过程。

小提示:美国石油公司(API)的使用分类法是开端分类法,随着机油性能的不断提高,它的品种将按英文字母的顺序不断增加新的品种,废除旧的品种。级号越靠后,使用性能越好,适用的机型越新或强化程度越高。其中,SA、SB、SC 和 CA 等级别的机油,除非汽车制造厂特别推荐,否则将不再使用。

(3)美国汽车工程师协会(SAE)的黏度分类法,见表 1-6-3。

表 1-6-3 美国汽车工程师协会的黏度分类法

分类方法	结果	别称	品种(牌号)	备注
按黏度分	W 组系列	冬季机油	0W、5W、10W、15W、20W、25W 六个级别	W 表示 winter
	非 W 组系列	春秋和夏季机油	20、30、40、50、60 五个级别	

注:表中数字表示机油的黏度级号,级号越大适应的温度越高。

(4)机油按黏度等级划分牌号。

按黏度等级不同,机油分为:单级油和多级油(双级油)。

单级油:只能适应较窄温度范围的使用要求。其牌号仅有一个黏度级号,如 30、40 等,只符合一个级号要求,不能冬夏两用。

双级油:能适应很宽温度范围的使用要求。既适应非 W 级,又至少适应一个 W 级的黏度要求,且两个黏度级差至少大于或等于 15,如 10W/30、15W/40,可在一个地区冬夏通用。

(5)机油的牌号举例。

SE30——黏度级号为 30、非 W 级、E 级、单级的汽油机油。

CC10W/30——黏度级号 W 级为 10、非 W 级为 30、C 级、多级的柴油机油。

SE/CC15W/40——黏度级号 W 级为 15、非 W 级为 40、E、C 级、多级的汽、柴油机通用机油。

练一练:解释机油牌号 SE/CC10W/30、CC5W/40、SE40。

(6)机油的选用与使用要求。

从汽车制造技术发展的角度看,发动机的制造越来越精密,其输出向高功率、高负荷发展。

从汽车使用环境变化的角度看，随着高速公路的不断发展，汽车在高温高速环境中运行的时间不断加长，这些都对机油提出了更加苛刻的要求。从保养的经济性看，中高档机油的润滑性能优良，机件不易磨损，修理费用下降，且中高档机油的换油周期可达 8000～10000 km，合成机油更是高达 15000～25000 km；多方面综合，选用中高档机油还是合算的。因此，建议汽油机选用 SF、SG 级，柴油机选用 CD、CE 级，或选用 SF/CD、SG/CD 通用机油。另外，在使用中，要勤于检查、及时添补，养成定期更换机油的良好习惯。

4.机油的选用

根据机型不同，按照说明书的要求选用适当品种和牌号的机油。

5.机油的使用要求

经常检查机油面高度，适量加补；保持曲轴箱通风良好；保持空气滤清器和机油集滤器的清洁，及时更换滤芯；使用机油的质量检测，及时按质换油。

小提示： 不同牌号的内燃机油不能混用混存。

高等级润滑油可以代替低等级润滑油，但低等级润滑油不能代替高等级的润滑油。

(二)车用齿轮油

车用齿轮油是指用于汽车、拖拉机和工程机械等的手动变速器和驱动桥齿轮传动机构的润滑油。它和内燃机润滑油一样具有减摩、冷却、清洗、密封、防锈和降噪等作用，因工作条件不同，对车辆齿轮油的性能要求也不同。

1.车用齿轮油的性能指标

适宜的黏度和良好的黏温特性；良好的低温流动性；良好的抗磨性。

2.车辆齿轮油的分类、品种、牌号和规格

美国石油公司(API)的使用分类法根据齿轮的齿形、承载情况对齿轮油进行了分类。我国参照该分类方法进行了相关的对应，具体对应见表 1-6-4。

表 1-6-4　中美两国车辆齿轮油的对应

美国分类级别	适用范围	我国分类级别
GL-1	低负荷、低速的正齿螺旋齿轮、蜗轮蜗杆、锥齿轮及手动变速器等，不能满足汽车齿轮要求，不能用在汽车上	—
GL-2	稍高速、高负荷、条件稍苛刻的蜗轮蜗杆及其他齿轮(准双曲面齿轮不能用)，不能满足汽车齿轮的要求，除特殊情况外不能用在汽车上	—
GL-3	不能用 GL-1 或 GL-2 的中等负荷及中速的正齿轮及手动变速器(准双曲面齿轮不适用)，变速箱、转向器齿轮及条件缓和的差速器齿轮	普通车辆齿轮油
GL-4	高速低扭矩、低速高扭矩的准双曲面齿轮及很苛刻条件下工作的其他齿轮，差速器齿轮、变速箱齿轮及转向器齿轮	中负荷车辆齿轮油
GL-5	比 GL-4 更苛刻的耐低速高扭矩、高速低扭矩和高速、冲击性负荷的准双曲面齿轮，工作条件特别苛刻的差速器齿轮及后桥齿轮	高负荷车辆齿轮油

我国齿轮油分为普通车辆齿轮油、中负荷车辆齿轮油、高负荷车辆齿轮油三级，质量分别与美国的GL-3、GL-4、GL-5级相当(一般情况下油质与性能的良好顺序为GL-3至GL-5)。

按黏度分类：我国车辆齿轮油黏度分类采用美国汽车工程师学会(SAE)黏度分类法，分为70W、75W、80W、85W、90、140、250七个黏度级，其中“W”代表冬用，SAE70W、75W、80W、85W为冬用油。无“W”字则为非冬用油，90、140、250均为夏用油。XXW/XX为冬夏通用齿轮油。它们是根据100 ℃运动黏度划分的，市场上主要用到的是SAE75W/90、SAE85W/90、85W/140，该类油是冬夏通用。

3.车用齿轮油的选用

(1)严格按照车辆使用说明书的规定选用适应该车型的齿轮油品种与牌号。

(2)根据车辆齿轮的种类和传动载荷选用。

(3)根据工作条件和温度的苛刻程度选用。

4.车用齿轮油的使用注意事项

(1)不要混淆机油和齿轮油的分类标号。应注意齿轮油和发动机油黏度级别并无联系，同型号不能互用。切不可将齿轮油当发动机油使用，否则发动机将会发生烧瓦、粘缸和烧结活塞顶等严重事故。

(2)绝不能用普通齿轮油代替准双曲面齿轮油。

(3)不要误认高黏度齿轮油的润滑性能好。使用黏度级号太高的齿轮油，将会使燃料消耗显著增加，特别是对高速轿车影响更大，应尽可能使用合适的多级齿轮油。

(4)加油量应适当。油量应适当，不可过多也不可过少。过多不仅增加搅油阻力和燃料消耗，而且有可能齿轮油经后桥壳混入制动鼓(如果密封不良)造成制动失灵；过少会使润滑不良，温度过高，加速齿轮磨损。

(5)合理使用车用齿轮油。齿轮油的使用寿命较长，如使用单级油，在换季维护时换用不同的黏度级号。放出的油不到换油期限，可在再次换油时加车使用。放出的油应妥善保管，严防水分、机械杂质和废油污染。

(6)适时换油。齿轮油的使用寿命较长，一般在50000 km以上，过早换油会产生浪费。

(7)齿轮油使用禁忌。在使用中，严禁向齿轮油中加入柴油或不同牌号和不同产地的齿轮油等进行稀释，也不要因冬季车辆起步而烘烤后桥、变速器，以免齿轮油严重变质。如果出现这种情况，应换用低黏度的多级齿轮油。

三、汽车特种液料

(一)汽车制动液

汽车制动液又名刹车油或刹车液，用于汽车液压制动系统中传递压力、使车轮制动器实现制动作用的一种功能性液体。

1.汽车制动液的性能

汽车制动液的性能指标直接影响制动系统的可靠性。其性能指标如下：

(1)沸点高，高温下不产生气阻。

(2)良好的低温流动性和黏温性。

(3)良好的与橡胶配合性。

(4)对金属的腐蚀要小。

(5)使用过程中品质变化小。

2.制动液的牌号与选用

制动液的牌号与选用，见表 1-6-5。

表 1-6-5　制动液的牌号与选用

名称	分类方法	分类名称	用途	备注
车用制动液	GB72987—2003《机动车辆制动液》按机动车辆安全使用要求分类	HZY3	微型、中低档车辆	—
		HZY4	中高档车辆	—
		HZY5	军用车辆	民用较少
	按制作原料分类	醇型制动液	已禁用	性能不稳
		矿油型制动液	一般不用	高温气阻
		合成型制动液	使用较多	性能最好

3.车用制动液的选用

首先依照车辆使用说明书的规定选用。按要求选用合成型制动液。按温度、大气压强选择适用于该地区的制动液。不能混用不同牌号和不同生产厂家的制动液。

4.车用制动液的使用注意事项

制动液有毒，对车辆的车身油漆有腐蚀作用，因此在使用和储存时要注意：

(1)不同种类的制动液不能混用，以免出现分层和失效现象。

(2)严防水和其他液体混入，以防沸点降低，产生气阻。

(3)换油前必须将制动系统清理干净。

(4)制动液的更换期为 40000 km 或 2 年，一般在更换皮碗、活塞的同时予以更换。

(5)制动液应密闭存放，应避免高温，预防变质。

(二)汽车防冻液

汽车防冻液指的是发动机防冻液。为使汽车在冬季低温下仍能继续使用，发动机冷却水中都加入了一些能够降低其凝固点的物质作为防冻剂，保持在低温天气时冷却系统不冻结。加入了防冻剂的水冷发动机冷却液称为防冻液，又称为发动机防冻冷却液。

1.防冻液的功用

防冻液的功用有冷却发动机部件、防止冷却液凝固、防止冷却系统部件生锈或产生水垢、防止过热(高温蒸发)等。

2.防冻剂的种类

防冻剂的类型主要有：乙二醇、酒精、甘油等。目前常用的防冻剂是乙二醇。其防冻液叫乙二醇型防冻液，在这种防冻液中加有防腐剂和染色剂，可长期使用，被称为长效冷却液。

3.乙二醇型防冻液的牌号

乙二醇型防冻液按凝固点的不同可分为－25、－30、－35、－40、－45 和－50 六种牌号。

4.乙二醇型防冻液的使用方法

乙二醇是一种无色微黏的液体，能与水任意比例混合。混合后的液体称为水基乙二醇型防冻液，降低了水的凝固点。其降低的程度在一定范围内随乙二醇的含量增加而下降。当乙二醇的含量为 68%时，凝固点可降低至－68 ℃，超过这个极限时，凝固点反而要上升。

乙二醇防冻液在使用中易生成酸性物质，对金属有腐蚀作用。因此，应加入适量防腐剂。乙二醇有毒，但由于其沸点高，不会产生蒸汽被人吸入体内而引起中毒。

乙二醇的吸水性强，储存的容器应密封，以防吸水后溢出。

由于水的沸点比乙二醇低，使用中蒸发的是水，当冷却液缺少时，只要加入净水就行。这种防冻液用后能回收（防止混入石油产品），经过沉淀、过滤，加水调整浓度，补加防腐剂，还可继续使用，一般可用3～5年。但要过滤多遍，以防对车造成损伤。

有很多人认为乙二醇的凝固点很低，防冻液的凝固点是由乙二醇和水按照不同比例混合后的一个中和凝固点。其实不然，混合后由于改变了冷却水的蒸汽压，凝固点才会显著降低。其降低的程度在一定范围内随乙二醇的含量增加而下降，但是一旦超过了一定的比例，凝固点反而会上升。当乙二醇的含量为68%时，凝固点可降低至－68 ℃，超过这个极限时，凝固点反而要上升。40%的乙二醇和60%的软水混合成的防冻液，防冻温度为－25 ℃；当防冻液中乙二醇和水各占50%时，防冻温度为－35 ℃。

根据乙二醇与水的配比不同，可制成各种凝固点牌号的成品液直接使用；也可制成浓缩液，由用户加水稀释后使用。

5.乙二醇型防冻液的选用

根据环境温度选用防冻液的凝固点：防冻液的凝固点至少低于当地冬季最低气温5 ℃。严格按照车辆的使用说明书规定的混合比配备乙二醇型防冻液。

6.乙二醇型防冻液的使用注意事项

（1）乙二醇对人体有毒，严禁入口；（2）乙二醇不仅可降低凝固点，还可提高沸点；（3）只要维护得当，可以使用3～5年，但要求每年检测一次，检测防冻液的密度；（4）在无渗漏的情况下，减少的主要是水，只需补加少量水即可；（5）价格高，注意节约使用；（6）使用保管时，注意清洁，防止石油产品混入，以免在受热后产生泡沫。

(三)风窗玻璃清洗液

风窗玻璃清洗液主要用于清洗汽车的前、后挡风玻璃。风窗玻璃清洗液的性能主要有以下一些：

（1）较低的凝固点，尤其是在高寒地区。一般为－20 ℃，特别寒冷的地方需特别配制。

（2）对铝、橡胶、涂料等不应产生腐蚀作用。

（3）高低温度交变时没有分离和沉淀。

（4）对人体的皮肤和呼吸系统无影响。

(四)减震器油

减震器油是汽车减震器的工作介质，减震器利用液体流过截流阀时产生的阻力起减震作用。减震器油的种类不多，目前采用HV类专用的汽车减震油。减震器油使用时的注意事项：（1）贮存和换用时，严防混入水等杂物；（2）使用过程无渗漏；（3）拆检减震器时，要更换减震器油，并按规定加足油量。

四、汽车轮胎

轮胎是橡胶制品，是汽车的重要部件之一，它直接与路面接触，和汽车悬架共同来缓和汽车行驶时所受到的冲击，保证汽车有良好的乘坐舒适性和行驶平顺性；保证车轮和路面有良好的附着性，提高汽车的牵引性、制动性和通过性；承受着汽车的重量。轮胎在汽车上所起的重要作用越来越受到人们的重视。轮胎造型见图1-6-1，汽车轮胎的种类见表1-6-6。

表 1-6-6　汽车轮胎的种类

按组成结构分	图例	按胎面花纹分	图例	按胎体帘布层结构分	图例
有内胎轮胎	图 1-6-2	普通花纹轮胎	图 1-6-4	斜交轮胎	图 1-6-5(b)
		越野花纹轮胎			
无内胎轮胎	图 1-6-3	混合花纹轮胎		子午线轮胎	图 1-6-5(a)
		拱形花纹			
		低压特种花纹			

图 1-6-1　轮胎造型

图 1-6-2　有内胎轮胎

图 1-6-3　无内胎轮胎

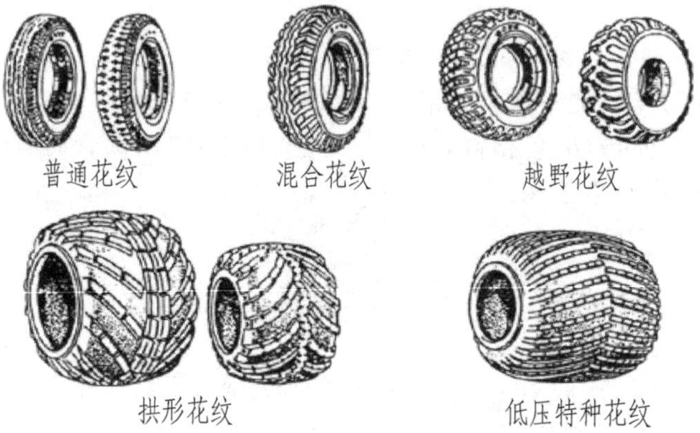

图 1-6-4　各种胎面花纹轮胎

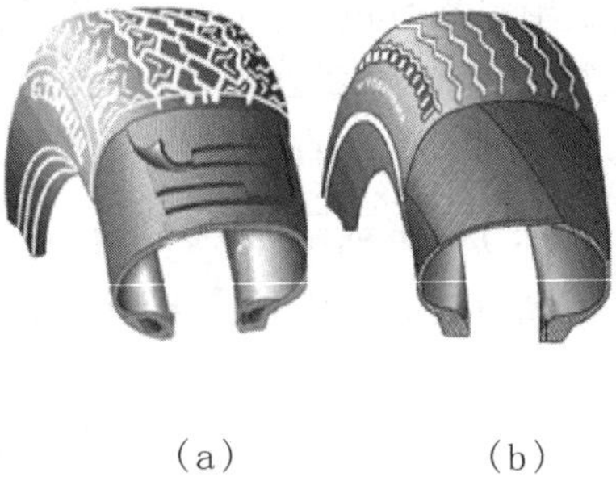

图 1-6-5　子午线轮胎和斜交轮胎

有内胎的轮胎：由外胎、内胎和垫带等组成。垫带是一个环形橡胶带，安装在内胎与轮辋之间，防止内胎被轮辋及外胎的胎圈擦伤。其内部结构如图 1-6-6 所示。

无内胎的轮胎：外观上与有内胎轮胎近似，没有内胎及垫带，空气直接充入外胎内，由轮胎和轮辋保证密封。

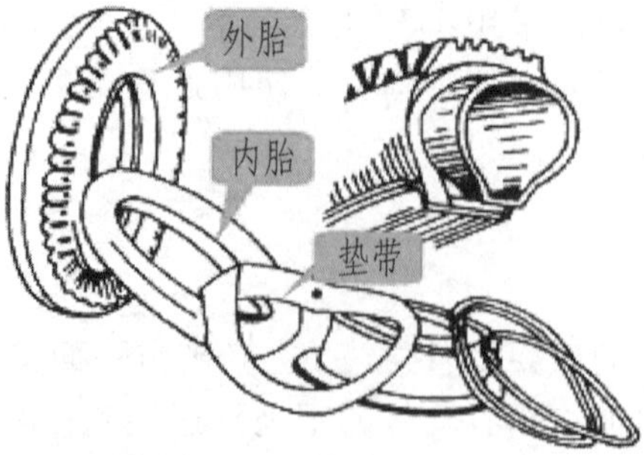

图 1-6-6　有内胎轮胎的内部结构

1.轮胎花纹分类

轮胎的花纹主要有 3 种：普通花纹、越野花纹和混合花纹。

(1)普通花纹:适合于在硬路面上使用。它分为纵向花纹、横向花纹和纵横兼有花纹。

(2)越野花纹:特点是花纹沟槽宽而深,花纹块接地面积比较小(40%～60%)。在松软路面上行驶时,一部分土壤将嵌入花纹沟槽之中,必须将嵌入花纹沟槽的这一部分土壤剪切之后,轮胎才有可能出现打滑,因此,越野花纹的抓着力大。据测试,在泥泞路上,同一车型的车辆使用越野花纹轮胎的牵引力可达普通花纹的 1.5 倍。

(3)混合花纹:介于普通花纹和越野花纹之间的一种过渡性花纹,其特点是胎面中部具有方向各异或以纵向为主的窄花纹沟槽,而在两侧则有方向各异或以横向为主的宽花纹沟槽。这样的花纹搭配使混合花纹的综合性能好,适应能力强。它既适用于良好的硬路面,也适用于碎石路面、雪泥路面和松软路面。

斜交轮胎:指胎体、帘布层和缓冲层相邻层帘线交叉,且与胎面中心线呈小于 90°角排列的充气轮胎。这种轮胎纵向刚性好,适于在普通路面中速行驶。

子午线轮胎:帘布层帘线排列的方向与轮胎的子午断面一致。帘线的这种排列方式,使帘线的强度能得到充分利用,子午线轮胎的帘布层数一般比普通斜交轮胎可减少 40%～50%。胎体较柔软,弹性好。

2.轮胎的尺寸规格

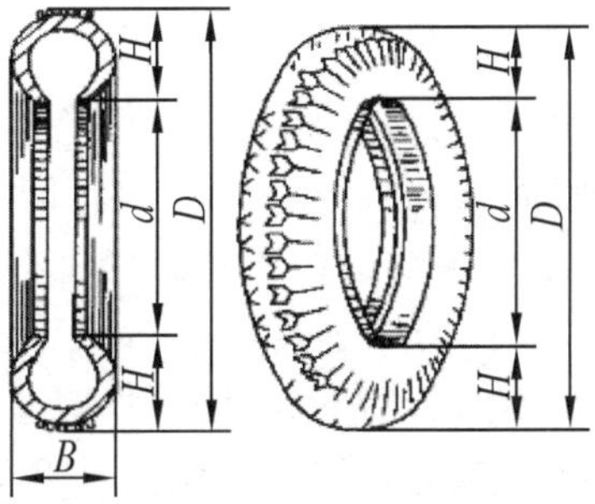

图 1-6-7 轮胎尺寸规格参数

轮胎上的尺寸规格参数,如图 1-6-7 所示。

图上各字母的含义:D 为轮胎外径,d 为轮胎内径,H 为轮胎断面高度,B 为轮胎断面宽度。

轮胎的高宽比为 100×轮胎断面高度 H/轮胎断面宽度 B,也称之为扁平率。经常用轮胎的高宽比表示轮胎的扁平率。

轮胎的规格表示法:【B(mm)】/【高宽比】R【d(英寸)】【载重系数】【速度标识】

或者 【B(mm)】/【高宽比】【速度标识】R【d(英寸)】【载重系数】

举例:轮胎:195/65 R15 88H 或者 195/65H R15 88

解释为:

195——胎宽 195 mm;

65——高宽比为 65%,即 126.75÷195×100=65(%)(轮胎断面高度 H 为 126.75 mm);

R 代表子午线轮胎;

15——轮毂直径 15 英寸;

88——载重系数 88;

H——速度系数 H。

一般来说,对【B(mm)】/【高宽比】R【d(英寸)】的了解,对更换适合你的车的轮胎有帮助。了解轮胎的载重系数和速度对行车安全有帮助。

轮胎按其扁平率—高宽比划分系列。目前,国产轿车子午线轮胎有 80、75、70、65、60 五个系列。

轮胎上的速度标识见表 1-6-7。

表 1-6-7 速度标识

速度标识	最大时速(km/h)	适用车型	备注	速度标识	最大时速(km/h)	适用车型	备注
B	50			R	170	轻型卡车	
C	60			S	180		
J	100			T	190		
K	110			U	200		
L	120			H	210	运动型轿车	
M	130			V	240	跑车	
N	140	各种车型备用胎		Z	240	跑车	或大于 240
P	150			W	270	特性跑车	
Q	160	轻型卡车		Y	300	特性跑车	

3.轮胎的选用

轮胎类型主要根据汽车类型和行驶条件来选择，货车普遍采用高强度尼龙帘布轮胎，使轮胎承载能力提高，越野车选用胎面宽、直径较大的超低压胎，轿车宜采用直径较小的宽轮辋低压胎，以提高行驶稳定性，由于子午线的结构特点使其有很多优点，应优先选择。

轮胎花纹的选择应根据道路条件、行车速度、道路远近来进行确定。高速行驶汽车不宜采用加深花纹和横向花纹的轮胎，不然会因过度生热引起过早损坏。低速行驶汽车使用轮胎应采用加深花纹或超深花纹，可提高轮胎使用寿命。

轮胎尺寸和气压的选择主要根据汽车承受载荷情况和行驶速度来确定，这些可通过查阅国家标准获得。值得注意的是，在设定轮胎的实际使用气压时，应综合考虑汽车的运动性能、燃油经济性能、震动和噪声等，这样才能延长轮胎的使用寿命。

正确使用轮胎的注意事项：保持正常的气压，防止轮胎超载，合理搭配轮胎，限速行驶，根据道路情况行车，掌握轮胎的温度变化，采用正确的驾驶方法，做好日常维护。

【任务拓展】

1.更换机油的方法和步骤

①放尽机油；

②清洗油底壳及油道；

③清洗滤清器；

④更换滤芯；

⑤清洗曲轴箱；

⑥加入新机油。

2.检查机油油质的方法和步骤

①用机油尺抽取部分机油，仔细检查；

②若清澈，则可用；

③若雾状，油色浑浊或乳化，则被水污染；

④若灰色，并有燃油气味，则被燃油污染；

⑤用手指捻搓机油，若有粒感，则含杂质较多；

⑥放置一段时间，上层变淡，油已变质；

⑦有以上几种现象，则应更换新油。

练一练： 观察下面更换机油的步骤，思考我们在更换汽车机油时，还应注意哪些问题：

第一步，汽车在换机油前用一次性的坐套包住座椅和方向盘。如图 1-6-8 所示。

第二步，打开发动机盖，用防刮花的前格栅布和翼子板布盖住车头。如图 1-6-9 所示。

第三步，拆开滤清器，用高压气枪清洗干净。如图 1-6-10 所示。

第四步，用升降机把车子抬起来，准备拆机油格。如图 1-6-11 所示。

第五步，找准位置。如图 1-6-12 所示。

第六步，拆掉机油格。如图 1-6-13 所示。

第七步，拆掉放油螺栓，机油便流入换油机，这部换油机是换机油的重要设备，有了它，机油才能彻底换掉。如图 1-6-14 所示。

第八步，机油流入换油机。如图 1-6-15 所示。

第九步，然后装上机油格。先用气枪把沉底的机油吹出，再用换油机的管插进机油尺入口，把沉底的旧机油抽干净。如图 1-6-16 所示。

第十步，抽旧机油。如图 1-6-17 所示。

第十一步，最后，把专用机油倒进发动机里，拧好发动机机油加注盖，发动汽车检查油压正常，就完成了机油的更换。如图 1-6-18 所示。

图 1-6-8 包座椅和方向盘

图 1-6-9 遮盖车头

图 1-6-10 清洗滤清器

图 1-6-11 抬升汽车

图 1-6-12 找准位置

图 1-6-13 拆掉机油格

图 1-6-14　拆放油螺栓

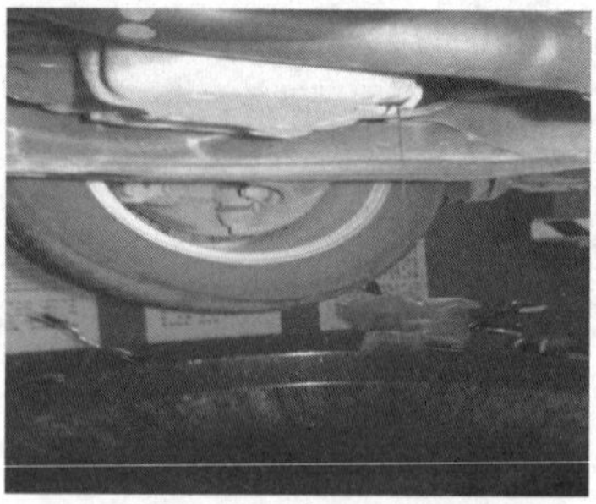

图 1-6-15　机油流入换油机

图 1-6-16　装机油格

图 1-6-17　抽旧机油

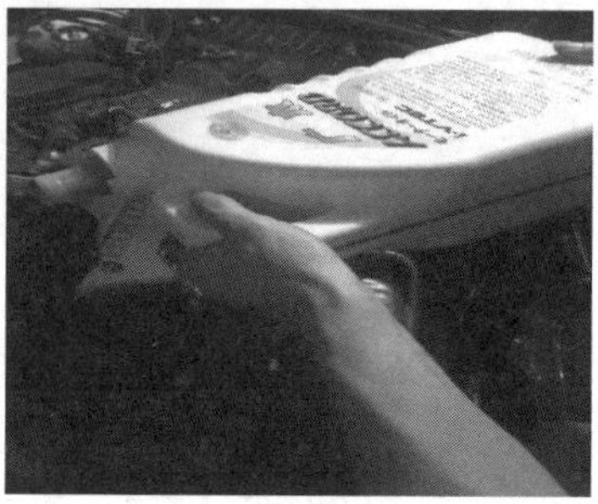

图 1-6-18　加专用机油

【课后训练】（打“※”为选做题）

一、名词解释

1.汽车运行材料　2.无铅汽油　3.汽油的抗爆性　4.内燃机油　5.车用齿轮油　6.汽车制动液　7.防冻冷却液　8.子午线轮胎　9.185/60 R12 90H　10.SE/CC10W/30　11.RC-35　12.RQ-93

二、填空题

1.汽车运行材料可分为__________、__________、__________、__________四种。

2.车用汽油最主要的性能指标是__________。

3.柴油的主要性能指标包括__________、__________，其中__________是主要的指标。

4.内燃机油在发动机运行期间起的作用有__________、__________、__________、__________、__________。

5.__________燃料已在城市公共交通汽车上广泛使用，__________。

6.机油的主要性能有__________、__________。

7.机油按使用性能和场合分，可分为__________、__________，按黏度的等级分可分为__________、__________。

8.我国把车用齿轮油分为__________、__________、__________三种。

9.汽车制动液按制作原料分为__________、__________、__________三种，其中最常用的是__________。

10.防冻剂的类型主要有________、________、________等三种，其中最常用的是________。

11.根据环境温度选用防冻液的凝固点，防冻液的凝固点至少低于当地冬季最低气温________℃。

12.汽车轮胎按组成结构分为________、________，按胎面花纹分为________、________、________，按胎体帘布层结构分为________、________。

13.在设定轮胎的实际使用气压时，应综合考虑________、________、________和________，才能延长轮胎的使用寿命。

三、选择题

1.按照美国石油协会(API)的分类方法，主要用于苛刻条件下的手动变速器和弧齿锥齿轮驱动桥的齿轮油是(　　)。

A.GL-3　　B.GL-4　　C.GL-5　　D.GL-6

2.汽油挥发性的评定指标是(　　)。

A.辛烷值和抗爆指数　　B.博士试验

C.馏程和饱和蒸气压　　D.实际胶质和诱导期

3.以下发动机油使用范围最广的是(　　)。

A.15　　B.30　　C.15W/40　　D.5W/40

4.在我国内燃机油的分类中，每个品种由两个大写英文字母及数字组成的代号表示，该代号的第一个字母如果为“S”，则表示的是(　　)。

A.汽油机油　　B.柴油机油

C.多级柴油机/汽油机通用油　　D.轿车专用油

5.目前，应用最广泛的冷却液是(　　)。

A.水　　B.酒精-水冷却液

C.甘油-水冷却液　　D.乙二醇-水冷却液

6.由于水的凝固点较高，车辆在严寒低温情况下使用时容易结冰，所以在发动机冷却液中都加入一定量的(　　)。

A.缓蚀剂　　B.防冻剂　　C.缓冲剂　　D.消泡剂

7.现在世界上应用最多的轮胎是(　　)。

A.斜交轮胎　　B.子午线轮胎　　C.无内胎轮胎　　D.低压轮胎

8.轮胎规格的表示方法中，R是(　　)的代号。

A.轮胎名义宽度　　B.轮胎系列　　C.子午线轮胎　　D.轮胎名义直径

9.轮胎系列如“80”系列等，是按照轮胎(　　)的名义值大小表示的。

A.高宽比　　B.层级　　C.最高速度　　D.轮辋名义直径

10.发动机油的选择中，若主要是根据气温、工况和发动机润滑油的技术状况来选择，则应按照(　　)进行选择。

A.黏度级别　　B.使用性能级别　　C.抗氧化性　　D.润滑性

四、判断题

1.乙二醇防冻液无毒,可以放心使用。 (　　)
2.油液的黏度可以理解为在通常温度下油液的稠稀程度。 (　　)
3.汽车轮胎的花纹有很大的作用,最主要的是让汽车美观。 (　　)
4.柴油车比汽油车更环保。 (　　)
5.“黄油”就是润滑脂的一种,有时可以代替机油使用。 (　　)

五、简答题(※)

1.根据其对汽车运行的作用和消耗方式的不同,汽车运行材料可分为哪四大类?
2.车用汽油的使用注意事项有哪些?
3.车用柴油的使用注意事项有哪些?
4.为什么要开发汽车代用燃料? 现在的汽车代用燃料有哪些?
5.发动机机油的使用要求有哪些?
6.车用齿轮油的使用注意事项有哪些?
7.汽车制动液的性能指标直接影响制动系统的可靠性,其性能指标有哪些?
8.乙二醇型防冻液的产品有哪些? 如何使用这些产品?
9.为什么汽车轮胎的越野花纹比普通花纹更适合越野?
10.实际生活中如何选用轮胎?

项目二 认知汽车识图基础

任务一　汽车识图的基本知识

【任务目标】

目标类型	目标要求
知识目标	(1)认识铅笔、丁字尺、绘图板、三角板、分规、圆规等制图工具 (2)了解汽车识图中有关图纸幅宽、比例和字体等国家标准 (3)了解机械图样中国家标准规定的标题栏、图线种类及其画法、剖面符号、尺寸标注方法等
技能目标	达到汽车维修中级工如下要求： 运用机械图样中国家标准的有关规定，正确绘制标题栏和各种图线，正确标注常见的尺寸
情感目标	(1)养成良好的绘图习惯 (2)注意正确使用和保管绘图工具 (3)注意识记机械图样中国家标准的有关规定

【任务描述】

在汽车生产制造和维修工作中，经常要识读一些零件图和部件装配图。在识读零件图和部件装配图之前，首先要了解我国机械制图的国家标准，掌握机械制图的一些基本知识。

【知识准备】

一、常用绘图工具及其使用

图样绘制的质量与速度取决于绘图工具和仪器的质量，同时也取决于能否正确使用这些工具。

读一读：常用绘图工具有图板、丁字尺、三角板、分规、圆规、铅笔、橡皮等。

小提示：除上述绘图工具外，还有曲线板、砂纸、胶带纸、毛刷等。

二、机械制图国家标准

为了便于生产、管理和技术交流，国家质量技术监督局颁布了一系列国家标准，其中对于图样内容、画法、尺寸标注等都做了统一规定，它们是机械图样绘制和使用的准则，生产和设计部门的工作人员都必须严格遵守，并牢固树立标准化的观念。

小提示： 国家标准简称“国标”，用字母“GB”表示，它是“国标”汉语拼音的缩写，包括强制性国家标准（代号为“GB”）、推荐性国家标准（代号为“GB/T”）。

做一做： 标准代号 GB/T 14689—2008 中“GB/T”表示__________，“14689”表示__________，“2008”表示__________。

【任务实施】

一、常用绘图工具及其使用

正确使用和维护绘图工具，是保证绘图质量和加快绘图速度的一个重要方面。因此，必须养成正确使用、维护绘图工具的良好习惯。

1.图板（图 2-1-1）

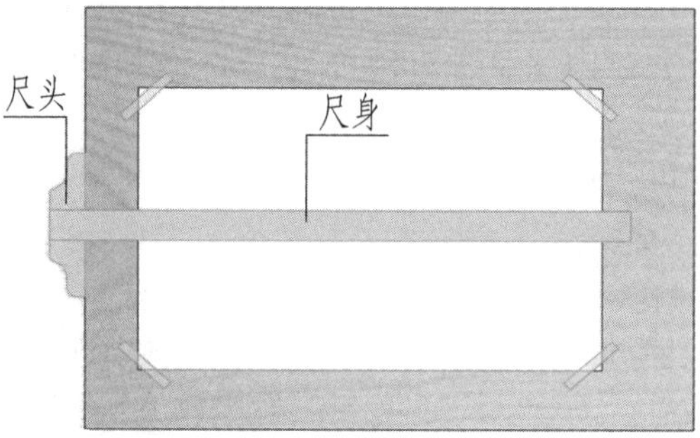

图 2-1-1　图板与丁字尺

小提示： 使用时，注意保持图板的整洁、完好。

2.丁字尺

（1）构成：由尺头和尺身组成，如图 2-1-1 所示。

（2）作用：主要用来画水平线。

（3）使用方法：绘图时，尺头的右侧应紧靠在图板的左侧边上下滑动，即可画水平线，如图 2-1-2 所示。

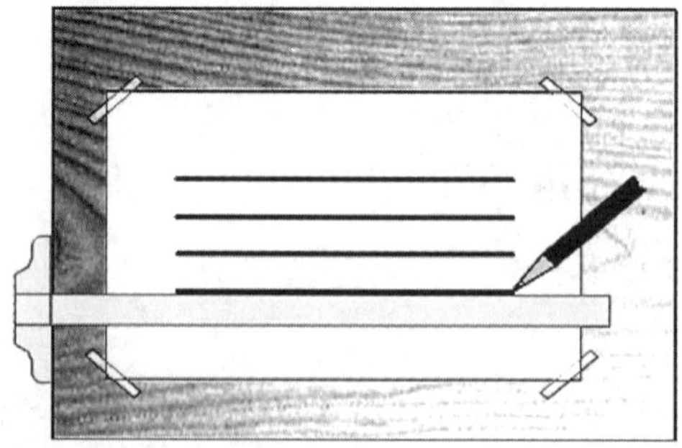

图 2-1-2　丁字尺和图板配合画水平线

3.三角板

一副两块，45°和 30°（60°），规格 25 cm 以上。作用：和丁字尺配合画垂直线（图 2-1-3）、丁字尺和两块三角板配合可以画出 15°整倍数的斜线（图 2-1-4）、平行线和一些常用的特殊角度(如 15°、75°、105°等)。

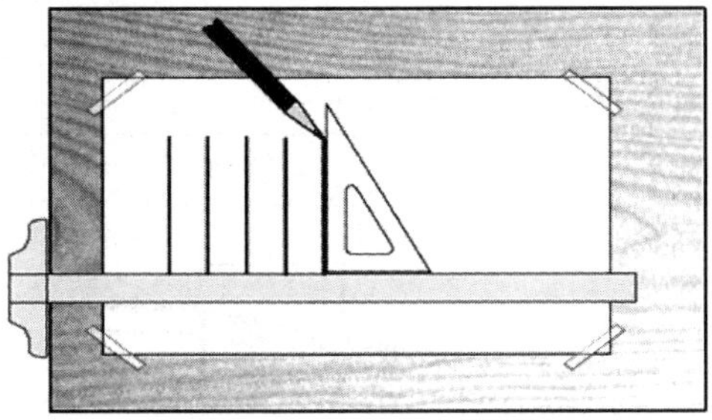

图 2-1-3 垂直线的画法

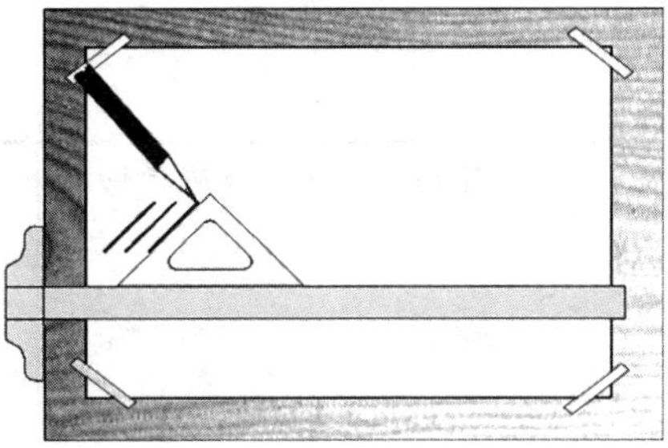

图 2-1-4 斜线的画法

4.圆规

想一想: 圆规主要用来画__________和__________。

看一看: 圆规的附件有:__________、__________、鸭嘴插脚、延伸插杆等。

圆规由铅芯脚和针脚组成,如图 2-1-5 所示。画圆时,针脚和铅芯脚都应垂直纸面,如图 2-1-6 所示。

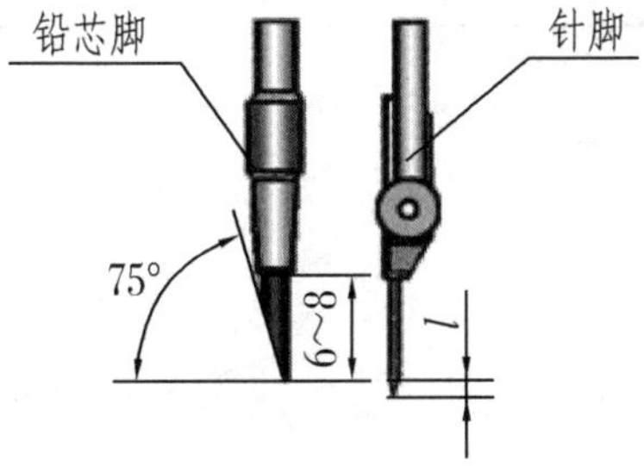

图 2-1-5 圆规钢针、铅芯及其安装

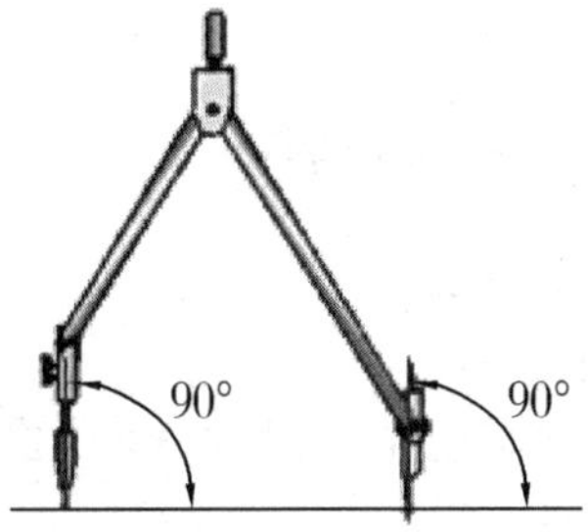

图 2-1-6 圆规的使用

5.分规

作用:用来截取尺寸、等分线段和圆周等,如图 2-1-7 所示。

小提示: 分规的两个针尖并拢时应对齐。

图 2-1-7 截取尺寸

6.铅笔

铅笔分为硬、中、软三种。标号有:

6H 5H 4H 3H 2H H HB B 2B 3B 4B 5B 6B

← 越硬 　中 　越软 →

绘制图样底稿时,采用 2H 或 3H 铅笔,并削成尖锐的圆锥形;描黑底稿时,采用 B 或 2B 铅笔,削成扁平状。

小提示：铅笔应从没有标号的一端开始使用。

铅笔的削法，见表 2-1-1。

表 2-1-1　铅笔的削法

名称	用途	软硬代号	削磨形状	图例
铅笔	画细线	2H 或 H	圆锥	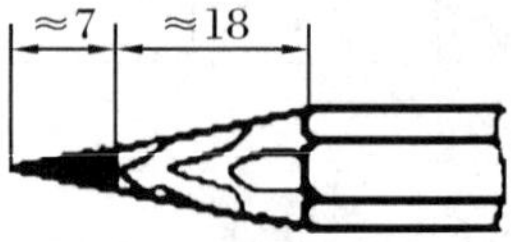
	写字	HB	钝圆锥	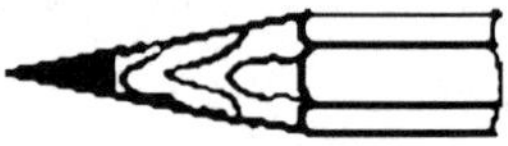
	画粗线	B 或 2B	截面为矩形的四棱柱	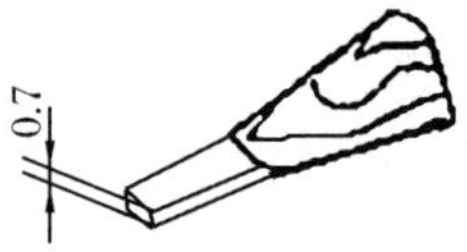

二、制图的基本规定

1.图幅和格式

(1)图纸幅面。

①基本幅面：(5 种，A0、A1、A2、A3、A4)(表 2-1-2)，其尺寸关系如图 2-1-8 所示。优先采用基本幅面。

②加长幅面：必要时采用。

表 2-1-2　图纸幅面代号和尺寸(mm)

代号	*B*×*L*	*a*	*c*	*e*
A0	841×1189	25	10	20
A1	594×841			
A2	420×594			10
A3	297×420		5	
A4	210×297			

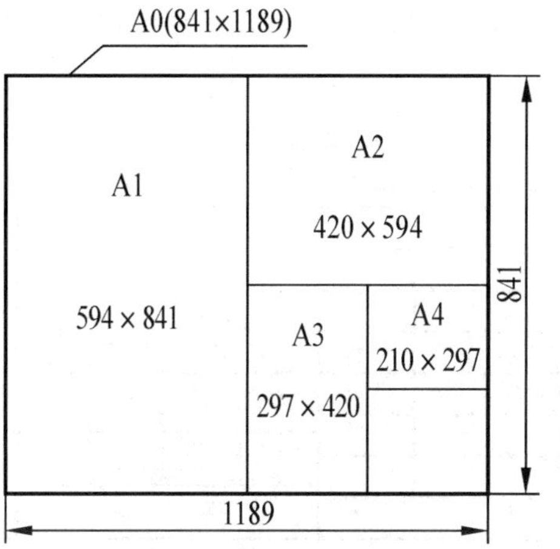

图 2-1-8 基本幅面的尺寸关系

(2)图框格式。

①图纸上必须用粗实线画出图框。

②不留装订边的图纸,其图框格式如图 2-1-9 所示,尺寸按表 2-1-2 的规定。

③留有装订边的图纸,其图框格式如图 2-1-10 所示,尺寸按表 2-1-2 的规定。

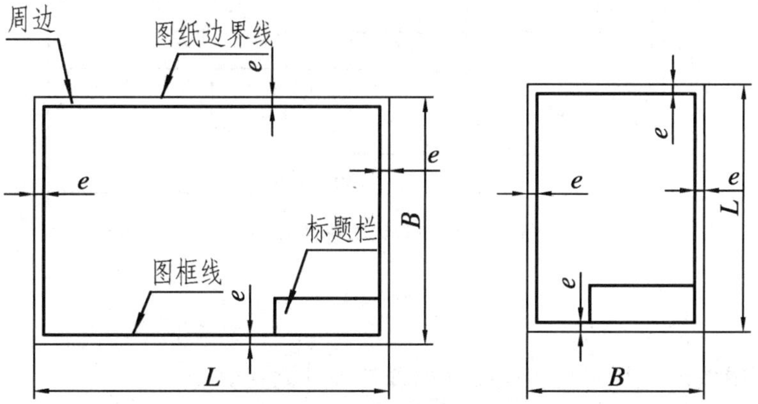

图 2-1-9 不留装订边的图框格式

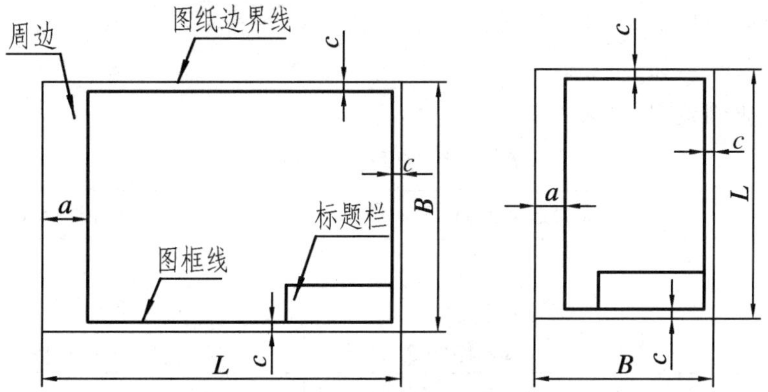

图 2-1-10 留有装订边的图框格式

(3)标题栏。

①每张图样必须画标题栏。

②标题栏画在图框的右下角。

标题栏的格式及尺寸如图 2-1-11 所示。学习画图时可采用简化的标题栏格式，如图 2-1-12所示。

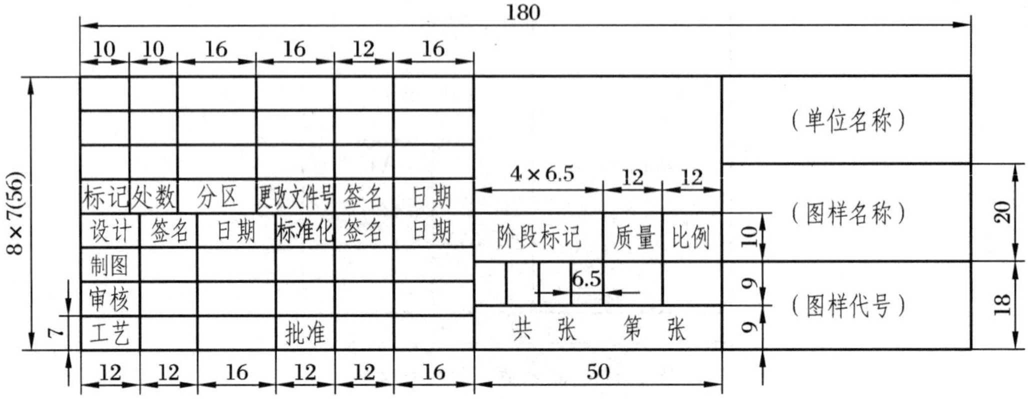

图 2-1-11 标题栏的格式和尺寸

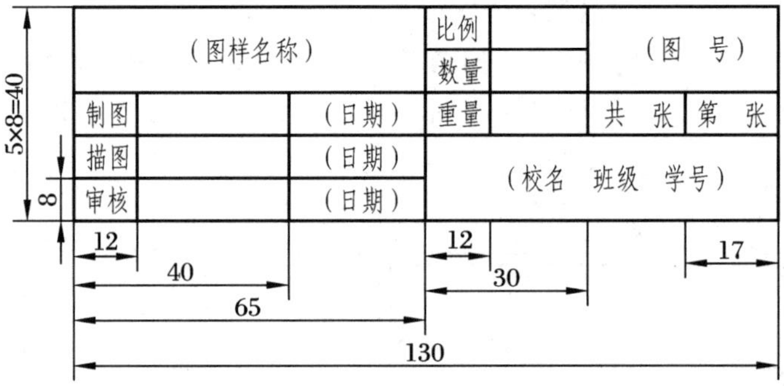

图 2-1-12 简化的标题栏格式

2.比例

(1)术语。

①比例：图中图形与其实物相应要素的线性尺寸之比。

②原值比例：=1，即 1∶1。

③放大比例：>1，如 2∶1。

④缩小比例：<1，如 1∶2。

(2)常用的比例系列，见表 2-1-3。

表 2-1-3 常用的比例关系

种类	优先选择系列	允许选择系列
原值比例	1∶1	—
放大比例	5∶1　2∶1　5×10^{n}∶1 2×10^{n}∶1　1×10^{n}∶1	4∶1　2.5∶1　4×10^{n}∶1 2.5×10^{n}∶1
缩小比例	1∶2　1∶5　1∶10　1∶2×10^{n} 1∶1.5×10^{n}　1∶1×10^{n}	1∶1.5　1∶2.5　1∶3　1∶4　1∶6

小提示：①n 为正整数；②需要按比例绘制图样时选用“优先选择系列”的比例要；③必要时也可选用“允许选择系列”。

(3)标注方法。

①比例符号以“∶”表示,如 1∶1、2∶1 等。

②比例一般写在标题栏中的比例栏内。

小提示: 不论采用何种比例,在图样中标注尺寸数值必须标注实际大小,与图形的比例无关。如图 2-1-13 所示。

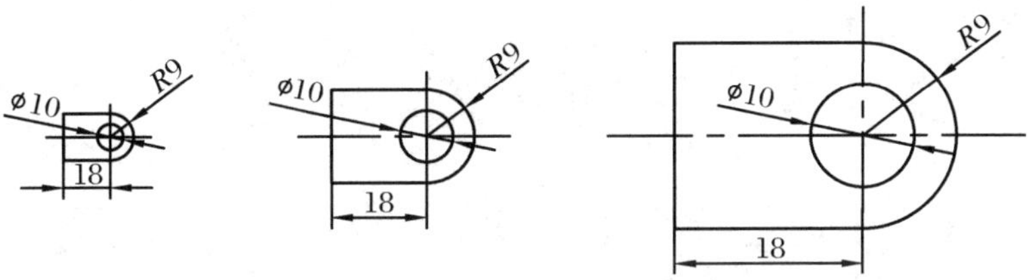

(a)1∶2　　(b)1∶1　　(c)2∶1

图 2-1-13　比例与尺寸数字

3.字体

(1)基本要求。

①在图样中书写汉字、数字和字母时必须做到 16 个字:字体工整、笔画清楚、间隔均匀、排列整齐。

②字体高度(h):代表字体的号数。公称尺寸系列:1.8,2.5,3.5,5,7,10,14,20。

③汉字应写成长仿宋体字。字高 h 不应小于 3.5 mm,字宽一般大约是 $0.7h$。书写要领:横平竖直、注意起落、结构匀称、填满方格。

④字母、数字:分为 A 型、B 型。

⑤字母、数字:写成斜体或直体。斜体字字头向右倾斜,与水平基准线成 75°。

(2)字体示例。

斜体:

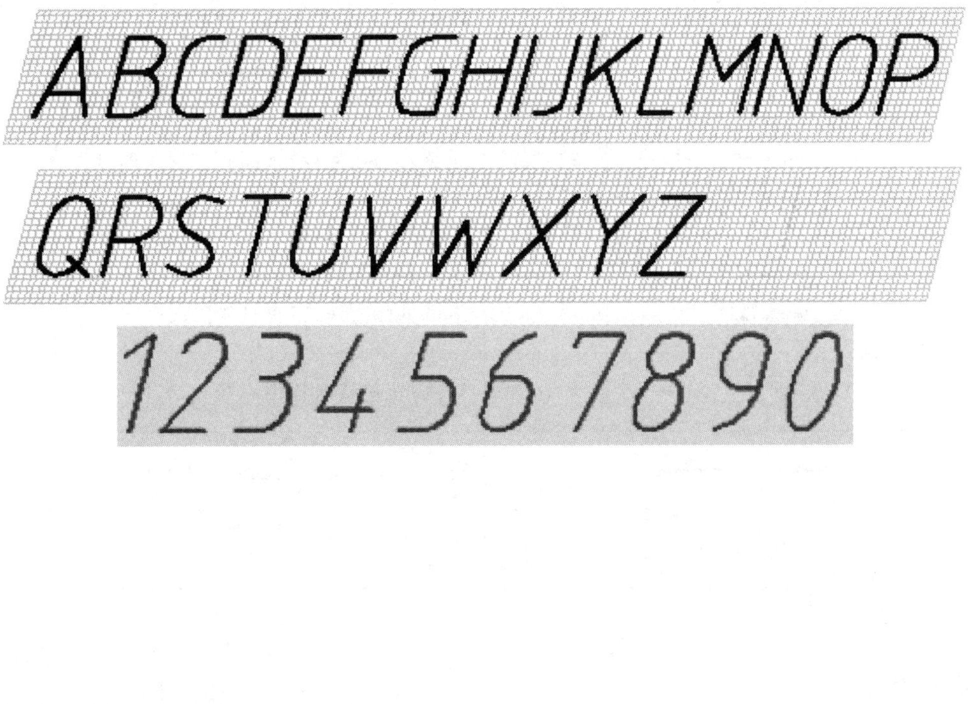

直体：

ABCDEFGHIJKLMNOP

QRSTUVWXYZ

1234567890

长仿宋体字：

横平竖直注意起落结构均匀填满方格

4.图线

(1)线型、图线尺寸及应用。

8 种基本线型，其名称、线型、宽度和一般应用见表 2-1-4。图线的应用示例，如图 2-1-14 所示。

表 2-1-4 图线型式及其应用

图线名称	图线型式	图线宽度	一般应用
粗实线		d	可见轮廓线，可见棱边线，相贯线；建筑剖面图中被剖部分的轮廓线、建筑物外轮廓线、地面线等
中粗线		$d/2$	建筑剖面图中未被剖着但仍能看到而需要画出的轮廓线，标注尺寸的尺寸起止 45°短画
细实线		约 $d/3$	尺寸线及尺寸界线；剖面线；可见过渡线；指引线；辅助线；重合断面的轮廓线；螺纹牙底线等
波浪线		约 $d/3$	断裂处的边界线；视图和剖视图的分界线
双折线		约 $d/3$	断裂处的边界线
细虚线	4~6 1	约 $d/3$	不可见棱边线；不可见轮廓线
细点画线	15~20 2~3	约 $d/3$	轴线；轨迹线对称中心线
粗点画线		d	有特殊要求的线或表面的表示线
细双点画线	15~20 4~5	约 $d/3$	相邻辅助零件的轮廓线，可动零件的极限位置的轮廓线，中断线等

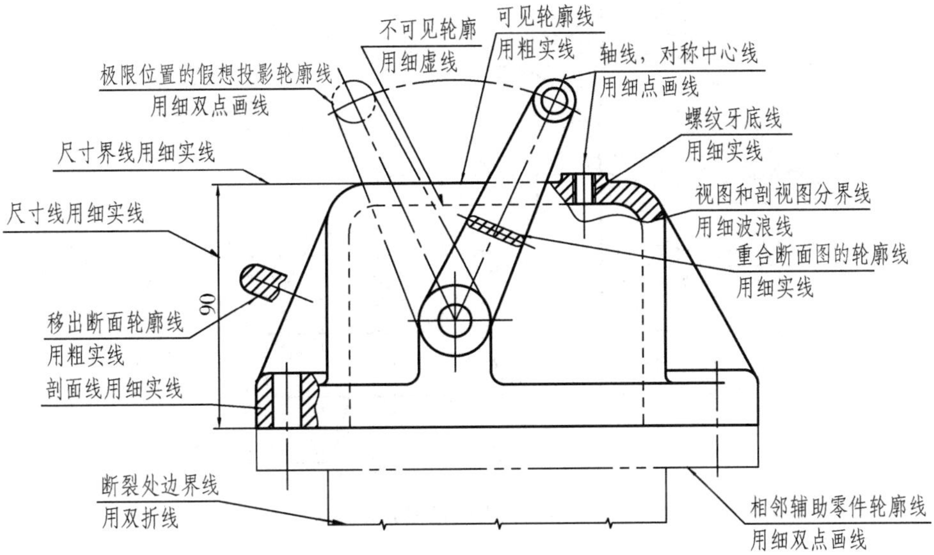

图 2-1-14　图线应用示例

粗线和细线的宽度比例为 3∶1。在 0.13，0.18，0.25，0.35，0.5，0.7，1，1.4，2 中选取图线宽度（常用的为 0.25，0.35，0.5，0.7，1）。

小提示：同一张图样中，同类图线的宽度应一致。虚线、点画线及双点画线的线段长度和间隔应各自大致相等。

（2）图线的画法。

①图线的平行、相交画法。

a.两条平行线（包括剖面线）之间的距离应不小于粗实线的两倍宽度，其最小距离不得小于 0.7 mm。

b.绘制圆的对称中心线时，圆心应为长画线的交点。

c.点画线和双点画线首末两端应是长画线而不是点，点画线应超出图形轮廓线 3～5 mm。

d.在较小的图形上绘制点画线或双点画线有困难时，可用细实线代替。

e.当虚线与虚线相交或虚线与其他形式图线相交时，应是画线相交。

f.当虚线是粗实线的延长线时，连接处应留出空隙。

②基本线型重合绘制的优先顺序。

可见轮廓线→不可见轮廓线→尺寸线→各种用途的细实线→轴线和对称线（中心线）→假想线。

（3）图线画法示例，如图 2-1-15 所示。

5.剖面符号

金属材料的剖面符号用细实线画成与主要轮廓线或对称中心线呈 45°或 135°的平行线，如图 2-1-16 所示。

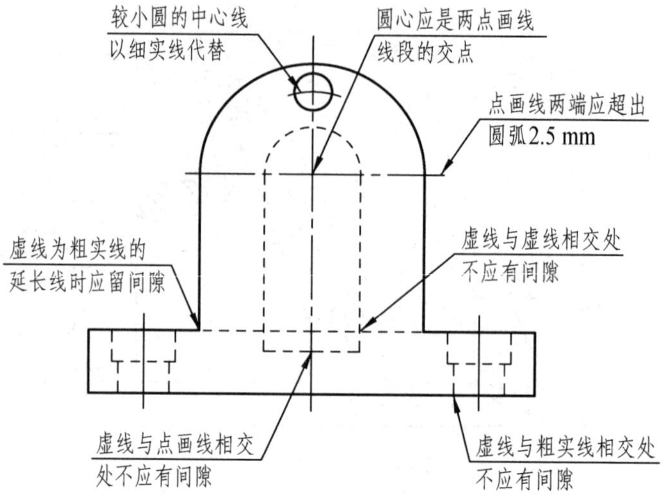

图 2-1-15　图线的画法示例

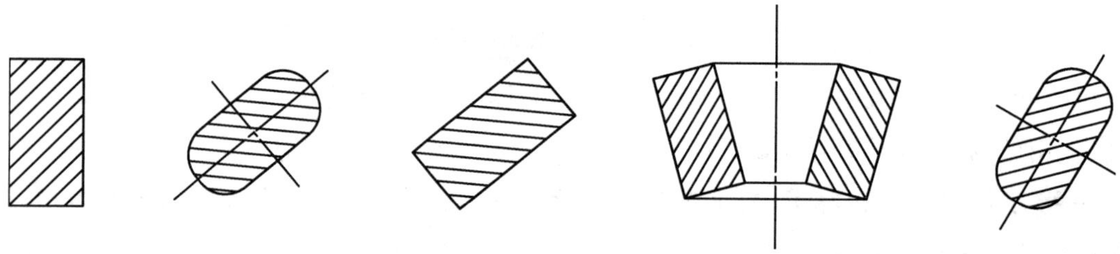

图 2-1-16　金属材料的剖面符号

表 2-1-5　各种材料的剖面符号

金属材料（已有规定剖面符号的除外）		金属周围的泥土	
非金属材料		网格	
线圈绕组元件		液体	
木材		木质胶合板	
转子、电枢、变压器和电抗器等的叠钢片		砖	
玻璃等透明材料		钢筋混凝土	
砂型、填砂、粉末冶金陶瓷刀片、硬质合金刀片等		混凝土	

6.尺寸注法

(1)标注尺寸的基本规则。

小提示：

①标注真实尺寸大小。

②以“mm”(毫米)为单位时，不标注单位，如图 2-1-17 所示。

③每一尺寸只需标注一次

④尽可能使用符号和缩写词。常用符号和缩写词见表 2-1-6。

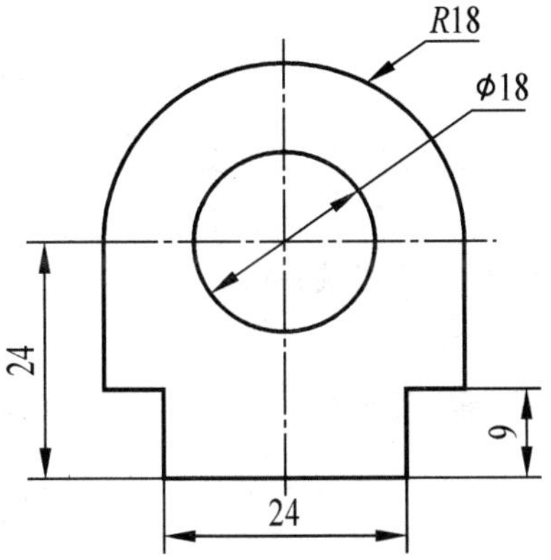

图 2-1-17　以“mm”为单位时不标注单位代号

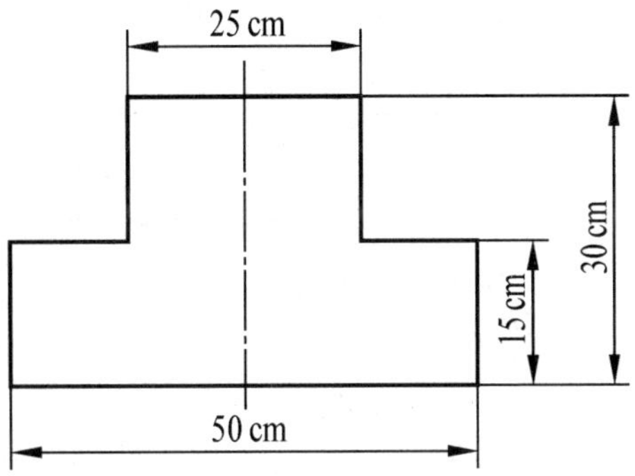

图 2-1-18　不以“mm”为单位时要标注单位代号

表 2-1-6　常用的符号和缩写词

名　称	符号和缩写词
直　径	ϕ
半　径	R
球直径	$S\phi$
球半径	SR
厚　度	t
45°倒角	C
均　布	EQS

(2)尺寸的组成。

①一般由尺寸界线，尺寸线，尺寸数字和箭头组成。其相互间的关系如图 2-1-19 所示。

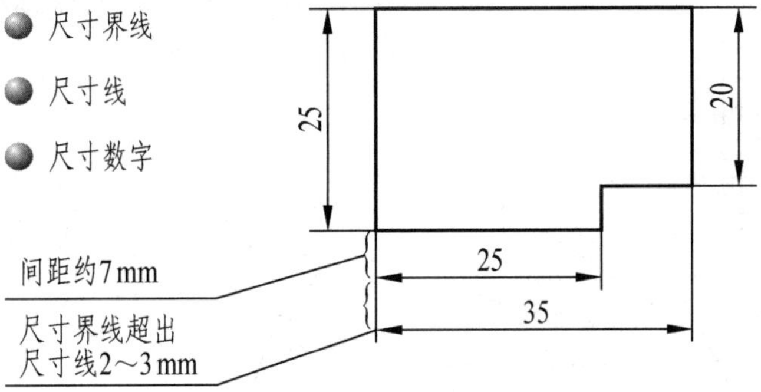

图 2-1-19　尺寸标注示例

小提示：标注两平行的尺寸应遵循“小尺寸在里，大尺寸在外”的原则。

②箭头的画法。

在机械制图中，尺寸线终端主要采用箭头的形式。采用实心画，长为 $4d$，宽为 d（d 为粗实线的宽度），如图 2-1-20 和图 2-1-21 所示。

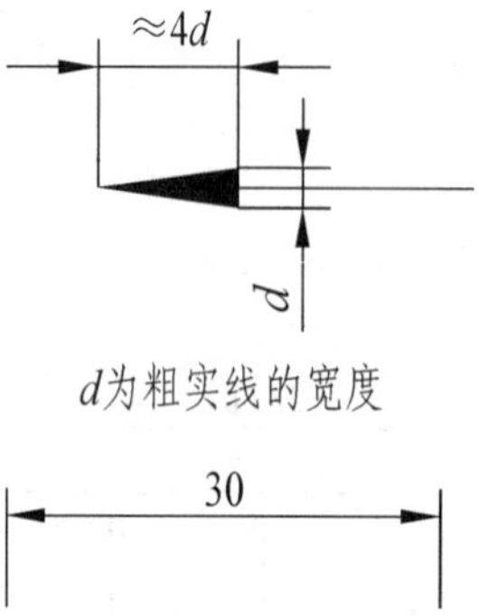

图 2-1-20　箭头的正确画法

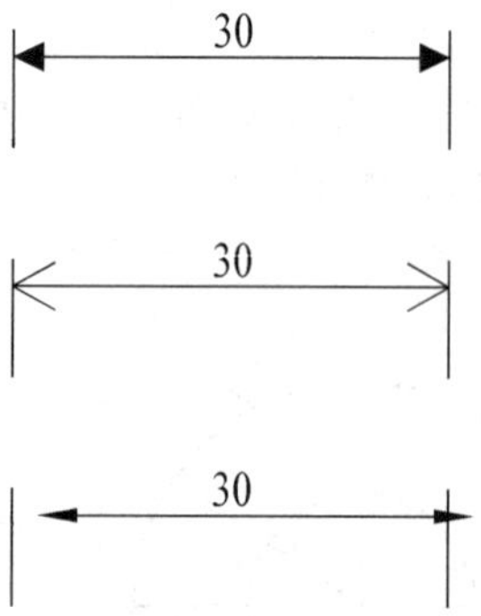

图 2-1-21　常见的箭头错误画法

(3)尺寸数字的有关规定。

①一般标注在尺寸线上方，也允许注写在尺寸线的中断处，当位置不够时也可以引出标注。同一张图纸上字高要一致。

②标注参考尺寸时，应将尺寸数字加上圆括弧。

③尺寸数字不可被任何图线所通过，图线通过数字时应断开。如图 2-1-22 所示。

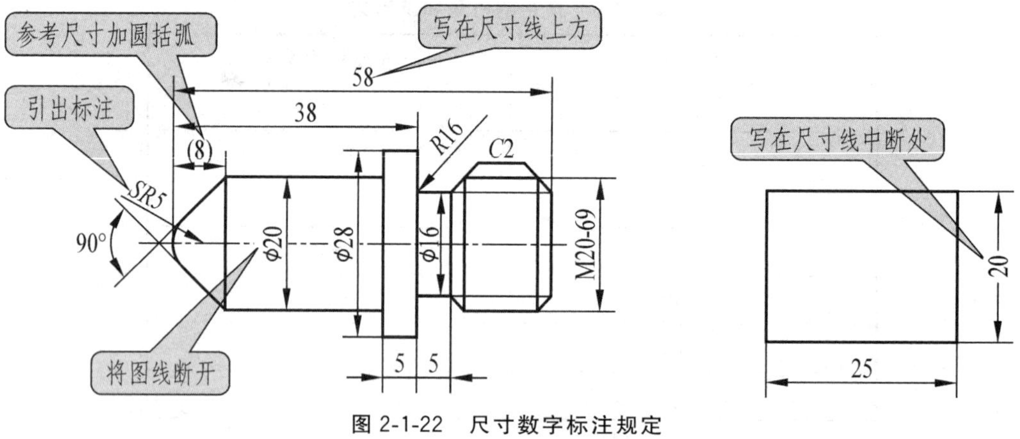

图 2-1-22　尺寸数字标注规定

④线性尺寸数字的方向，一般应按图 2-1-23(a)所示的方向注写，并尽可能避免在图示 30°范围内标注尺寸。当无法避免时，可按图(b)或图(c)、图(d)的形式标注。

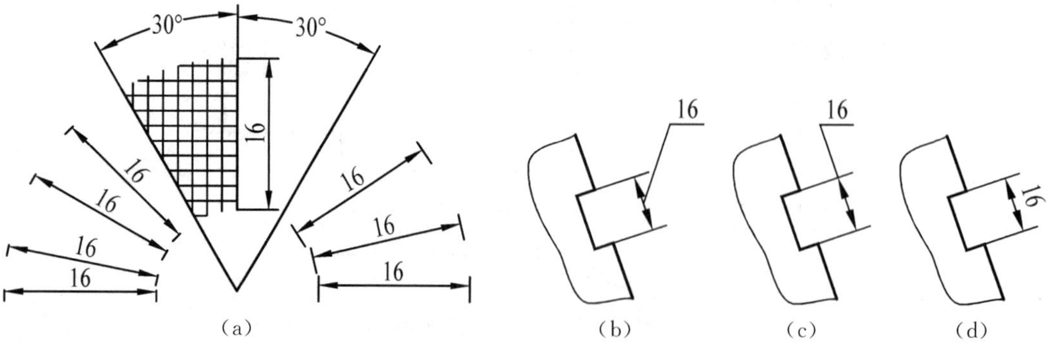

图 2-1-23　尺寸标注数字的方向及形式

(4)尺寸线。

①用细实线画，其终端有箭头。

②尺寸线不能用其他图线代替，一般也不能与其他图线重合或画在其延长线上。

③尺寸线必须与所标注的线段平行。如图 2-1-24 所示。

(5)尺寸界线。

①用细实线画。轮廓线、中心线可作尺寸界线。

②一般应与尺寸线垂直，必要时才允许倾斜。

③在光滑过渡处，必须用细实线将轮廓线延长，从它们的交点引出尺寸界线。

④尺寸界线一般应超出尺寸线 2～3 mm。如图 2-1-25 所示。

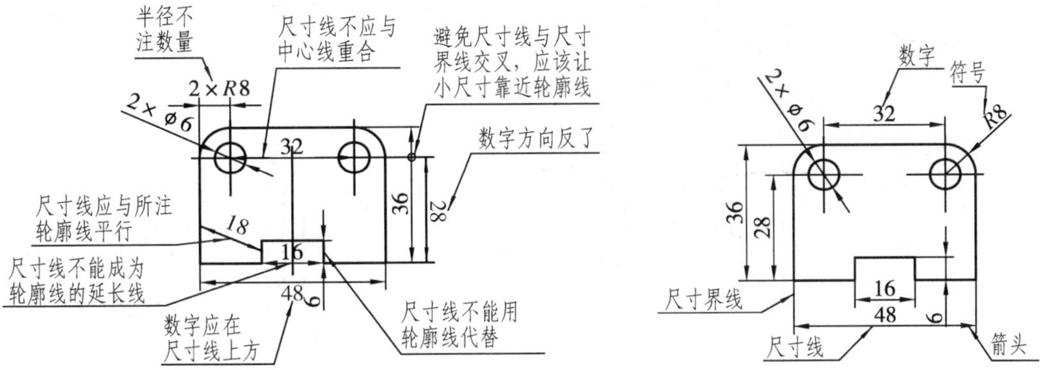

(a)错误　　(b)正确

图 2-1-24　尺寸线的规定

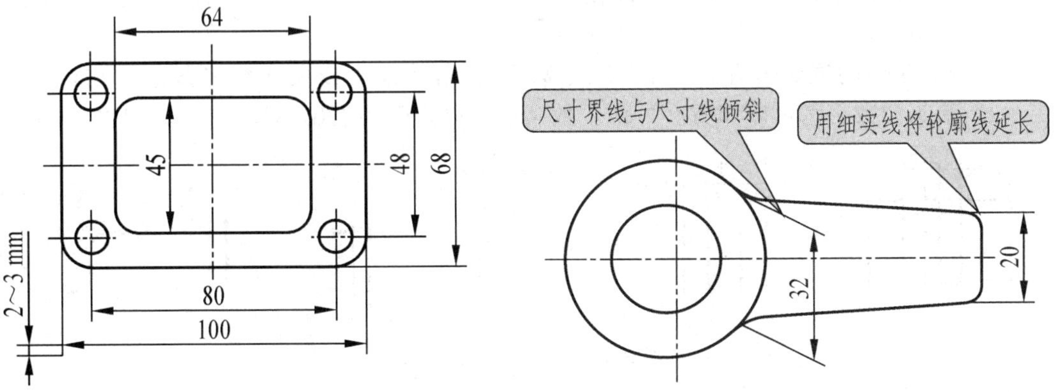

(a)　　(b)

图 2-1-25　尺寸界线的规定

(6)直径和半径。

①标注圆的直径尺寸时，尺寸线应通过圆心，并在尺寸数字前加注直径符号“ϕ”。如图 2-1-26(a)所示。

②标注圆弧的半径尺寸时，若为优弧，则与圆的尺寸注法相同(标注直径)。如图 2-1-26(b)所示。

③标注小于或等于半圆的半径尺寸时，应在尺寸数字前加注半径符号“*R*”。如图 2-1-26(c)所示。

④标注小直径或半径尺寸时，箭头和数字可写在外面。如图 2-1-26(d)所示。

⑤当圆弧的半径过大或在图纸范围内无法标出其圆心位置时，可采用折线的形式标注。若不需要标出圆弧的圆心位置时，可只画靠近箭头的一段。如图 2-1-26(e)所示。

⑥标注球面的直径或半径时，应在符号“ϕ”或符号“R”前加注符号“S”。对于螺钉、铆钉的头部，轴(包括螺杆)的端部以及手柄的端部等，在不致引起误解的情况下可省略符号“S”。如图 2-1-26(f)所示。

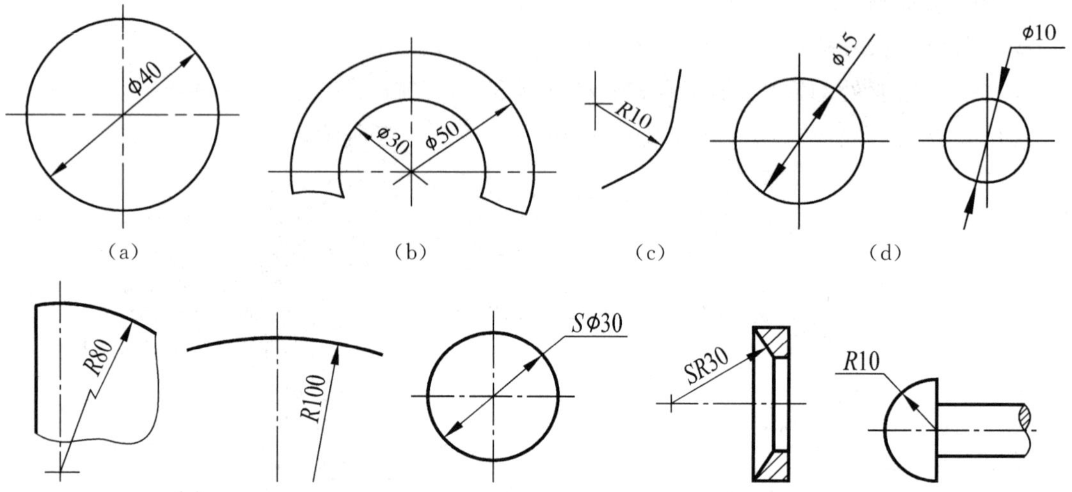

图 2-1-26　直径和半径的标注

(7)小尺寸的注法。

①标注一连串的小尺寸时，可用小圆点或斜线代替箭头，但最外两端箭头仍应画出。如图 2-1-27(a)所示。

②在没有足够的位置画箭头或注写尺寸数字时，可将箭头或尺寸数字布置在外面。当位置更小时，箭头和数字都可以布置在外面。数字也可以指引线引出标注。如图 2-1-27(b)所示。

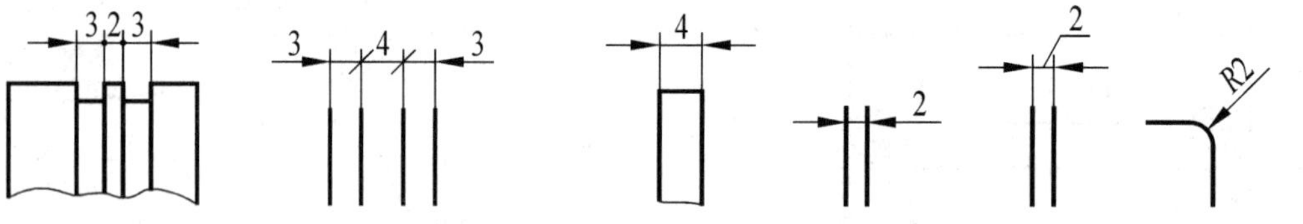

图 2-1-27　小尺寸的注法

(8)角度的注法。

①数字一律水平填写，数字写在尺寸线中断处，必要时允许写在外面或引出标注。

②角度尺寸界线沿径向引出。

③角度尺寸线应画成圆弧，其圆心是该角的顶点。如图 2-1-28 所示。

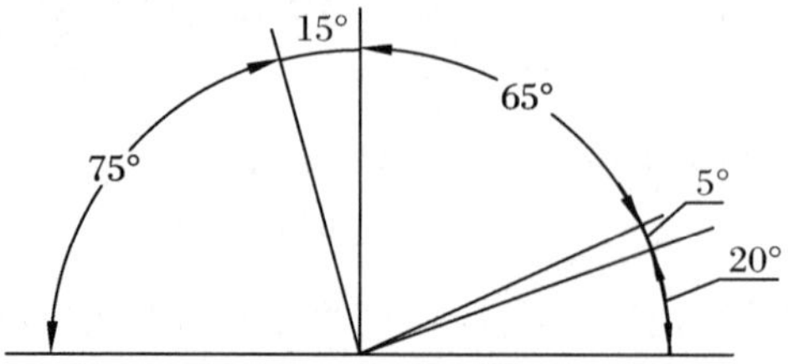

图 2-1-28　角度的注法

任务二 典型图样的表达和识别方法

【任务目标】

目标类型	目标要求
知识目标	(1)进一步认识绘图工具和用品 (2)了解几何作图方法 (3)了解简单图样的作图步骤和方法
技能目标	达到汽车维修中级工如下要求： 运用几何作图方法，正确绘制简单的图样
情感目标	(1)养成良好的绘图习惯 (2)注意正确使用绘图工具和用品

【任务描述】

在汽车生产和维修作业中，经常要绘制一些简单的零件图。如图 2-2-1 所示吊钩，通过绘制该图样，我们从中可以熟悉几何作图方法，掌握简单图样的作图方法和步骤。

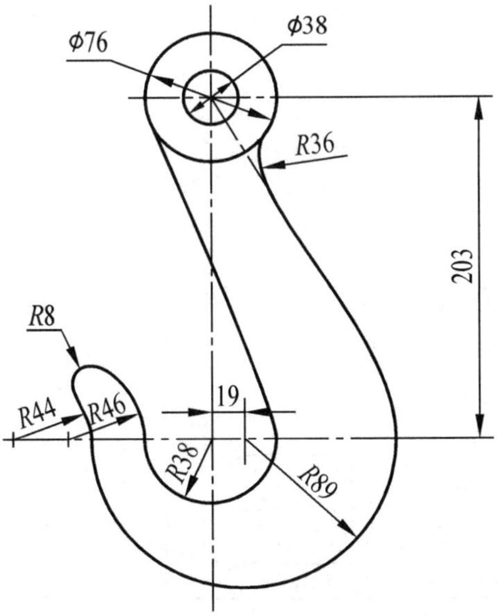

图 2-2-1 吊钩

【知识准备】

想一想： 怎样等分线段和圆周(或作正多边形)?

看一看： 图 2-2-1 中，是否有两直线间的圆弧连接？是否有直线与圆弧间的圆弧连接？是否有两圆弧间的圆弧连接？

查一查： 斜度和锥度。

练一练： 抄画图 2-2-1 所示的平面图形，注意方法和步骤。

【任务实施】

一、几何作图

1.等分作图

(1)等分线段。

①方法：

a.试分法：先目测估计出线段的长度，用分规自线段的一端进行试分，如不能恰好将线段分尽，可视其“不足”或“剩余”部分的长度调整分规的开度，再行试分，直到分尽为止。

b.平行线法。

②举例：三等分线段 AB，如图 2-2-2 所示。

③步骤：a.从 A 点引一条射线 AC；

b.以任意长度在 AC 上取三个等分点 1,2,3；

c.连接 B3，通过 1,2 两点分别作线段 B3 的平行线，交 AB 于 11 和 22 两点，即把线段 AB 分成了三等份。

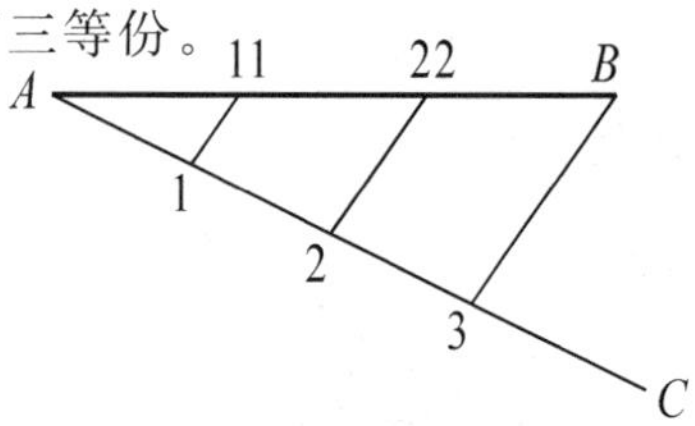

图 2-2-2 等分线段

(2)等分圆周和作正多边形。

①圆周的四、八等分。

用 45°三角板和丁字尺配合作图，可直接将圆周进行四、八等分。将各等分点依次连接，即可分别作出圆的内接四边形或八边形，如图 2-2-3(a)(二者方位不同)、图 2-2-3(b)所示。

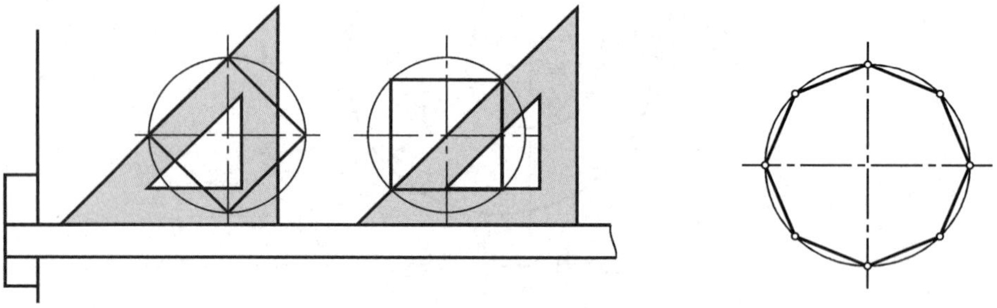

(a)　　(b)

图 2-2-3 圆周的四、八等分

②圆周的三、六、十二等分。

有两种作图方法。用圆规作图，如图 2-2-4 所示；用 30°或 60°三角板和丁字尺配合作图，如图 2-2-5 所示。

③圆周的五等分。

作图方法如图 2-2-6 所示。

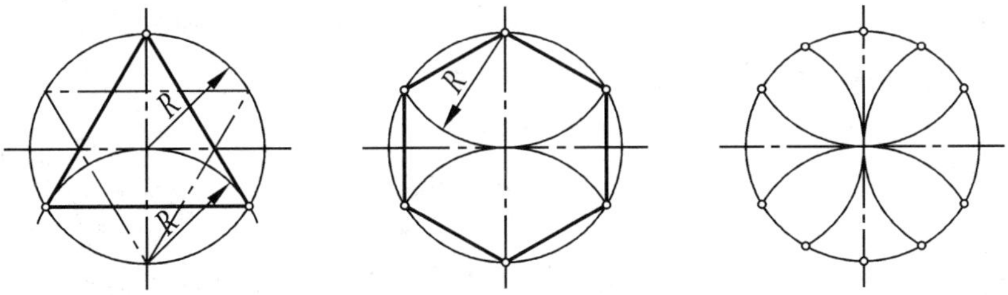

(a) (b) (c)

图 2-2-4 用圆规三、六、十二等分圆周

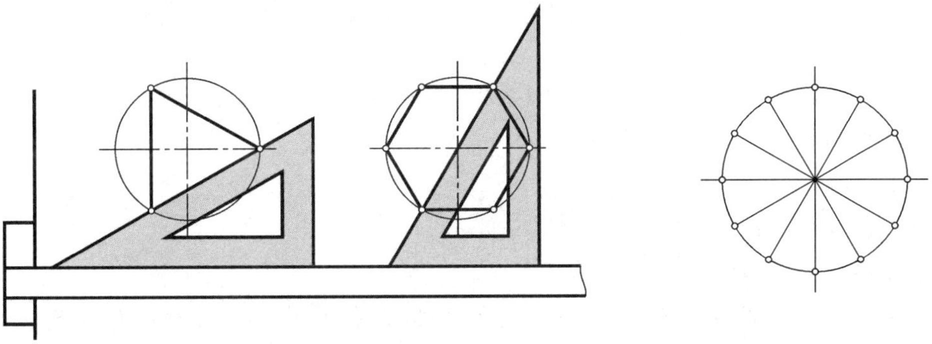

(a) (b)

图 2-2-5 用三角板三、六、十二等分圆周

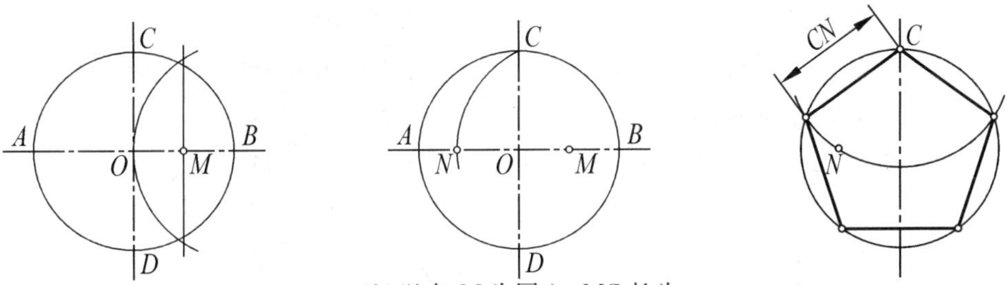

(a)等分半径 OB 得点 M

(b)以点 M 为圆心，MC 长为半径，画弧交 AO 于 N

(c)CN 为五边形的边长

图 2-2-6 圆周的五等分

2.圆弧连接

用一圆弧光滑地连接相邻两线段的作图方法，称为圆弧连接。

(1)作图原理。

可归结为求连接圆弧的圆心和切点。

①圆弧与直线连接，如图 2-2-7(a)所示。

圆心：连接弧圆心的轨迹为一平行于已知直线的直线，两直线间的垂直距离为连接弧的半径 R。

切点：由圆心向已知直线作垂线，其垂足为切点。

②圆弧与圆弧连接(外切)，如图 2-2-7(b)所示。

圆心：连接弧圆心的轨迹为一与已知圆弧同心的圆，该圆的半径为两圆弧半径之和。

切点：两圆心的连线与已知圆弧的交点即为切点。

③圆弧与圆弧连接(内切)，如图 2-2-7(c)所示。

圆心：连接弧圆心的轨迹为一与已知圆弧同心的圆，该圆的半径为两个圆弧半径之差。

切点：两圆心连线的延长线与已知圆弧的交点即为切点。

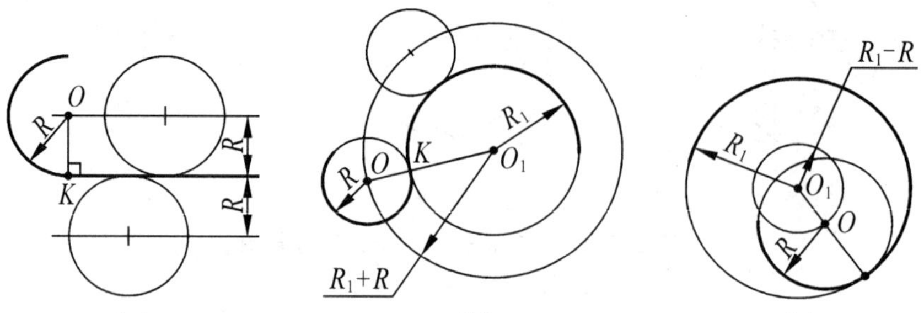

图 2-2-7　圆弧连接

(2)作图步骤。

①先求圆心。

②再求切点。

③用连接弧半径画弧。

④描深——为保证连接光滑，一般应先描圆弧，后描直线。当几个圆弧相连接时，应依次相连，避免同时连接两端。

试一试： 两直线间的圆弧连接，如图 2-2-8 所示。

直线和圆弧之间的圆弧连接，如图 2-2-9 所示。

两圆弧之间的圆弧连接(外连接)，如图 2-2-10 所示。

两圆弧之间的圆弧连接(内连接)，如图 2-2-11 所示。

两圆弧之间的圆弧连接(混合连接)，如图 2-2-12 所示。

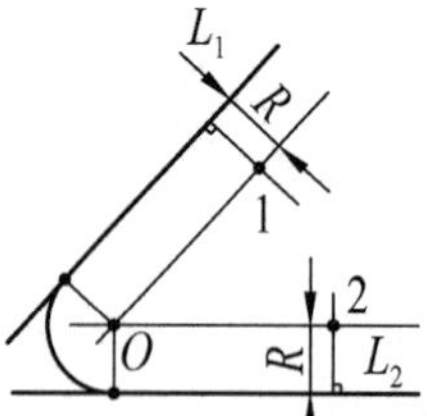

图 2-2-8　两直线间的圆弧连接

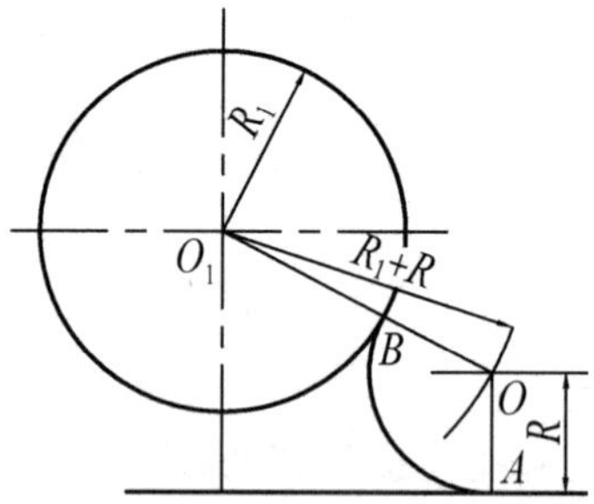

图 2-2-9　直线和圆弧之间的圆弧连接

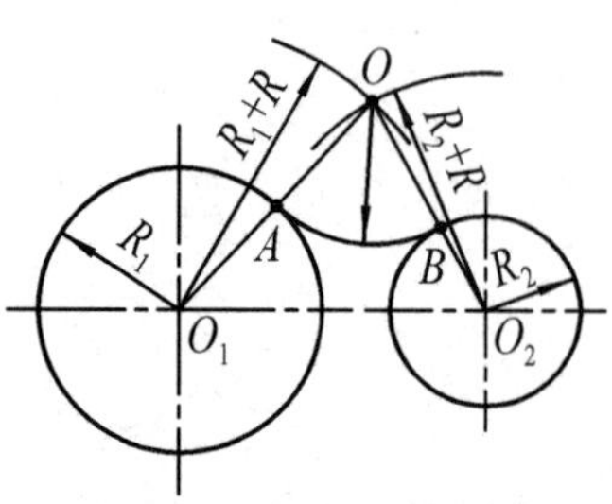

图 2-2-10　两圆弧之间的圆弧连接(外连接)

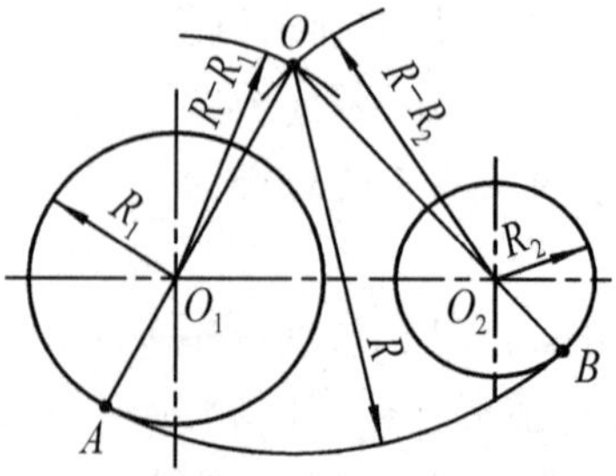

图 2-2-11　两圆弧之间的圆弧连接(内连接)

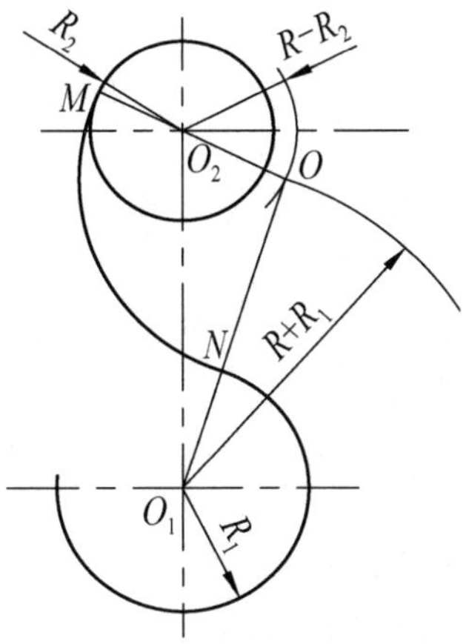

图 2-2-12　两圆弧之间的圆弧连接(混合连接)

3.椭圆的近似画法

椭圆画法有四心法(近似画法)和同心圆法。这里只介绍四心近似画法。如图 2-2-13 所示。

作图步骤：

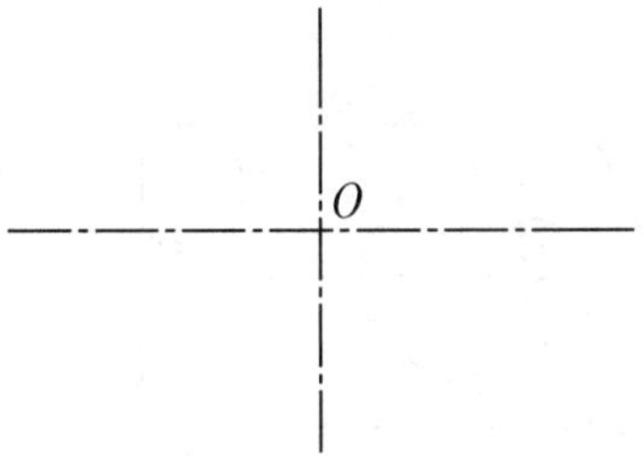

(a)画作图基准线

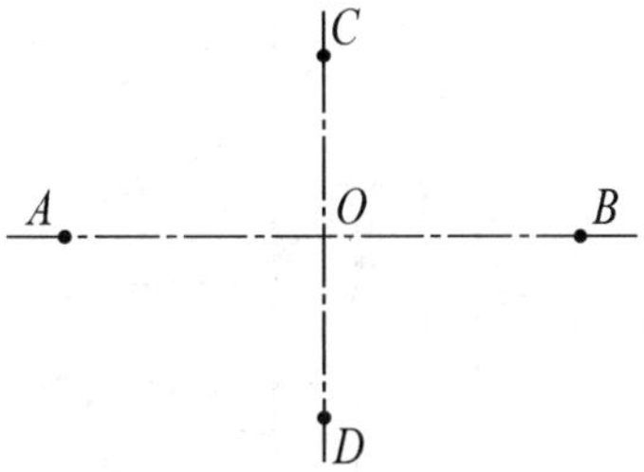

(b)画长、短轴 AB、CD

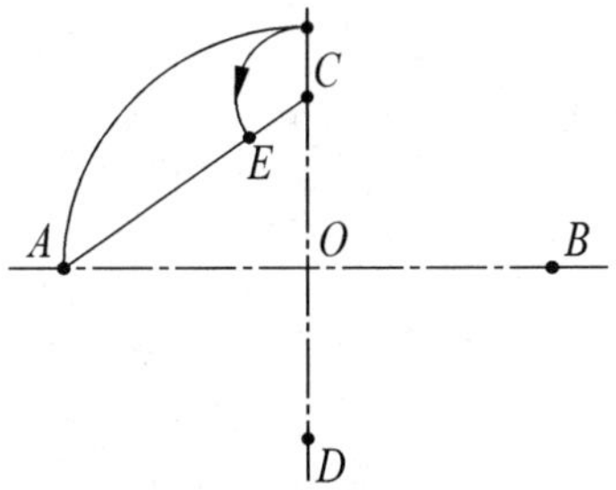

(c)连接 AC，取 $CE=OA-OC$

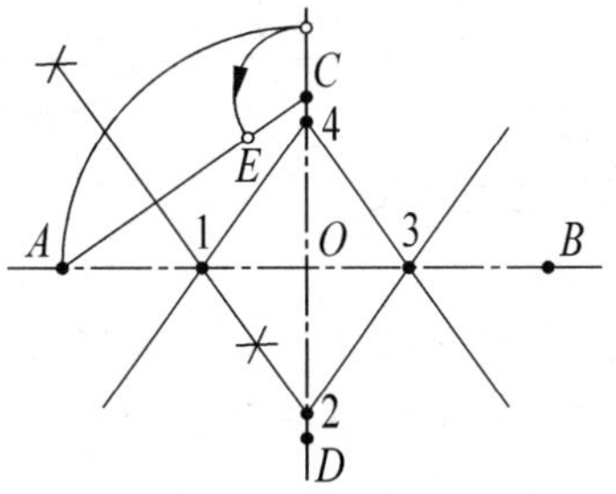

(d)确定四段圆弧的圆心 1，2，3，4

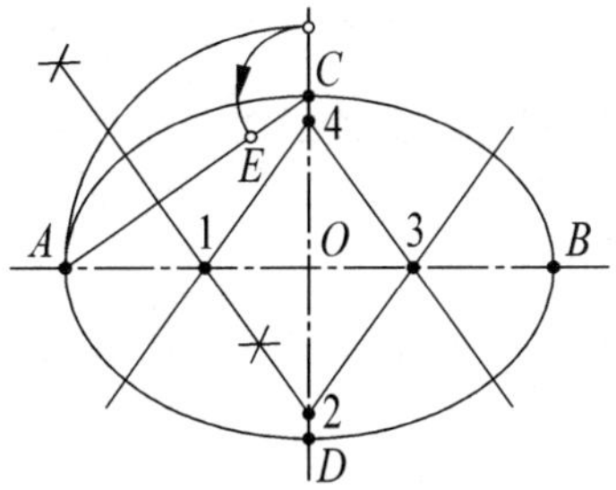

(e)画椭圆的四段圆弧

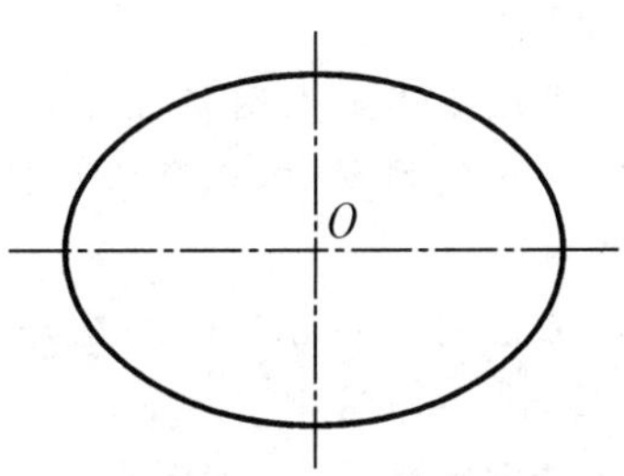

(f)整理并擦去多余线，描深

图 2-2-13　椭圆的画法

二、平面图形的画法

1.尺寸分析

(1)尺寸基准:指标注尺寸的起点。通常以图形的对称线、中心线或某一轮廓线作为标注尺寸的基准。

(2)定形尺寸:用于确定线段的长度,圆弧的半径(或圆的直径)和角度大小等的尺寸。如图 2-2-14 中的 $R12$、$R50$、$\phi 20$、$\phi 30$ 等。

(3)定位尺寸:用于确定线段在平面图形中所处位置的尺寸。如图 1-2-14 中的 8。

2.线段分析

根据线段定位尺寸的完整与否,可分为三类。

(1)已知线段:具有两个定位尺寸可直接画出的线段。如图 2-2-14 中的$\phi 5$、$R15$、$R10$。

(2)中间线段:具有一个定位尺寸,但可根据与其他线段的连接关系画出的线段。如图 2-2-14 中的 $R50$。

(3)连接线段:没有定位尺寸的线段。如图 2-2-14 中的 $R12$。

作图时,应先画已知线段,再画中间线段,最后画连接线段。

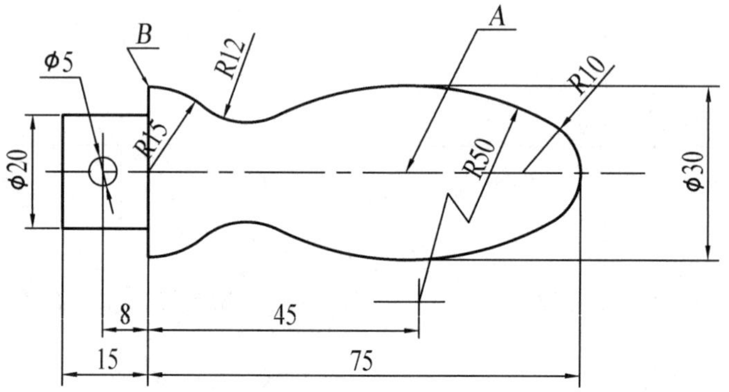

图 2-2-14　手柄

3.绘图的方法和步骤

(1)准备工作。

小提示: 画图前应先了解所画图样的内容和要求,准备好必要的绘图工具,清理桌面,暂时不要用的工具、资料不要放在图板上。

(2)选定图纸。

小提示: 根据图形大小和复杂程度选定比例,确定图纸幅面。

(3)固定图纸。

小提示: 图纸要固定在图板左下方,下部空出的距离要能放丁字尺,以便操作。图纸要用胶带固定,不应使用图钉,以免损坏图板。

(4)绘制底稿。

小提示: 画出图框和标题栏轮廓后,先画出各图形的基准线,注意各图的位置要布置匀称。底稿线要细,但应清晰。

(5)检查并清理底稿后,加深图形和标注尺寸,最后完成标题栏。

(6)全面检查图纸。

小提示: 加深的步骤与画底稿时不同。一般先加深图形,其次加深图框和标题栏,最后标注尺寸和书写文字。加深图形时,应按先曲线后直线,由上到下,由左到右,所有图形同时加深的原则进行。在加深粗直线时，将同一方向的直线加深完后，再加深另一方向的直线。细线一般不要加深，在画底稿时直接画好就行了。

【任务拓展】

斜度和锥度

1.斜度 *S*

斜度是指一直线（或平面）对另一直线（或平面）的倾斜程度。用代号“S”表示。如图2-2-15所示，用公式 $S=(H-h)/L=\tan\alpha$ 来计算。

斜度符号：“∠”，如图 2-2-16 所示。

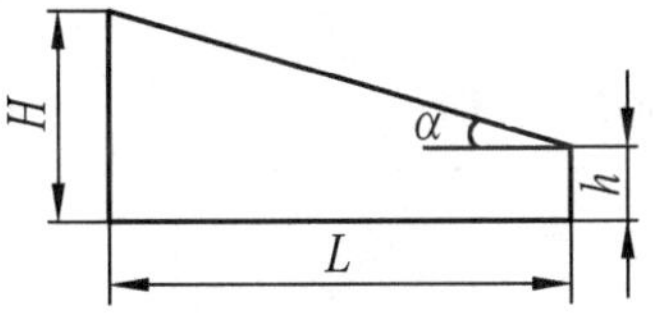

图 2-2-15　斜度

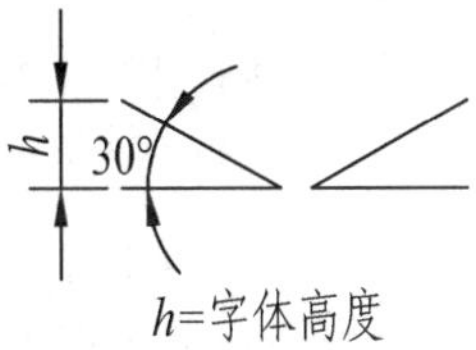

图 2-2-16　斜度符号

斜度的标注方法：斜度一般以 1∶n 的形式表示，写在斜度符号后面。指引线从被标注的“斜线”引出，标注斜度的细实线和参考线平行。斜度符号的斜线方向应与图形的斜度方向一致。如图 2-2-17 所示。

图 2-2-17　斜度的标注

2.锥度 *C*

锥度是指正圆锥底圆直径与圆锥高度之比。如图 2-2-18 所示。

$$C=(D-d)/L=2\tan(\alpha/2)$$

锥度符号：如图 2-2-19 所示。

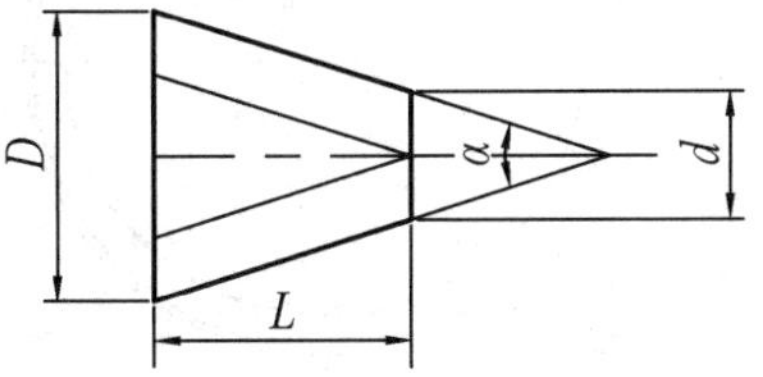

图 2-2-18　锥度

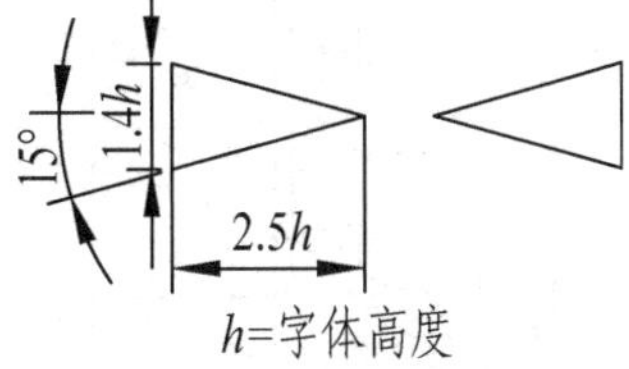

图 2-2-19　锥度符号

锥度的标注方法：锥度一般以 1∶n 的形式写在锥度符号后面，该符号配置在基准线上，并靠近圆锥轮廓线，指引线从圆锥轮廓线引出，图形符号的方向应与锥度方向一致。如图 2-2-20 所示。

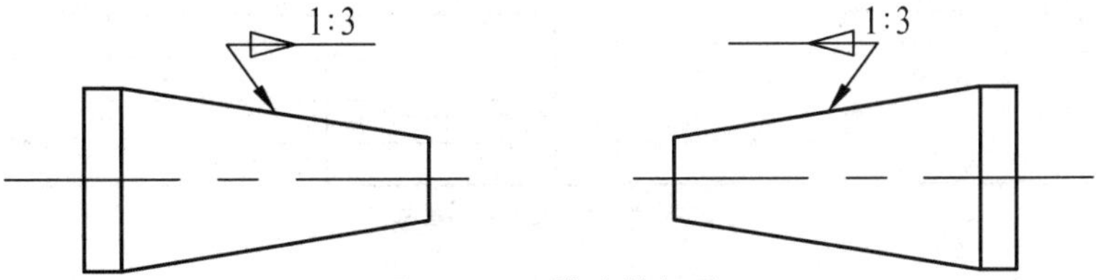

图 2-2-20　锥度的标注

任务三　常见汽车零件图的识别

【任务目标】

目标类型	目标要求
知识目标	(1)认知零件图所含的内容 (2)了解零件图尺寸及技术要求所包含的内容 (3)了解汽车常见零件图纸识读的方法和技巧
技能目标	达到汽车维修中级工如下要求： 运用零件图的相关知识，正确识读简单零件图
情感目标	(1)养成良好的读图和画图习惯 (2)注意正确标注零件图尺寸

【任务描述】

零件图是工程设计人员、制造加工人员、装配人员、维修人员交流沟通的工程语言。通过识读零件图(如图 2-3-1)的练习，要能根据零件图想象零件的结构形状，弄清各项尺寸和技术要求等，从而进一步掌握读图的方法、步骤和技巧。

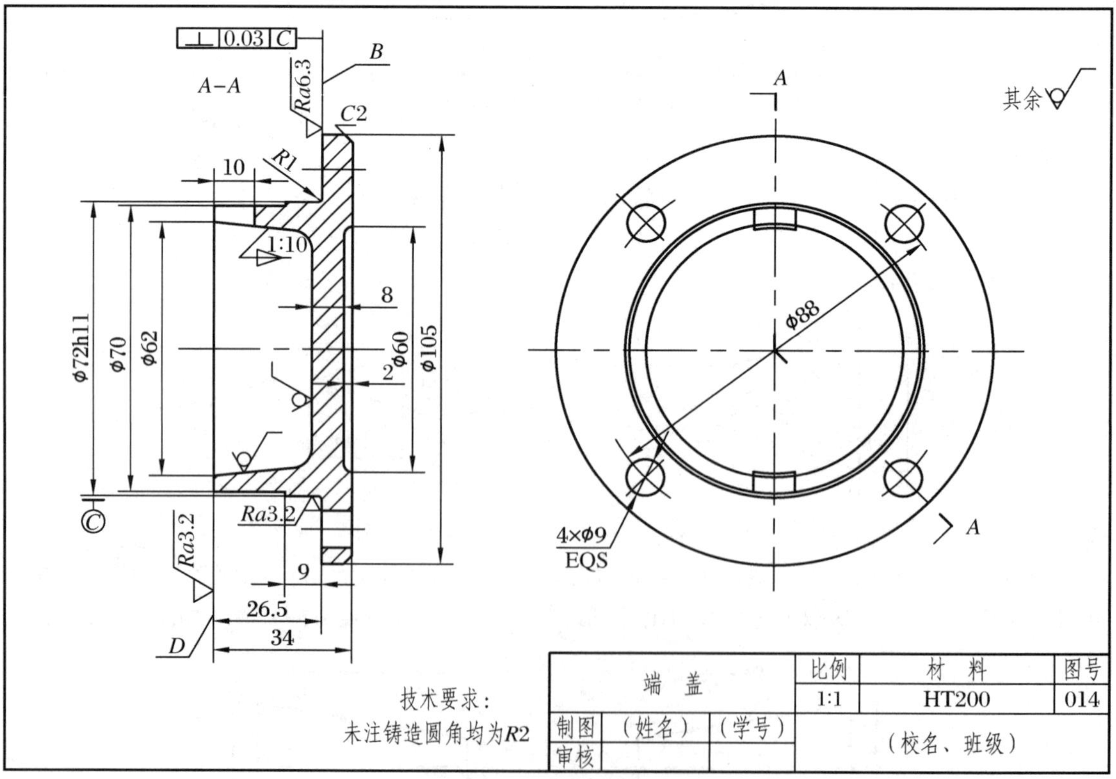

图 2-3-1　端盖零件图

【知识准备】

(1)通过查看图 2-3-1 所示零件图,填一填:零件图的内容包括__________、__________、__________、__________。

(2)看一看:如图 2-3-2 所示,机械设备中,除一般零件外,还有常用零件螺栓、________、__________、__________、__________、__________、滚动轴承等。

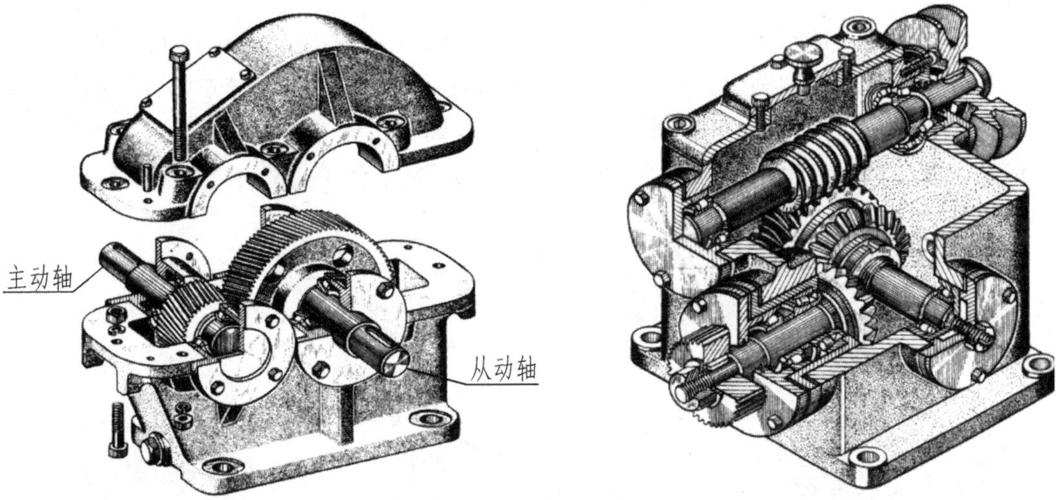

图 2-3-2 减速器

(3)仔细查看图 2-3-1,尺寸标注中技术要求有哪些?

【任务实施】

一、零件图的内容

一张完整的零件图应包括如图 2-3-1 所示的四方面内容:图形、尺寸、技术要求、标题栏。

二、零件图的视图选择

1.主视图的选择

(1)主视图应较好地反映零件的形状特征和大小。

形状特征原则是选择主视图投射方向的主要依据。从形体分析角度来说,就是要选择能将零件各组成部分的形状及其相对位置反映得最好的方向作为主视图的投射方向。

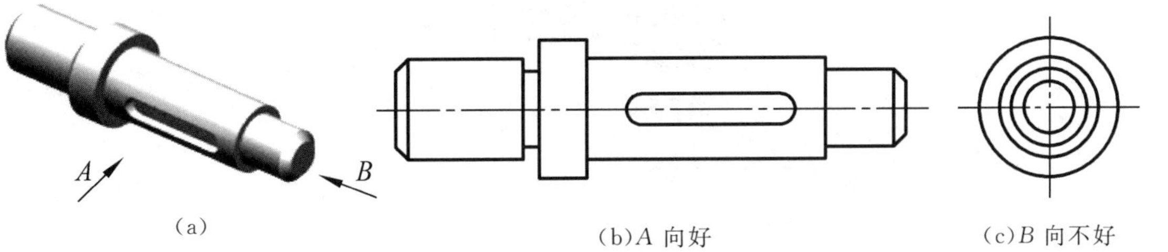

(a)　(b)A 向好　(c)B 向不好

图 2-3-3 轴类零件

如图 2-3-3 所示，按箭头 A 的方向投射所得到的视图，与按箭头 B 的方向及其他方向投射所得到的视图相比较，前者反映形状特征更好，因此应以 A 方向作为主视图的投射方向。

(2)主视图应尽可能反映零件的加工位置或工作位置。

加工位置就是零件在机床上加工时的装夹状态。主视图与加工位置一致的优点是便于工人看图加工。轴、套、轮和圆盘等类零件的主视图，一般按卧式车床车削加工位置安放，即将轴线垂直于侧面，并将车削加工量较多的一头放在右边。

工作位置就是零件安放在机器中工作时的摆放状态。主视图与工作位置一致的优点是便于对照装配图来看图和画图。支座、箱体等类零件，一般按工作位置安放，因为这类零件结构形状一般比较复杂，在加工不同的表面时往往其加工位置也不同。如图 2-3-4 所示。

如果零件的工作位置是倾斜的，或者零件在运动，其工作位置是不断变化的，则习惯将零件摆正，使尽量多的表面平行或垂直于基本投影面。

例如：拨叉一端卡在齿轮右边的槽中，并可沿轴向移动以拨动齿轮沿轴向移动，其工作位置既倾斜又不固定，故其主视图只能以反映零件的形状特征为主，并应将零件放正，以利于画图。如图 2-3-5 所示。

(a)阀体　(b)支座　(c)泵体

图 2-3-4　支座、箱体类零件

图 2-3-5　齿轮拨叉零件

2.其他视图的选择

当需要其他视图(包括剖视图、断面图)时，应按下述原则选取：

①在明确地表示机件的前提下，使视图(包括剖视图、断面图)的数量为最少，而且图形也较简单；

②尽量避免使用虚线表达机件的轮廓及棱线；

③避免不必要的细节重复。

3.选择视图的一般步骤

(1)了解零件。

了解零件在机器中的作用、工作位置和加工位置，对零件进行形体分析或结构分析。

(2)选择主视图。

根据零件的特点，按照主视图的选取原则，确定摆放状态，选择主视图的投射方向。

(3)选择其他视图。

在选择其他视图时，必须灵活运用各种表示方法，并使选择的视图互相配合，共同表达清楚零件的形状。

三、零件图的尺寸标注

1.零件图中尺寸标注的基本要求

零件图的尺寸，应标注得符合标准、齐全、清晰和合理。

合理标注尺寸的要求：

(1)满足设计要求，以保证机器的质量。

(2)满足工艺要求，以便于加工制造和检验。

2.尺寸基准及分类

(1)尺寸基准的概念。

尺寸基准就是标注尺寸的起点。

(2)尺寸基准的分类。

①设计基准：设计时用以确定零件结构位置的基准。

②工艺基准：制造时用以定位、加工和检验的基准。

零件上的底面、端面、对称面、轴线及圆心等都可以作为基准。如图 2-3-6(a)、(b)、(c)所示。

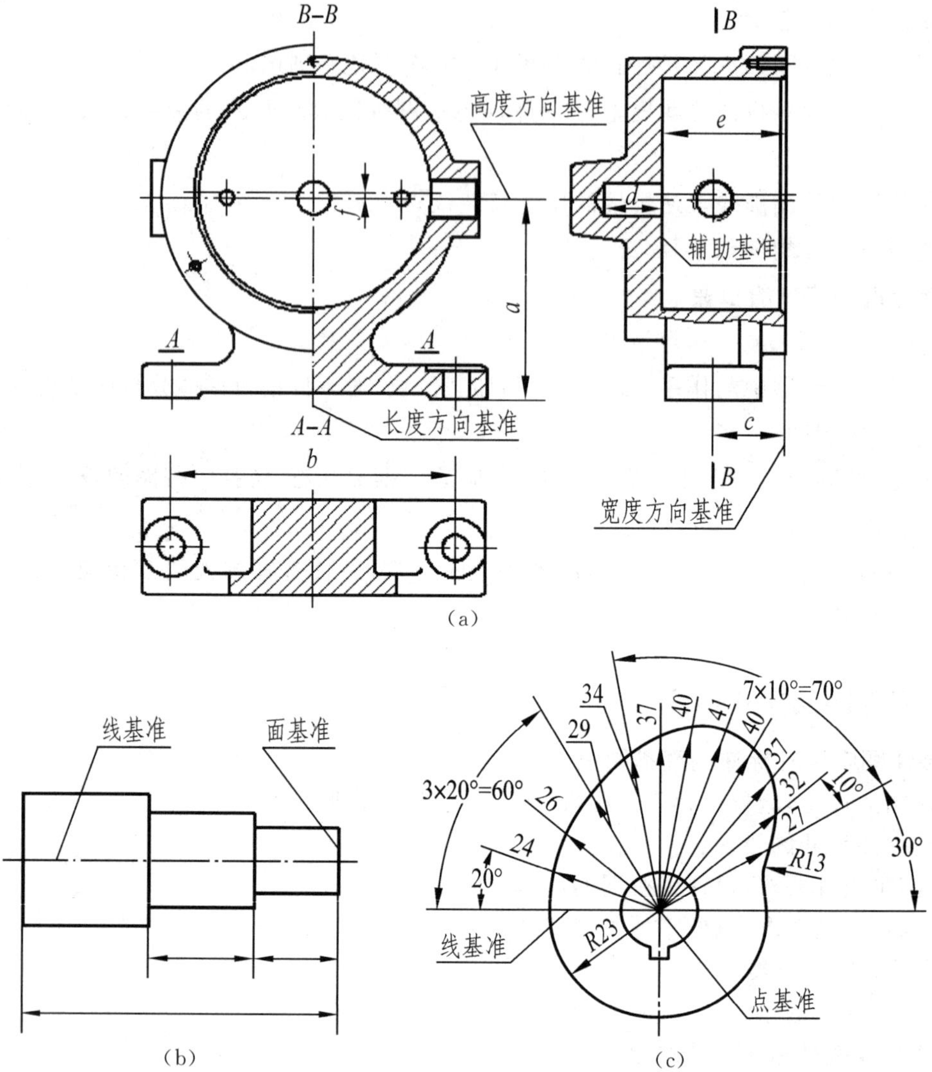

图 2-3-6　尺寸基准

③尺寸基准又分为主要基准和辅助基准。

一般在长、宽、高三个方向各选一个设计基准为主要基准，它们决定零件的主要尺寸。这些主要尺寸影响零件在机器中的工作性能、装配精度，因此，主要尺寸要从主要基准直接标注出来，如图 2-3-6(a)中的 a、b、c、d、f。

除主要基准之外的其余的尺寸基准则为辅助基准，以便于加工和测量。辅助基准都有尺寸与主要基准相联系，如图 2-3-6(a)中的 e。

3.标注尺寸应注意的事项

(1)重要尺寸一定要直接标注(要满足设计要求)。

如图 2-3-7 所示，图(a)表示 1、2 两零件装配在一起时，设计时要求零件 1 沿零件 2 的导轨滑动时，左右不能松动，右侧面应对齐。图(b)中的尺寸 B 保证了两零件的配合，尺寸 C 则保证从同一基准出发，满足了设计要求。图(c)和图(d)则不能满足设计要求。

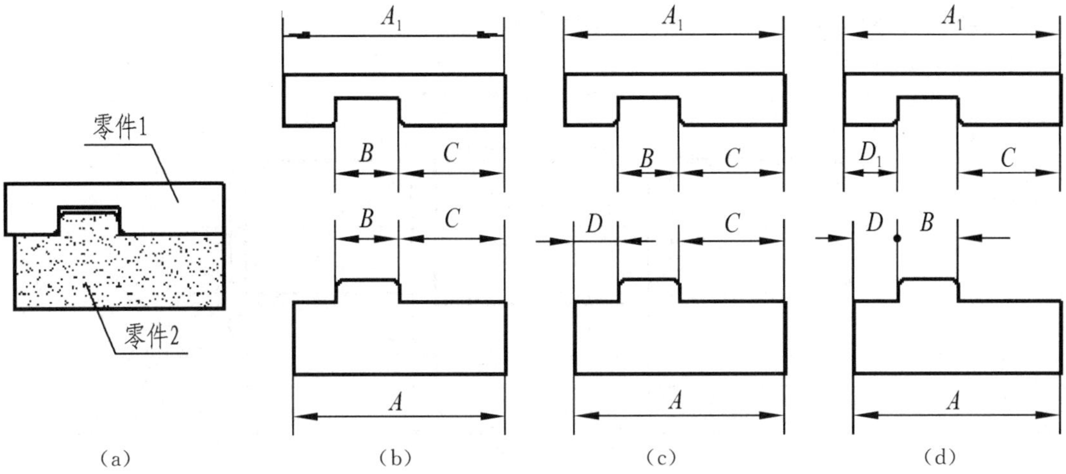

图 2-3-7 结合设计要求标注尺寸

(2)应符合工艺要求。

①按加工顺序标注尺寸。

图 2-3-8 所示为一圆轴主要尺寸。其尺寸注法符合加工顺序，便于加工时测量。

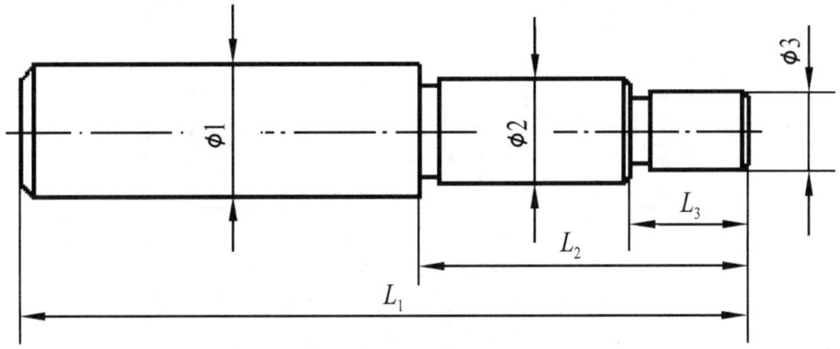

图 2-3-8 符合工艺要求的尺寸

②按加工要求标注尺寸。

零件上加工面与非加工面尺寸，尽量分别集中标注在图形的两边。如图 2-3-9 所示。

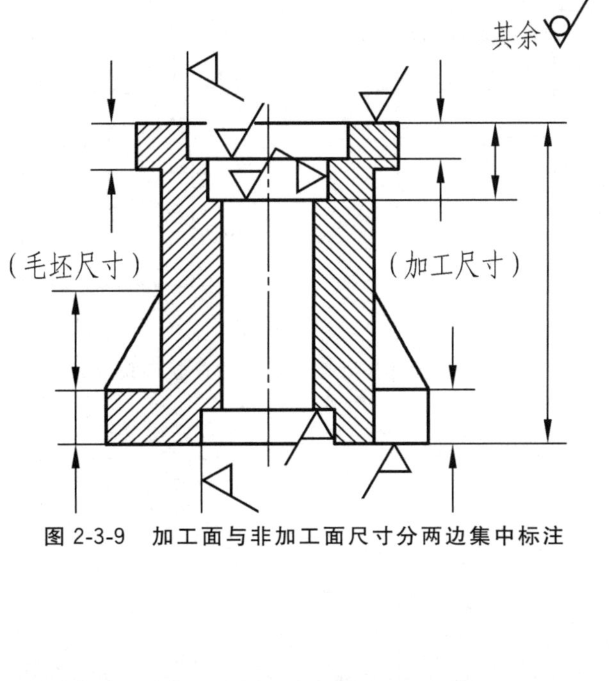

图 2-3-9 加工面与非加工面尺寸分两边集中标注

不同加工方法的有关尺寸分类集中标注。如图 2-3-10 所示。

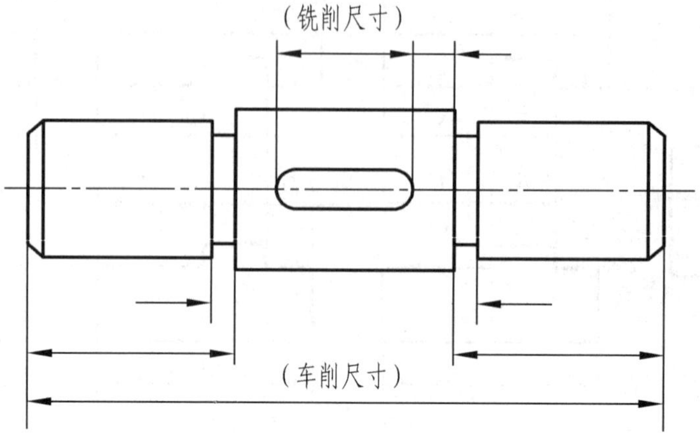

图 2-3-10　不同工种加工尺寸分类集中标注

③按测量要求标注尺寸。

尺寸标注过程中,应尽量考虑测量的方便。如图 2-3-11 所示。

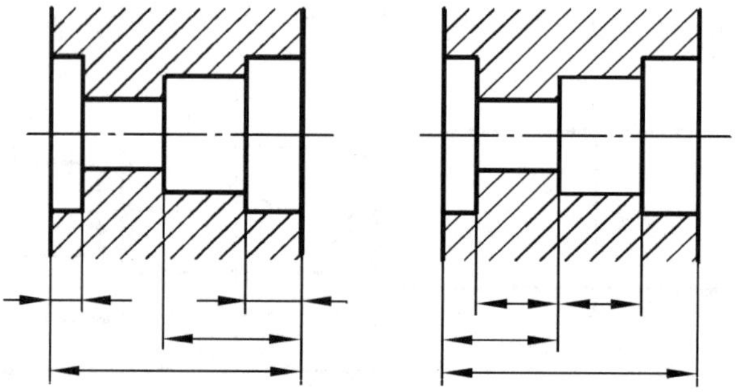

(a)便于直接测量　　(b)不便于直接测量

图 2-3-11　尺寸标注应考虑测量方便

(3)避免标注形成封闭的尺寸链。

如图 2-3-12(a)中长度方向尺寸 L_1、L_2、L_3 应只注其中两个尺寸即可。若三个尺寸全标注出则形成封闭尺寸。图 2-3-12(b)中的尺寸 28 不应标注出。

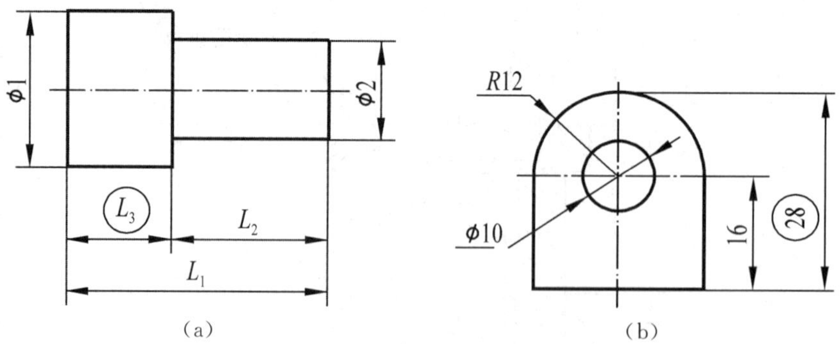

(a)　　(b)

图 2-3-12　零件尺寸应避免标注成封闭尺寸链

4.零件上常见典型结构的尺寸标注方法

各类孔可采用旁注和符号相结合的方法标注，见表 2-3-1。

表 2-3-1 常见典型结构的尺寸注法

类型	旁注法	普通注法
不通光孔	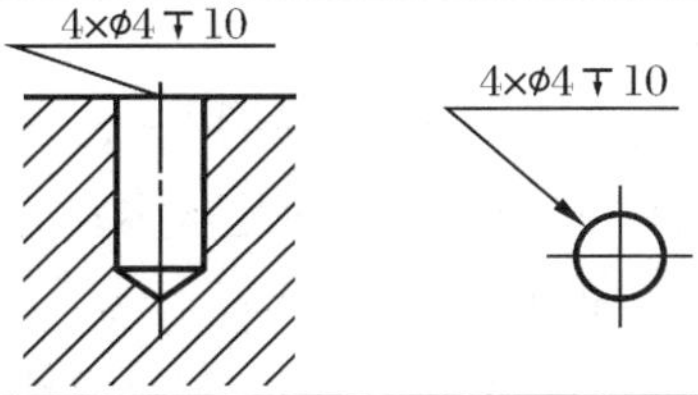	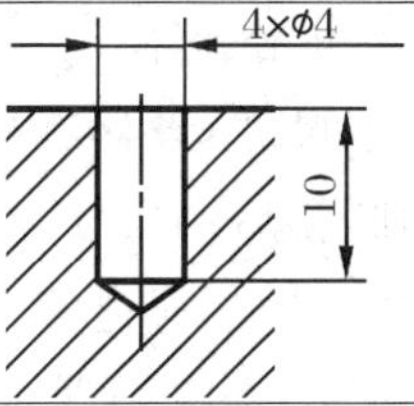
锥形沉孔	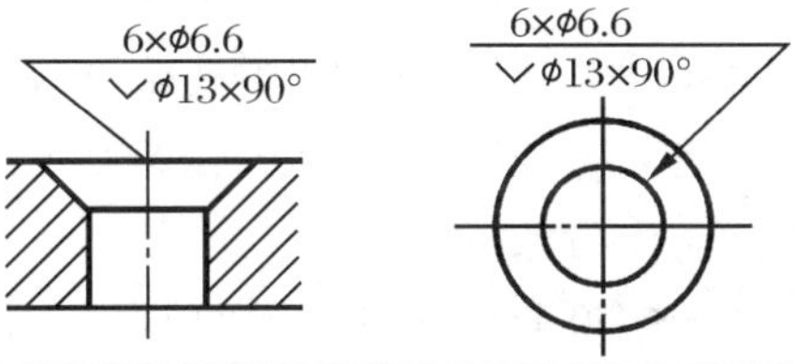	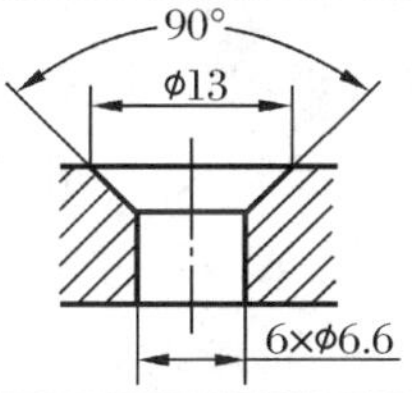
沉头座孔	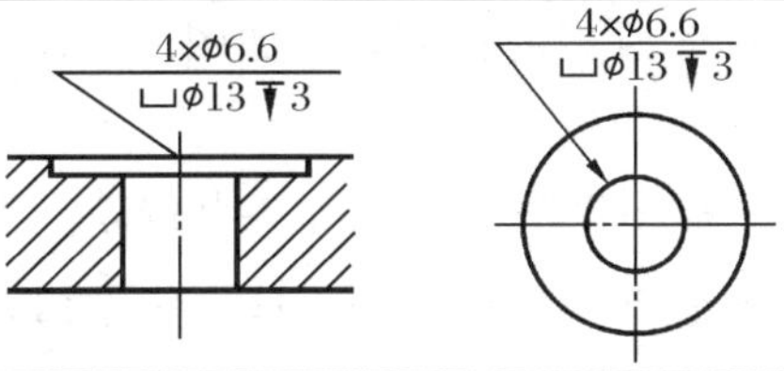	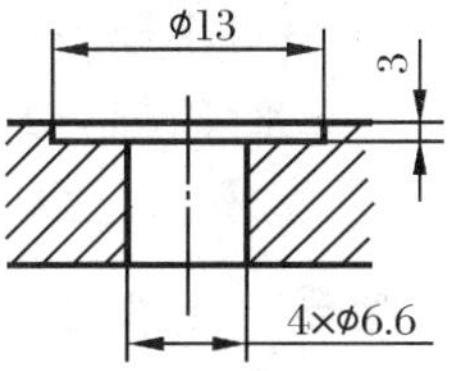
锪平孔	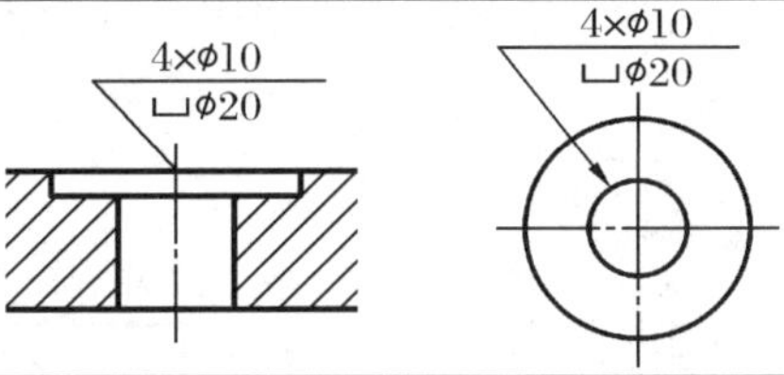	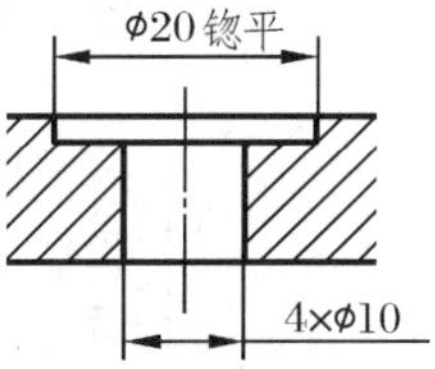
不通螺孔	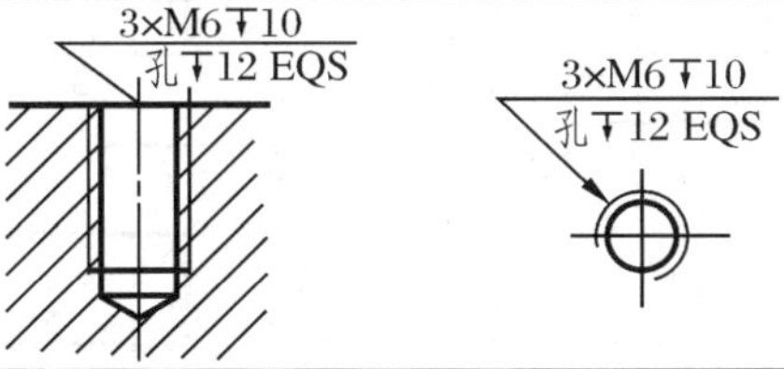	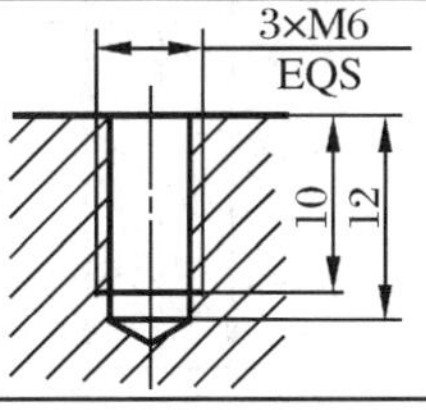

5.零件图技术要求标注

(1)极限与配合。

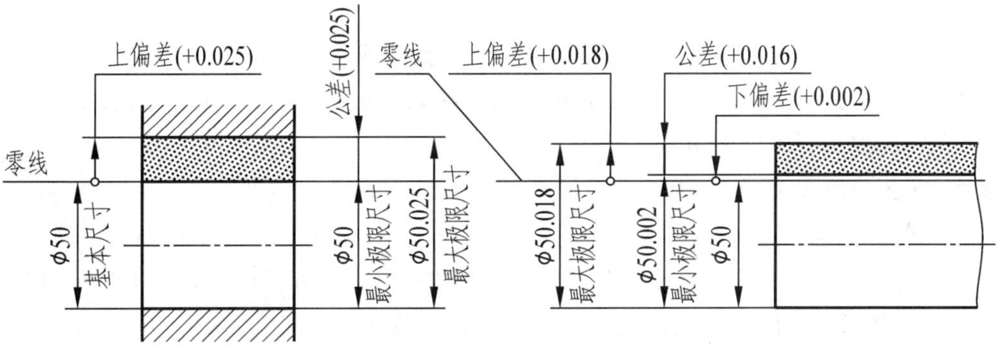

图 2-3-13 尺寸公差术语

机器中同种规格的零件，任取其中一个，不经挑选和修配，就能装到机器中去，并满足机器性能的要求。零件的这种性质，称为互换性。零件互换性，不仅能组织大规模的专业化生产，而且可以提高产品质量、降低成本和便于维修。

①尺寸与尺寸公差。

a.尺寸公差术语。如图 2-3-13 所示。

基本尺寸：设计者根据零件所应具备的使用功能和结构工艺性而确定的，并按照标准尺寸系列圆整后的尺寸。例如：图 2-3-13 中所注的ϕ50 就是基本尺寸。

实际尺寸：通过测量获得的某一孔、轴的尺寸。

极限尺寸：一个孔或轴允许的尺寸的两个极端。如图 2-3-13 中孔的ϕ50 和ϕ50.025。

最大极限尺寸：孔或轴允许的最大尺寸。如图 2-3-13 中孔ϕ50.025、轴ϕ50.018。

最小极限尺寸：孔或轴允许的最大尺寸。如图 2-3-13 中孔ϕ50、轴ϕ50.002。

偏差：某一尺寸减其基本尺寸所得的代数差。

上偏差：最大极限尺寸减其基本尺寸所得的代数差。如图 2-3-13 中轴＋0.018。

下偏差：最小极限尺寸减其基本尺寸所得的代数差。如图 2-3-13 中轴＋0.002。

尺寸公差(简称公差)：允许尺寸的变动量。

公差＝|最大极限尺寸－最小极限尺寸｜＝｜上偏差－下偏差｜

小提示：①孔的上偏差代号为 ES，下偏差代号为 EI；轴的上偏差代号为 es，下偏差代号为 ei；②上、下偏差可以是正值、负值或零；③公差是指零件尺寸允许变动的范围，所以一定是正值。

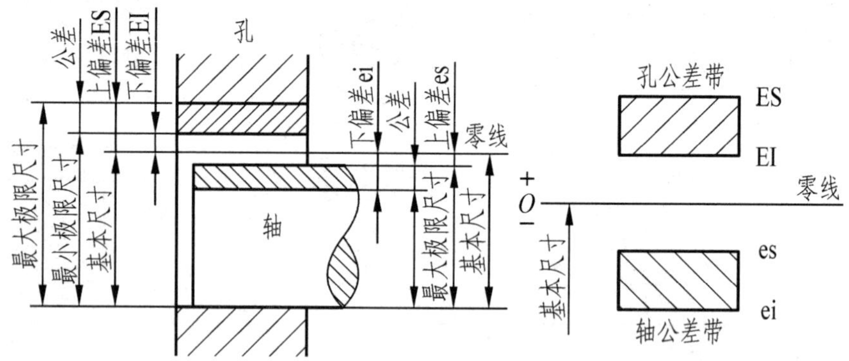

图 2-3-14　公差带图

b.尺寸公差带。

尺寸公差带(简称公差带)是由代表上偏差和下偏差或最大极限尺寸和最小极限尺寸的两条直线所限定的一个区域。一般用左低右高斜线表示孔的公差带；用左高右低的斜线表示轴的公差带，如图 2-3-14 所示。

零线：在公差带图中，确定上下偏差位置的一条基准直线称为零线。

c.标准公差与基本偏差。

标准公差：用以确定公差带的大小。代号：IT，共 20 个等级：IT01、IT0、IT1～IT18。数字表示公差等级，IT01 的精度最高，其公差最小，以下逐级降低。

标准公差的数值由基本尺寸和公差等级确定。

基本偏差:用以确定公差带相对于零线的位置。一般为靠近零线的那个偏差。基本偏差的代号用拉丁字母表示,孔用大写字母表示,轴用小字母表示。孔与轴各有 28 个基本偏差。如图 2-3-15 所示。

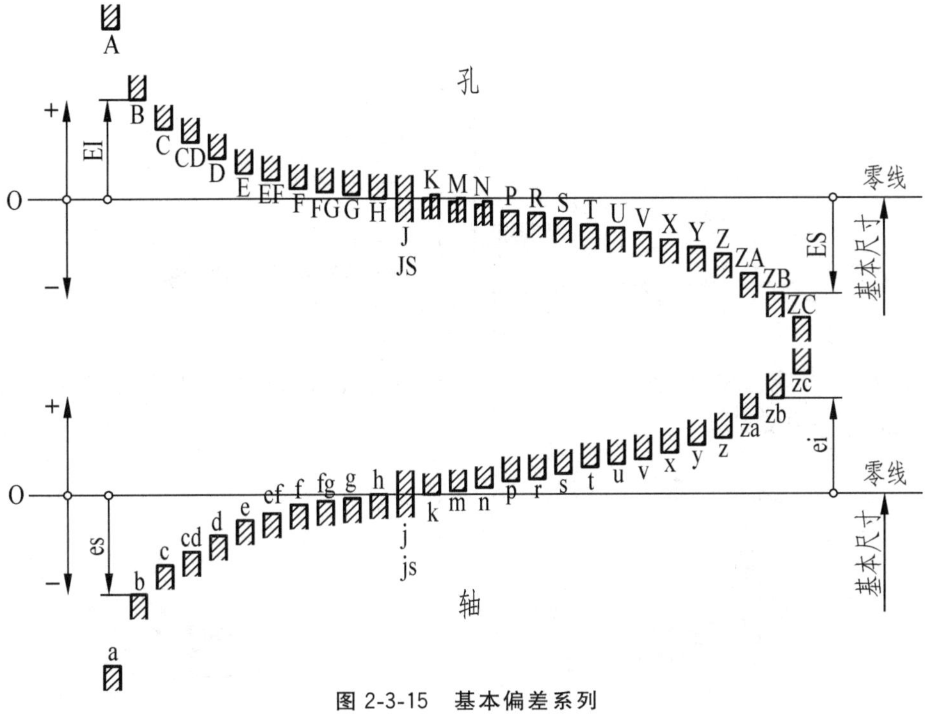

图 2-3-15 基本偏差系列

小提示:公差带的位置由基本偏差决定,公差带的大小由标准公差等级决定。

公差带代号组成 { 基本偏差代号,如:H、f。标准公差等级代号如:8、7。

如: H8 f7

孔的基本偏差代号

孔的标准公差等级代号

轴的标准公差等级代号

轴的基本偏差代号

②配合。

a.定义:基本尺寸相同、相互结合的孔和轴的公差带之间的关系称为配合。如图 2-3-16 所示。

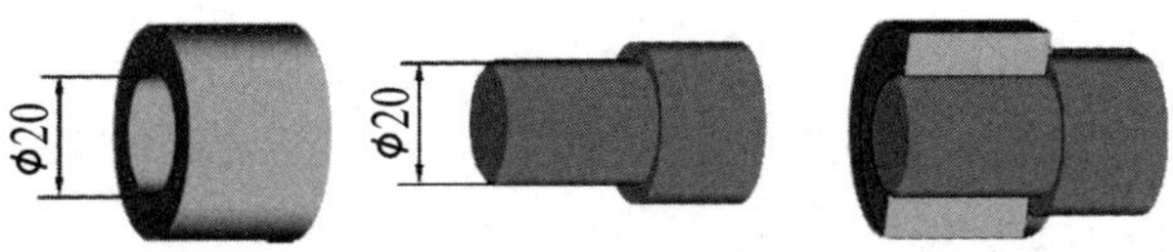

图 2-3-16 配合

b.配合的种类。

Ⅰ.间隙配合:具有间隙(包括最小间隙等于零)的配合。此时,孔的公差带在轴的公差带之上。如图 2-3-17 所示。

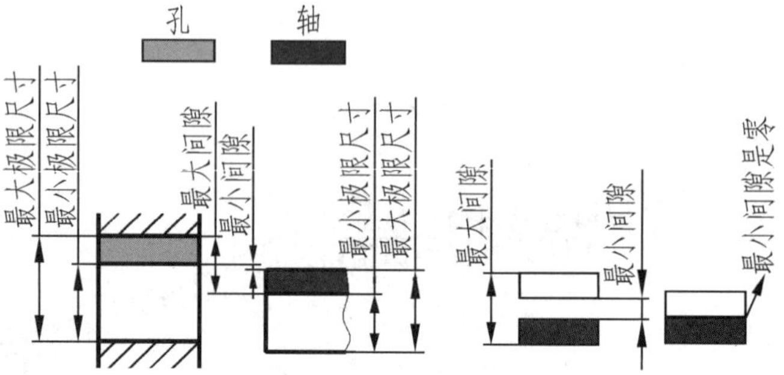

图 2-3-17　间隙配合

Ⅱ.过盈配合:具有过盈(包括最小过盈等于零)的配合。此时,孔的公差带在轴的公差带之下。如图 2-3-18 所示。

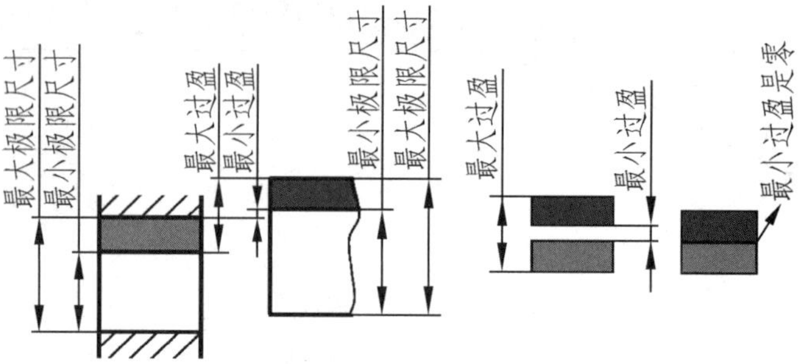

图 2-3-18　过盈配合

Ⅲ.过渡配合:可能具有间隙或过盈的配合。此时,孔的公差带与轴的公差带相互交叠。如图 2-3-19 所示。

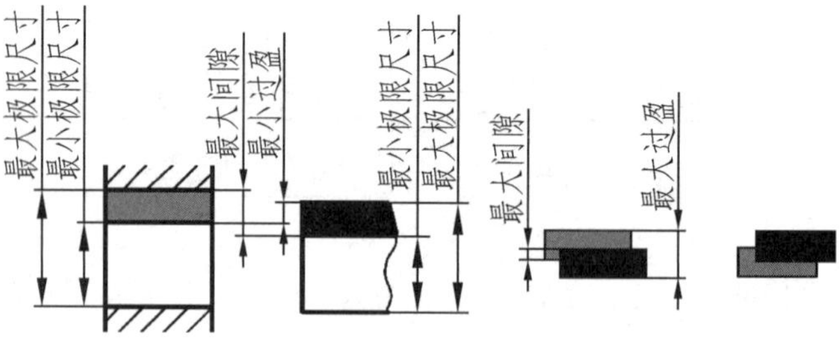

图 2-3-19　过渡配合

c.配合制。

配合制是同一极限制的孔和轴组成配合的一种制度。为了便于设计和制造,国家标准配合制规定了基孔制配合和基轴制配合。

基孔制配合:基本偏差为一定的孔的公差带,与不同基本偏差的轴的公差带形成各种配合的制度。其中,基孔制的孔称为基准孔,基本偏差代号为 H,下偏差 EI=0。如图 2-3-20 所示。

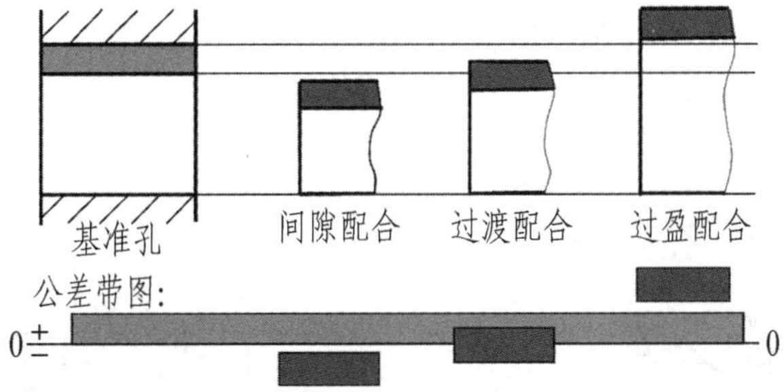

图 2-3-20 基孔制配合

基轴制配合：基本偏差为一定的轴的公差带，与不同基本偏差的孔的公差带形成各种配合的制度。其中，基轴制的轴称为基准轴，基本偏差代号为 h，上偏差 es=0。如图 2-3-21 所示。

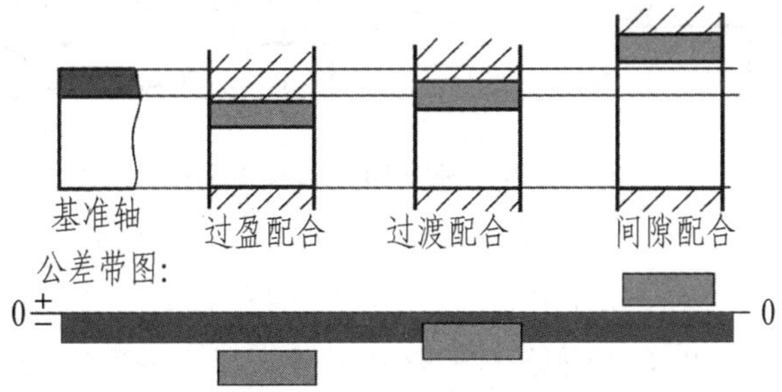

图 2-3-21 基轴制配合

小提示： 一般情况下，基孔制配合采用较多，因为轴的加工比孔的加工容易。

③公差与配合在图上的标注。

在零件图中公差的标注，如图 2-3-22 所示。

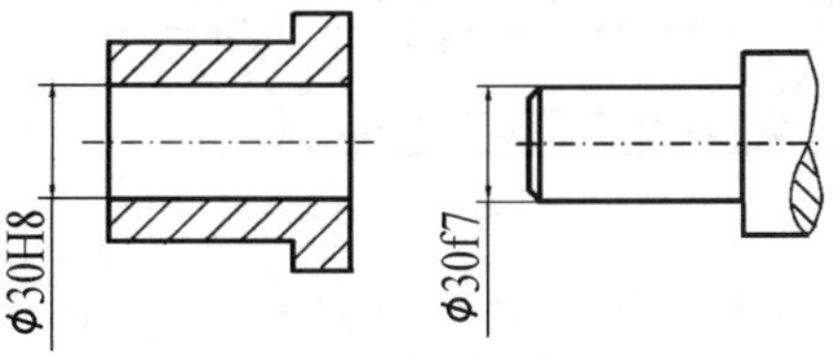

(a)在基本尺寸后注出公差带代号

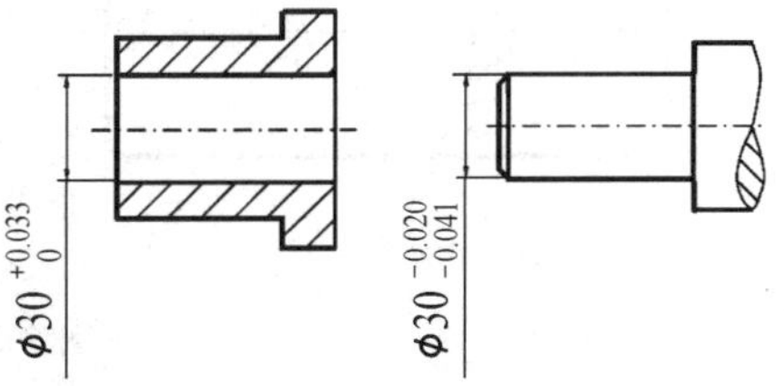

(b)在基本尺寸后直接注出上、下偏差值

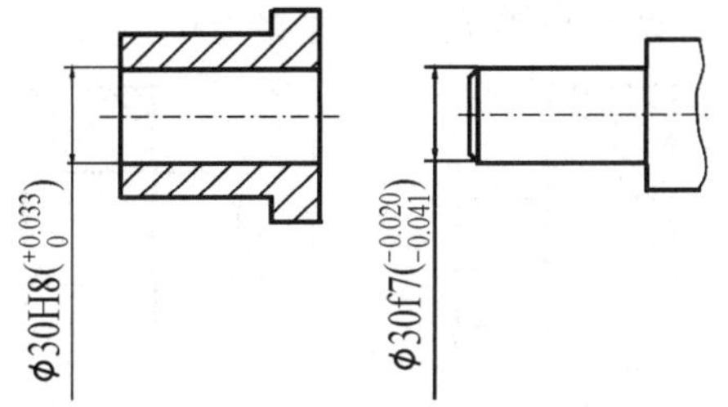

(c)在基本尺寸后，注出公差带代号及上、下偏差值，偏差值要加上括号

图 2-3-22 零件图中公差的标注

在装配图中配合的标注，如图 2-3-23 所示。

标注形式为：

$$\text{基本尺寸}\frac{\text{孔的公差带代号}}{\text{轴的公差带代号}}$$

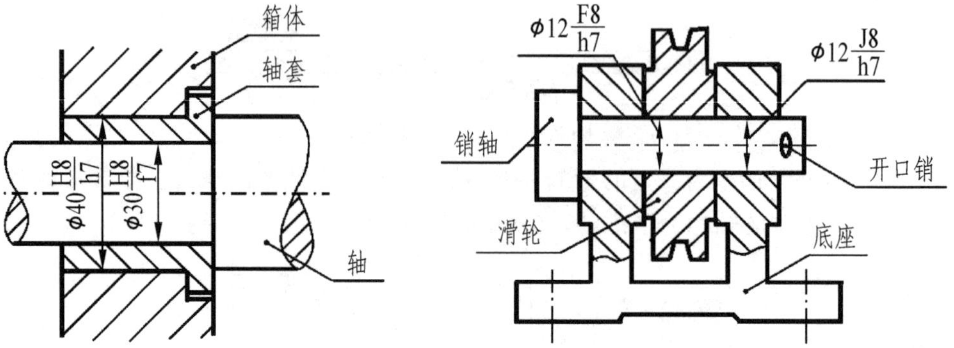

图 2-3-23　装配图中配合的标注

(2)形状和位置公差。

①定义。

零件加工后，不仅会产生表面微观不平整和尺寸误差，还会产生形状和位置误差。

如图 2-3-24(a)所示的圆轴，加工后其形体发生了弯曲，如图(b)所示，这种形状上的不准确，属于形状误差。

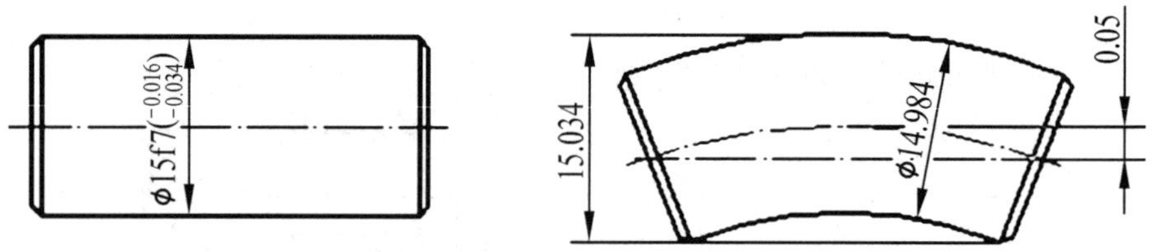

图 2-3-24　形状误差

如图 2-3-25(a)所示φ20H8 和φ15H8 两孔轴线要求在同一直线上，加工后，两孔轴线出现了偏差，如图(b)所示。这种两孔轴线在相互位置上的偏移，属于位置误差。

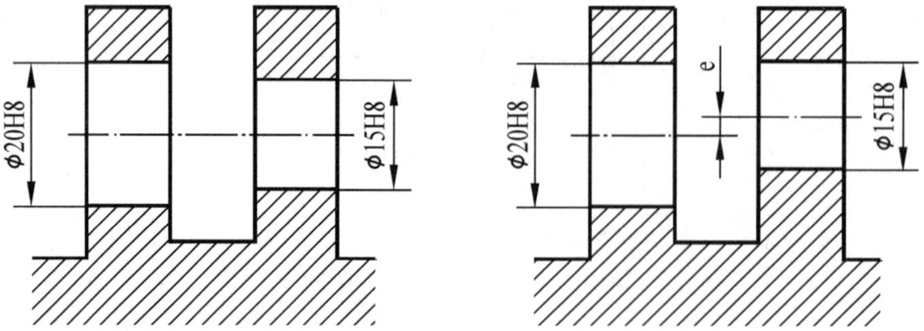

图 2-3-25　位置误差

小提示： 形状公差和位置公差统称为形位公差。

②形位公差的种类、项目及符号,见表 2-3-2。

表 2-3-2　形位公差的种类、项目及符号

分类	项目	符号	有无基准要求
形状公差	直线度	—	无
	平面度	▱	
	圆度	○	
	圆柱度	⌭	
	线轮廓度	⌒	
	面轮廓度	⌓	

分类		项目	符号	有无基准要求
位置公差	定向	平行度	//	有
		垂直度	⊥	
		倾斜度	∠	
	定位	同轴度	◎	
		对称度	⌯	
		位置度	⌖	
	跳动	圆跳动	↗	
		全跳动	⌰	

③形位公差代号和标注方法。

a.形位公差代号。如图 2-3-26 所示。

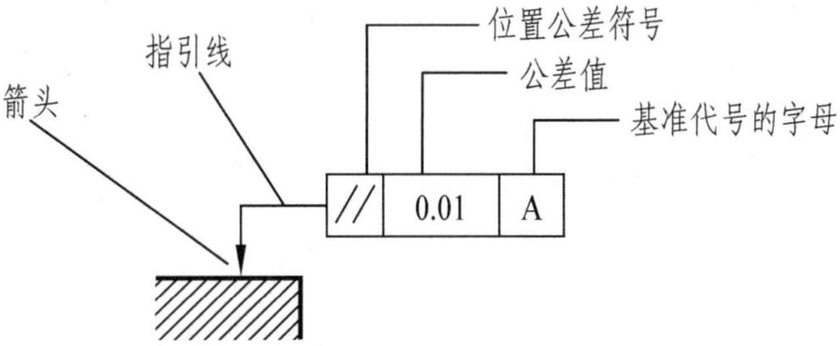

图 2-3-26　形位公差代号

小提示:形位公差代号的框格高为 $2h$(h 为字体高度)。

b.基准代号。如图 2-3-27 所示。

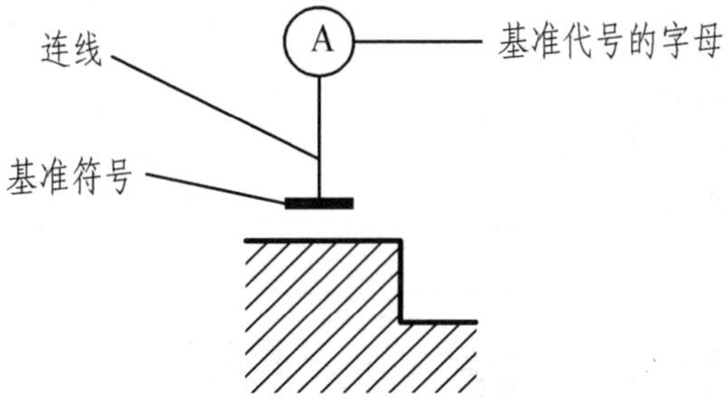

图 2-3-27　基准代号

小提示:基准代号由基准符号、连线、圆圈和基准代号的字母组成。圆圈直径与框格高度相等。字母用大写拉丁字母水平书写,高度与图样中的字体相同。

c.被测要素或基准要素的标注方法。见表 2-3-3。

表 2-3-3　被测要素或基准要素的标注方法

序号	解释	图例
1	当被测要素或基准要素为线或表面时，箭头应垂直指向该要素的轮廓线或其延长线，箭头应与轮廓线接触；基准符号应靠近基准要素的轮廓线或其延长线；箭头或基准符号与该要素的尺寸线明显错开	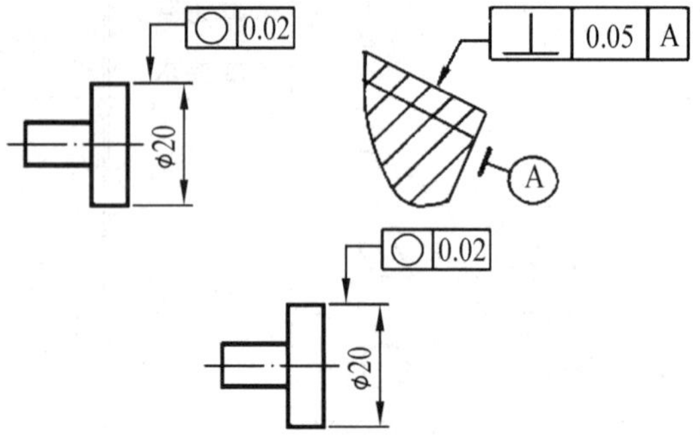
2	被测要素或基准要素指向实际表面时，箭头或基准符号可置于带点的参考线上，该点指在实际表面上	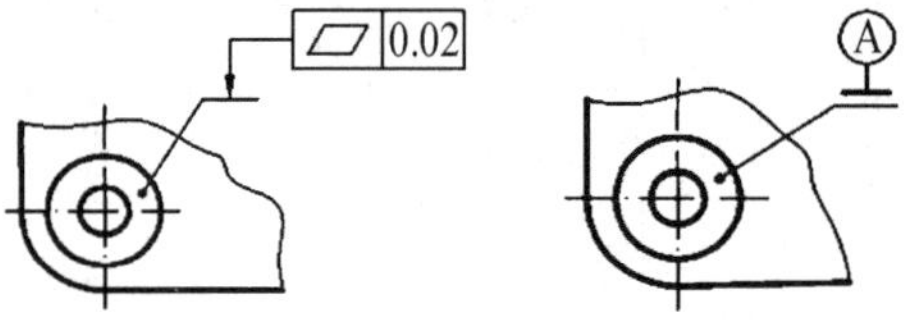
3	被测要素或基准要素为轴心线、对称中心面、球心时，箭头或基准代号上的连线与该结构要素的尺寸线对齐	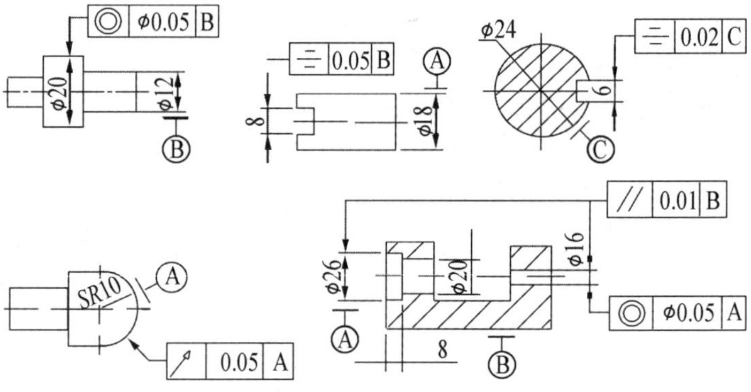
4	同一被测要素有多项形位公差要求时，框格可绘制在一起，并使用一条指引线	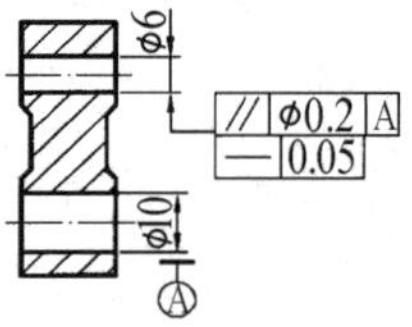
5	多个被测要素有同一形位公差要求时，若位置合适，可以使用一个框格，并从指引线上引出多个箭头，指向被测要素	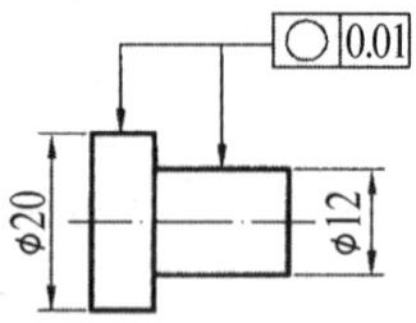
6	对形位公差有附加说明时，可在框格的上方或下方用简短的文字或数字写明	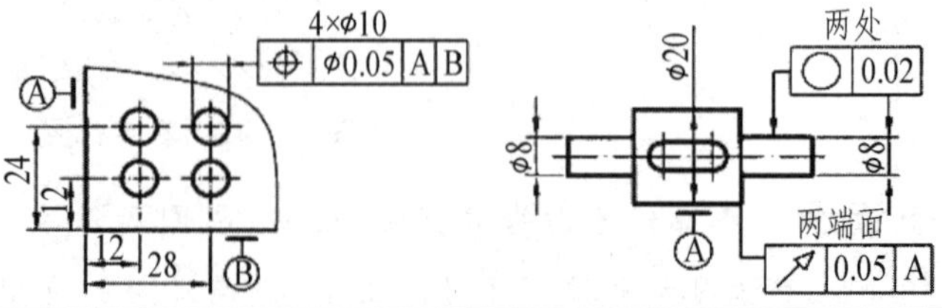

小提示： 识读图 2-3-28 所示阶梯轴上的形位公差，并说出其含义。

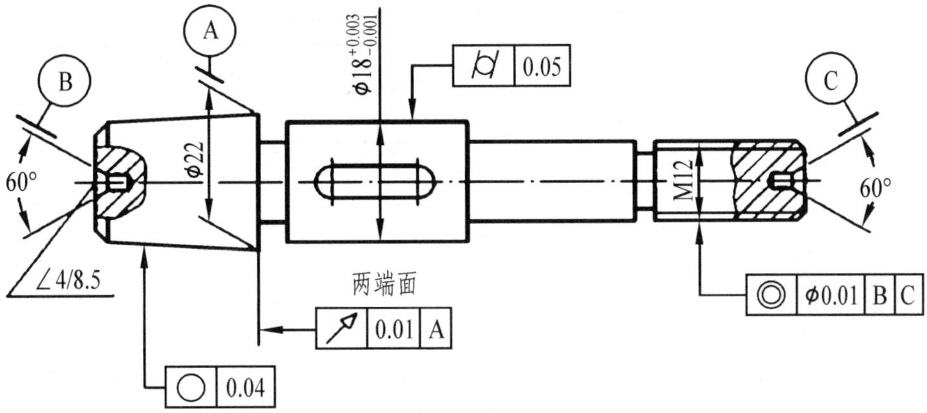

图 2-3-28　阶梯轴形位公差的标注

| ↗ | 0.01 | A | 直径为φ22 圆锥的大、小两端面对该段轴的轴心线圆跳动公差为 0.01 mm。

| ○ | 0.04 | 圆锥体任一正截面的圆度公差为 0.04 mm。

| ⌭ | 0.05 | φ18 段圆柱面的圆柱度公差为 0.05 mm。

| ◎ | φ0.01 | B | C | M12 外螺纹的轴心线对两端中心孔轴心线的同轴度公差为φ0.01 mm。

(3)表面粗糙度。

①概念。

表面粗糙度是指零件的加工表面上具有的较小间距和峰谷所形成的微观几何形状特性。如图 2-3-29 所示。

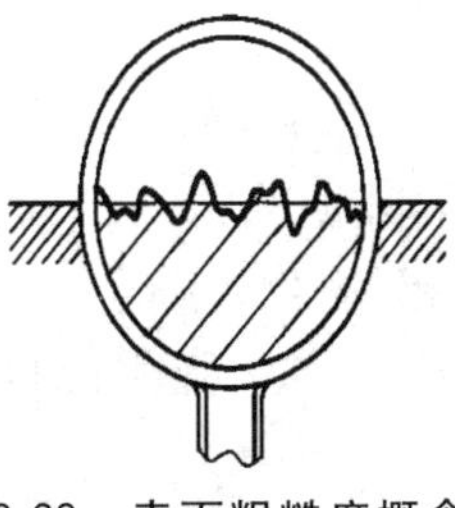

图 2-3-29　表面粗糙度概念示意

②主要评定参数,轮廓算术平均偏差(Ra)。

在一个取样长度内,轮廓偏距(Y 方向上轮廓线上的点与基准线之间的距离)绝对值的算术平均值。如图 2-3-30 所示。

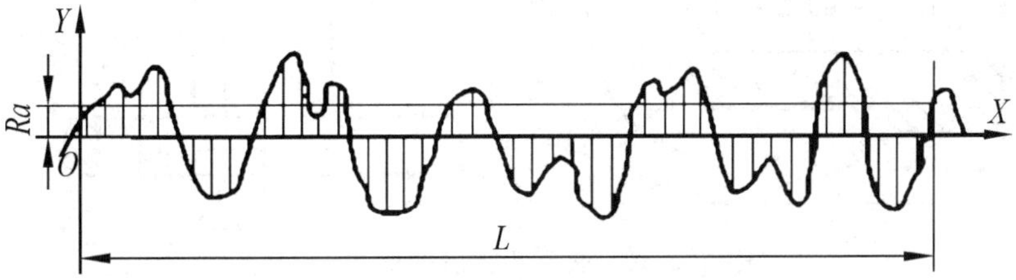

图 2-3-30　轮廓算术平均偏差 Ra

③表面粗糙度的符号、代号及其意义。见表 2-3-4 和表 2-3-5。

表 2-3-4　表面粗糙度的符号及意义

符号	意义	符号画法
	用任何方法获得的表面(单独使用无意义)	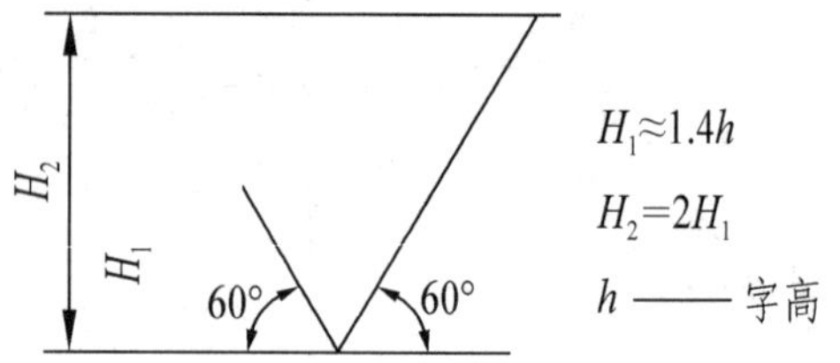
	用去除材料的方法获得的表面	
	用不去除材料的方法获得的表面	

表 2-3-5　表面粗糙度的代号及意义

代号	意义	代号	意义
3.2	意义用任何方法获得的表面粗糙度，*Ra* 的上限值为 3.2 μm	3.2max	用任何方法获得的表面粗糙度，*Ra* 的最大值为 3.2 μm
3.2	用去除材料的方法获得的表面粗糙度，*Ra* 的上限值为 3.2 μm	3.2max	用去除材料的方法获得的表面粗糙度，*Ra* 的最大值为 3.2 μm
3.2	用不去除材料的方法获得的表面粗糙度，*Ra* 的上限值为 3.2 μm	3.2max	用不去除材料的方法获得的表面粗糙度，*Ra* 的最大值为 3.2 μm
3.2 1.6	用去除材料的方法获得的表面粗糙度，*Ra* 的上限值为 3.2 μm，*Ra* 的下限值为 1.6 μm	3.2max 1.6min	用去除材料的方法获得的表面粗糙度，*Ra* 的最大值为 3.2 μm，最小值为 1.6 μm

④表面粗糙度在图样上的标注方法。

a.在同一图样上，每一表面只标注一次粗糙度代号，且应标注在可见轮廓线、尺寸界线、引出线或它们的延长线上，符号的尖端必须从材料外指向表面，并尽可能靠近有关尺寸线。

b.当零件大部分表面具有相同的粗糙度要求时，对其中使用最多的一种代(符)号，可统一标注在图样的右上角，并加注“其余”两字。所注代号和文字大小是图样上其他表面所注代号和文字的 1.4 倍。如图 2-3-31 所示。

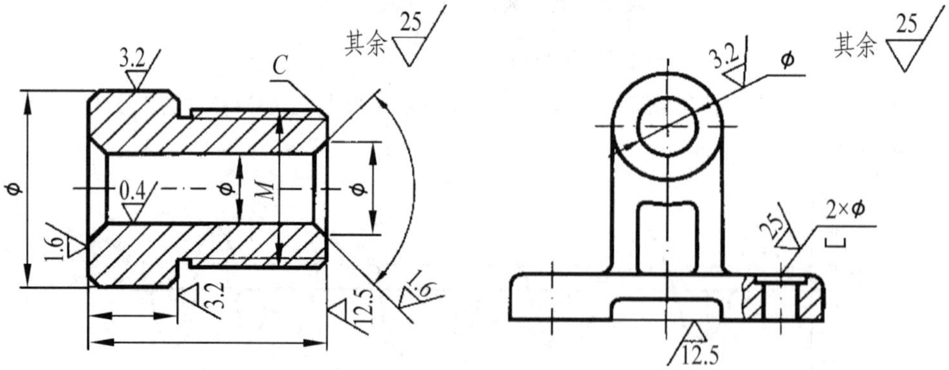

图 2-3-31　表面粗糙度的标注(一)

c.在不同方向的表面上标注时，代号中的数字及符号的方向必须按图 2-3-32 所示规定标注。代号中的数字方向应与尺寸数字的方向一致。

d.标注示例。如图 2-3-33 所示。

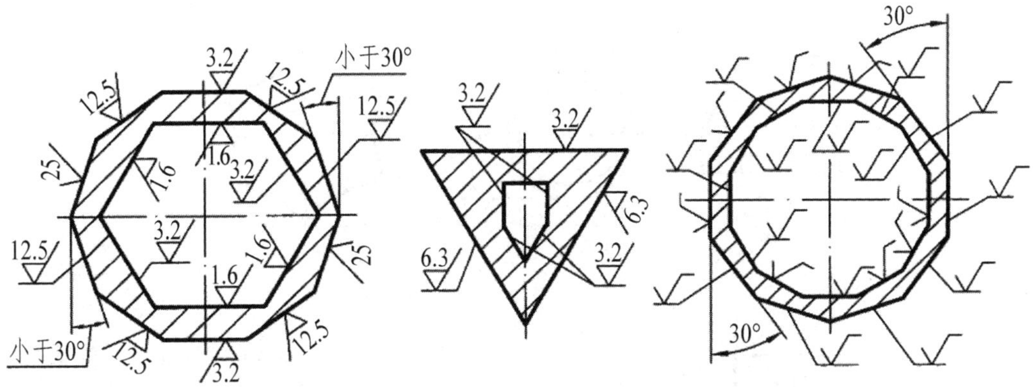

图 2-3-32　表面粗糙度的标注(二)

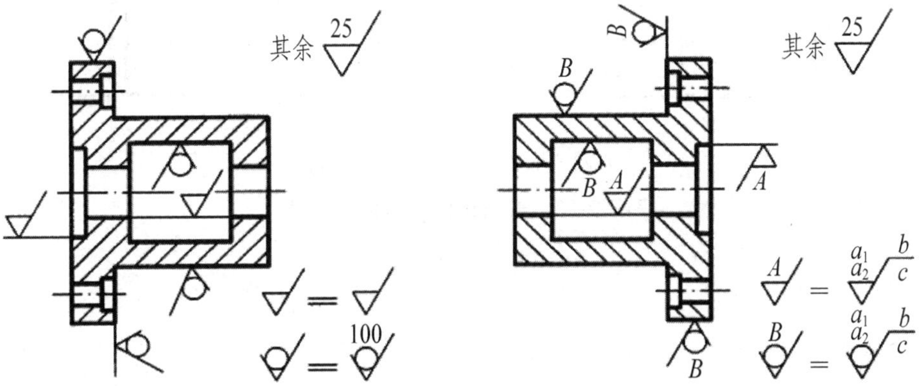

(a)统一标注和简化标注

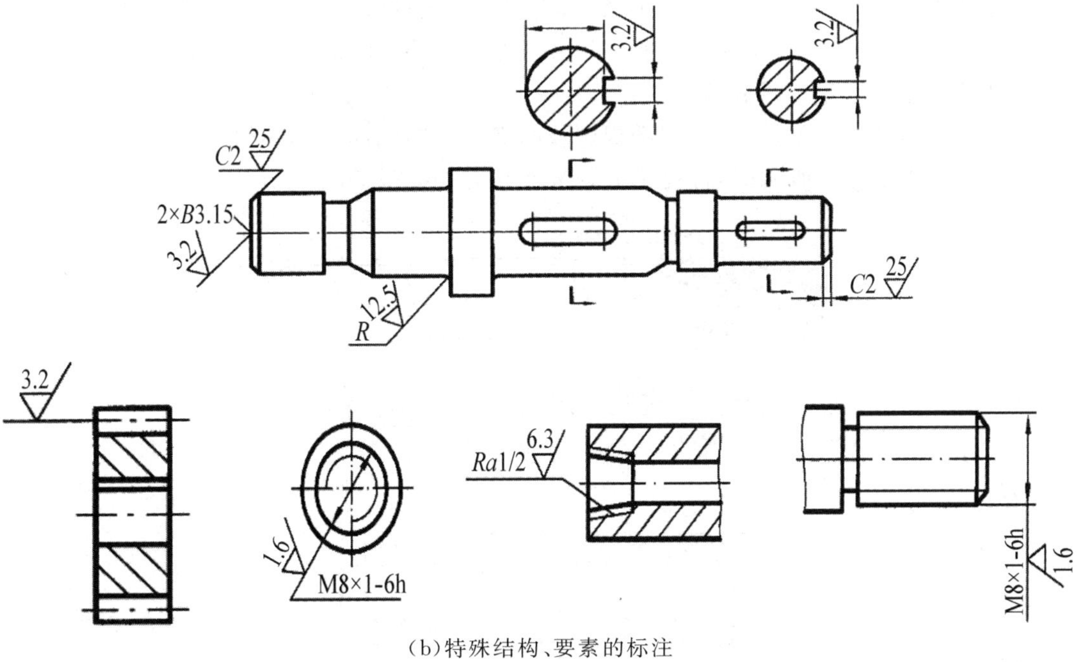

(b)特殊结构、要素的标注

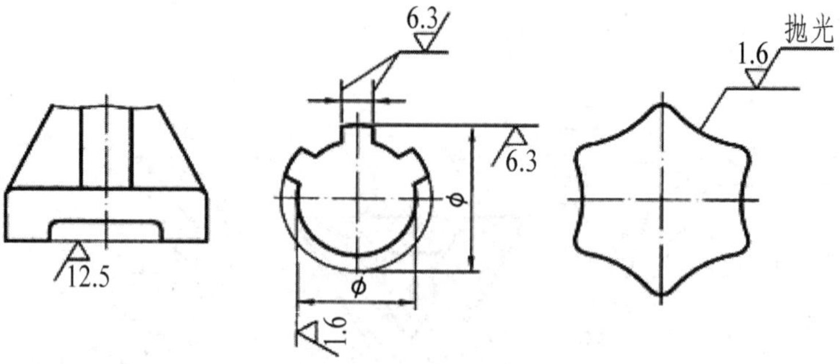

(c)连续表面及重复要素的标注

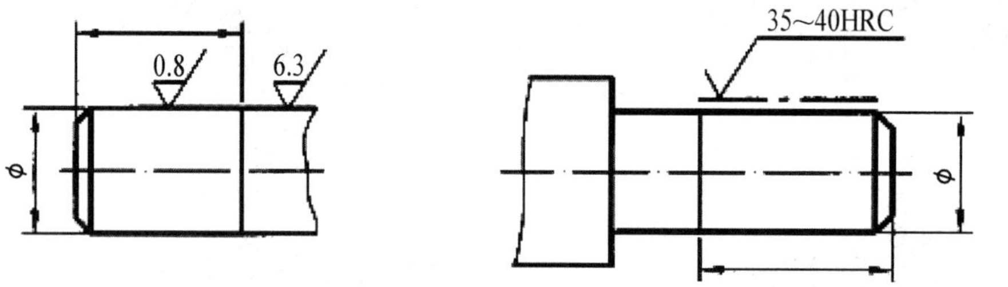

(d)同一表面有不同要求的标注

图 2-3-33　表面粗糙度的标注(三)

四、常用零件的画法

1.螺纹的规定画法(图 2-3-34)

①牙顶用粗实线表示(外螺纹的大径线,内螺纹的小径线)。

②牙底用细实线表示(外螺纹的小径线,内螺纹的大径线)。

③在投影为圆的视图上,表示牙底的细实线圆只画约 3/4 圈。

④螺纹终止线用粗实线表示。

⑤不论是内螺纹还是外螺纹,其剖视图或断面图上的剖面线都必须画到粗实线。

⑥当需要表示螺纹收尾时,螺尾部分的牙底线与轴线呈 30°。

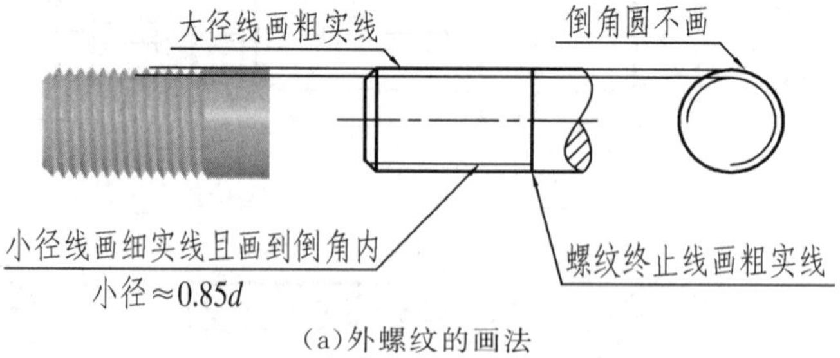

(a)外螺纹的画法

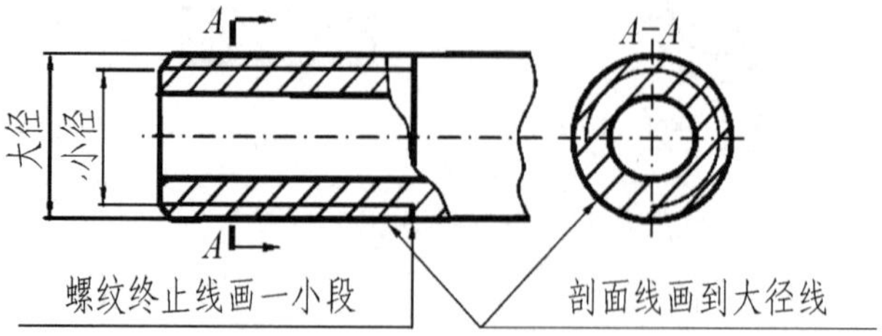

(b)外螺纹的剖视画法

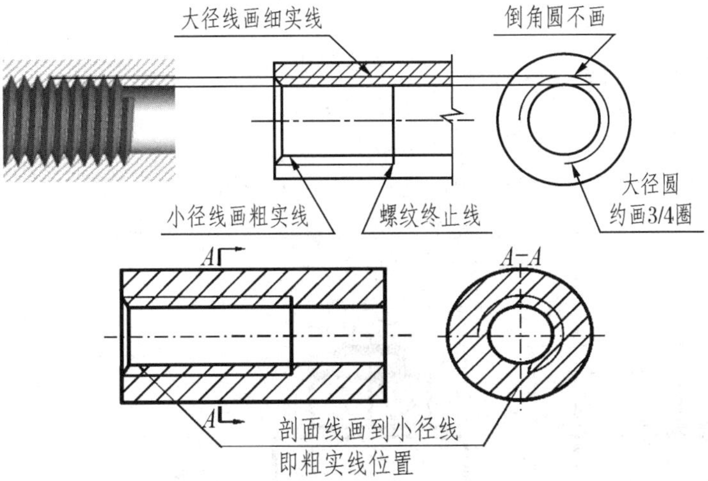

(c)内螺纹的画法

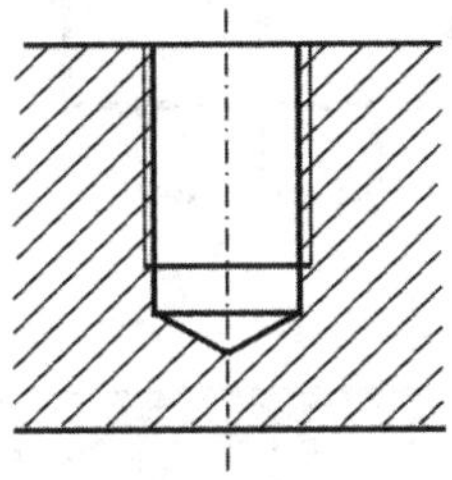

(d)不通孔内螺纹的画法

图 2-3-34　螺纹的规定画法

2.螺纹连接的画法(图 2-3-35)

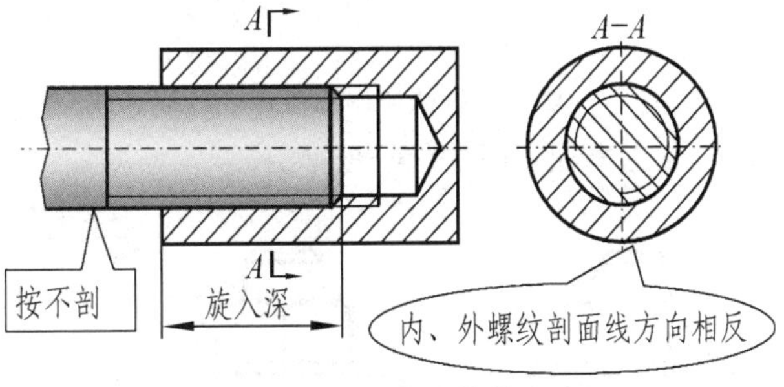

图 2-3-35　螺纹连接的画法

小提示：

(1)大径线和大径线对齐；小径线和小径线对齐。

(2)旋合部分按外螺纹画；其余部分按各自的规定画。

3.螺栓连接

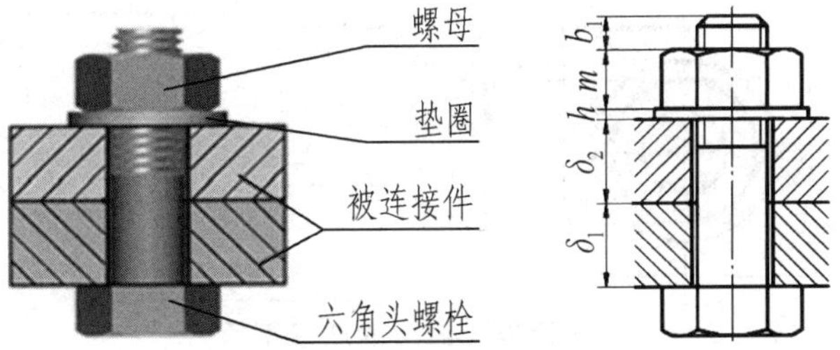

图 2-3-36　螺栓连接

(1)步骤：

①根据公称直径查阅有关标准得出：$\begin{cases}\text{螺母厚度为 } m \\ \text{垫圈厚度为 } h\end{cases}$

②计算螺栓公称长度 L，如图 2-3-36 所示。

$$L \geqslant \delta_1 + \delta_2 + h + m + b_1, (b_1 \approx 0.2 \sim 0.3d)$$

③根据公称长度的计算值 L，在螺栓标准的 L 长度系列值中，选取标准长度 L。

(2)螺栓连接的比例画法：如图 2-3-37 所示。

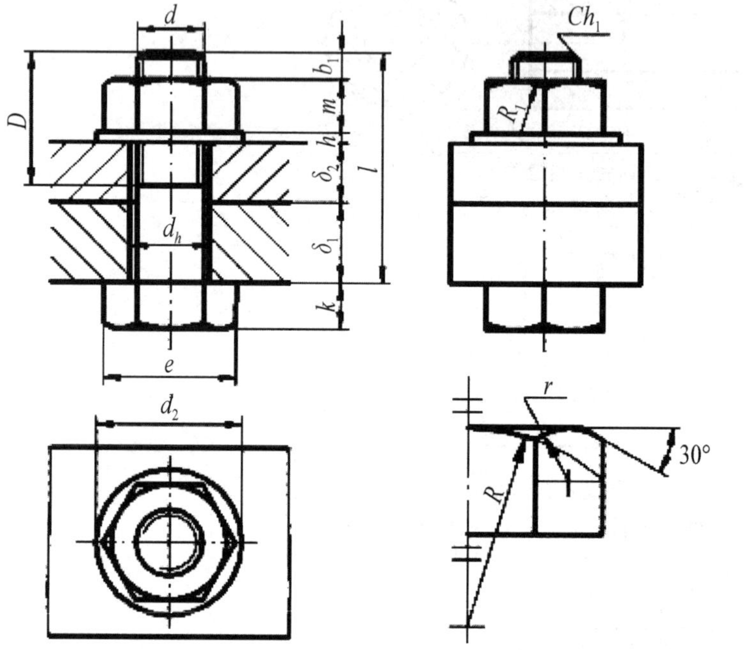

$d_h=1.1d$

$k=0.7d$

$e=2d$

$h=0.15d$

$d_2=2.2d$

$m=0.8d$

$b_1=(0.2\sim0.3)d$

$b=(1.5\sim2)d$

$h_1\geqslant0.1d$

$R=1.5d$

$R_1=d$

r由作图决定

图 2-3-37　螺栓连接的比例画法

(3)画螺栓连接图时的注意事项：如图 2-3-38 所示。

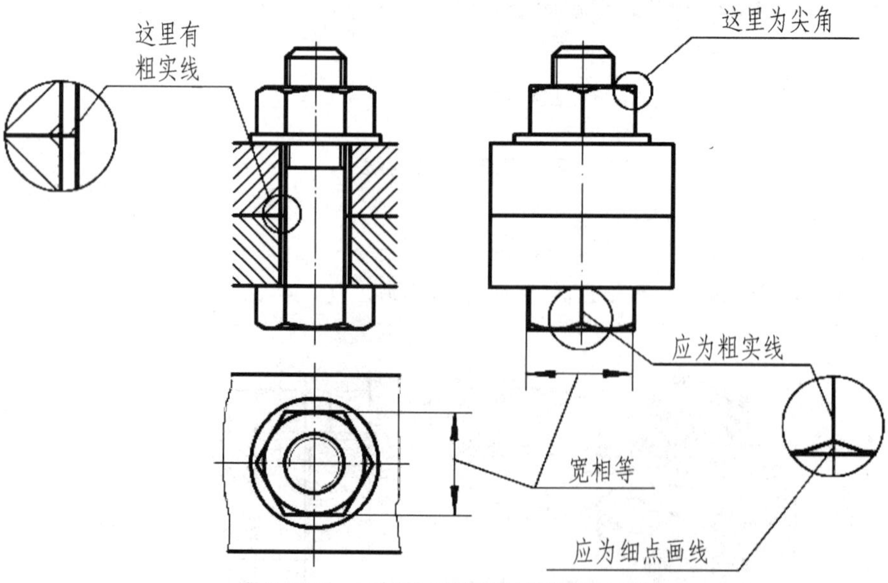

图 2-3-38　画螺栓连接图时的注意事项

4.双头螺柱连接

(1)步骤:

①根据公称直径查阅有关标准得出:$\begin{cases}螺母厚度为\ m\\垫圈厚度为\ h\end{cases}$

②计算螺柱的近似长度 L,如图 2-3-39 所示。

$$L \geqslant \delta + h + m + b_1,(b_1 \approx 0.2 \sim 0.3d)$$

③根据计算出的近似长度 L,在螺柱标准的 L 长度系列值中,选取标准长度 L。

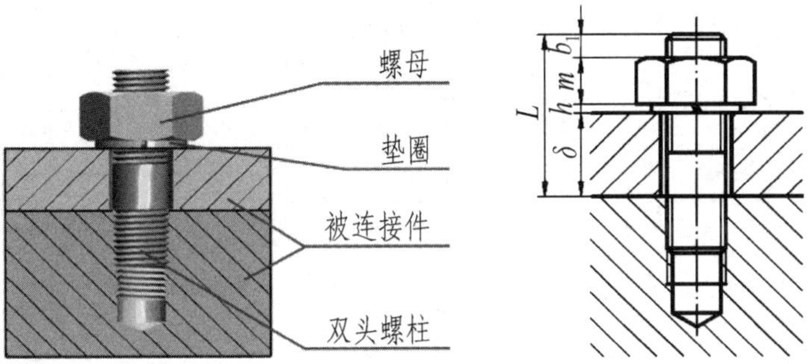

图 2-3-39 双头螺柱连接

(2)双头螺柱连接的比例画法。如图 2-3-40 所示。

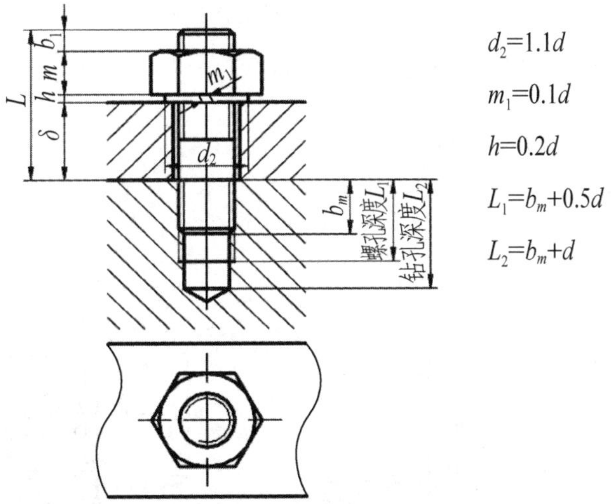

图 2-3-40 双头螺柱连接的比例画法

小提示: 弹簧垫圈开槽方向与水平方向倾斜 75°;图中未注出比例值的尺寸,与螺栓连接装配图中对应处的比例画法相同。

5.螺钉连接

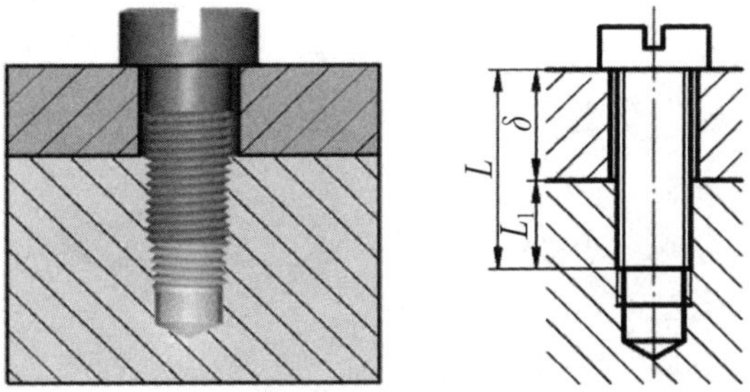

图 2-3-41 螺钉连接

(1)步骤：

①计算螺钉的近似长度 L，如图 2-3-41 所示。

$$L \geqslant \delta + L_1$$

②根据计算出的近似长度 L，在螺钉标准的 L 长度系列值中，选取标准长度 L。

(2)螺钉连接的比例画法。如图 2-3-42 所示。

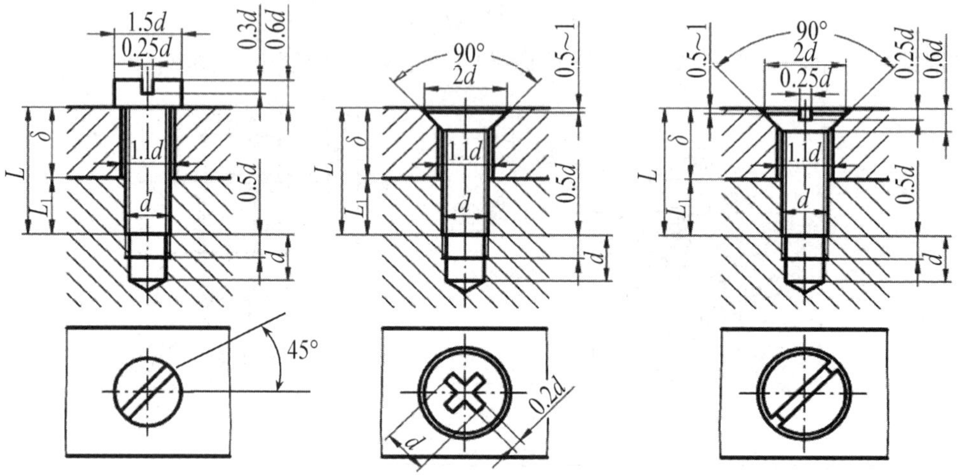

图 2-3-42　螺钉连接的比例画法

小提示： 螺钉头部起子槽的画法，它在主、俯两个视图之间是不符合投影关系的，在俯视图上要与圆的对称中心线呈 45°倾斜。

(3)紧定螺钉的连接画法。如图 2-3-43 所示。

紧定螺钉用来固定两个零件的相对位置，使它们不产生相对运动。

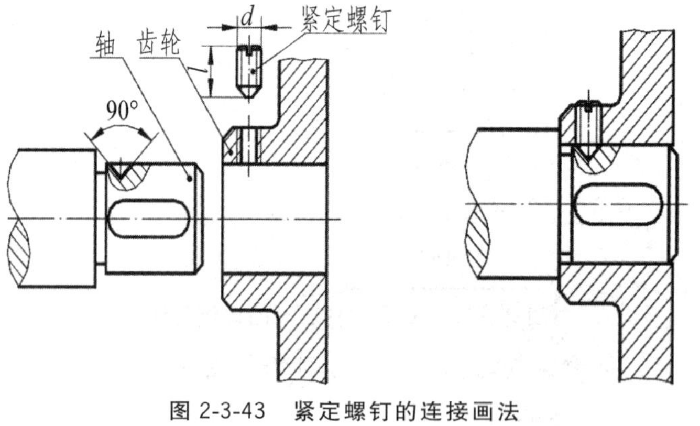

图 2-3-43　紧定螺钉的连接画法

6.键连接(图 2-3-44)

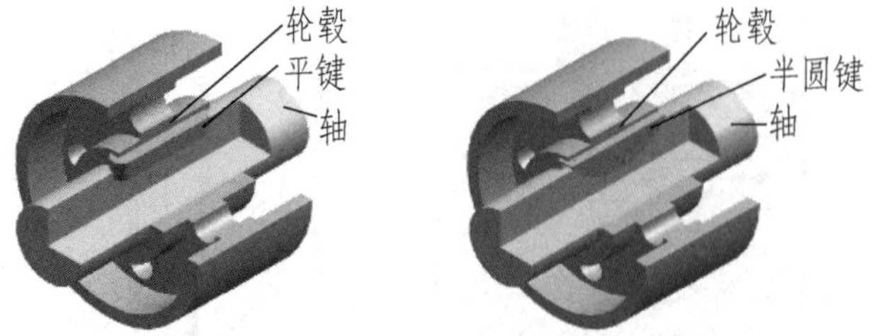

(a)普通平键联结　　(b)半圆键联结

图 2-3-44　键连接

(1)键的功用。

键是标准件，用来联结轴与安装在轴上的皮带轮、齿轮或链轮等，起着传递扭矩的作用。

(2)键的种类(图 2-3-45)。

(a)普通平键

(b)半圆键

(c)钩头楔键

图 2-3-45 键的种类

(3)键连接的画法(如图 2-3-46 所示)。

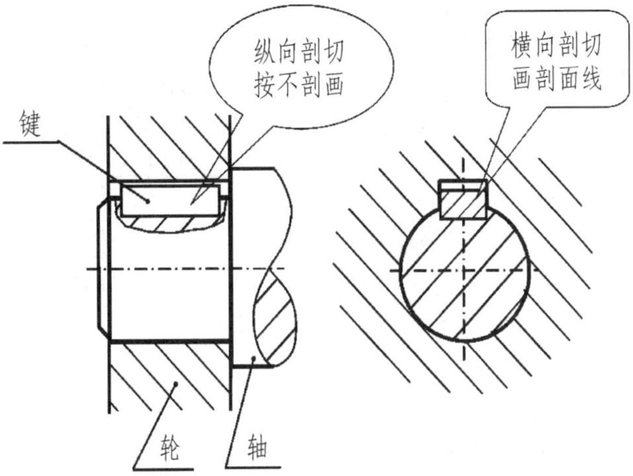

(a)普通平键连接的画法

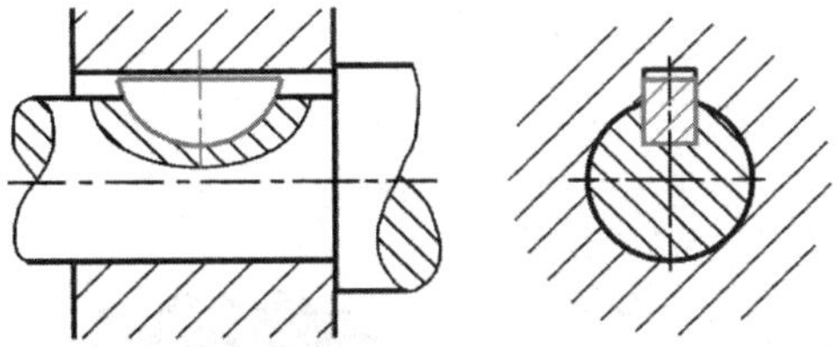

(b)半圆键连接的画法

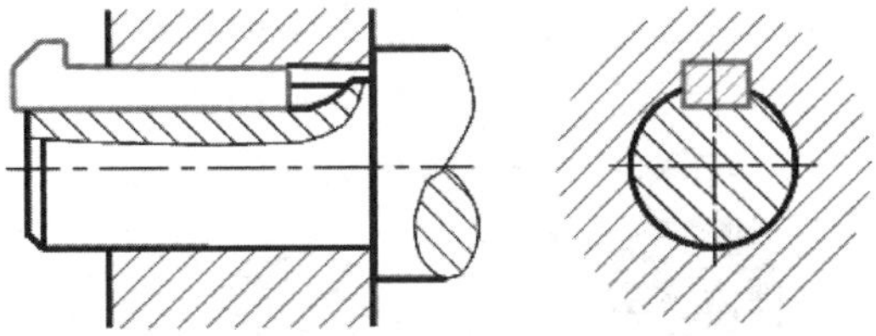

(c)钩头楔键连接的画法

图 2-3-46 键连接的画法

7.销连接(图 2-3-47)

(1)销的功用。

圆柱销和圆锥销通常用于零件间的连接或定位，而开口销则用来防止螺母回松或固定其他零件。

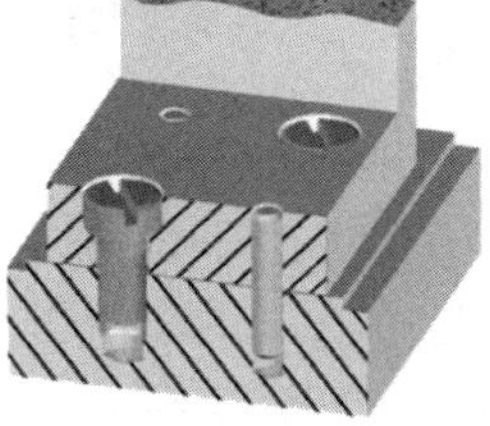

(a)圆柱销定位

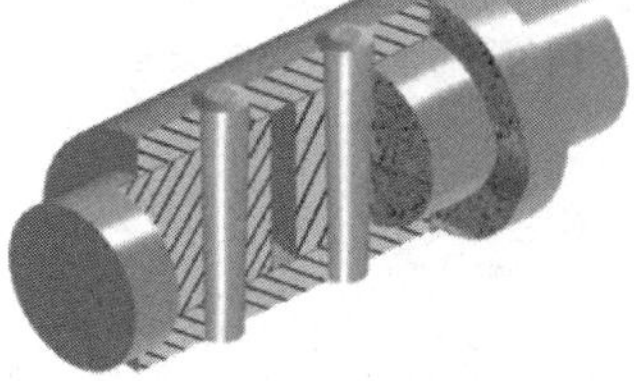

(b)圆锥销连接

(c)开口销防松

图 2-3-47 销连接

(2)销的种类(图 2-3-48)。

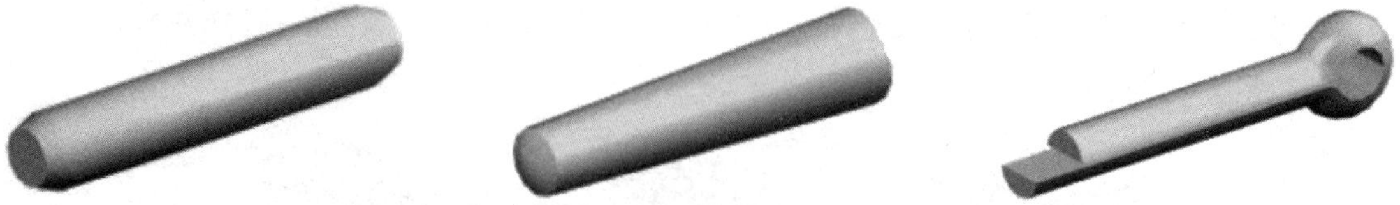

(a)圆柱销　(b)圆锥销　(c)开口销

图 2-3-48　销的种类

(3)销连接的画法(图 2-3-49)。

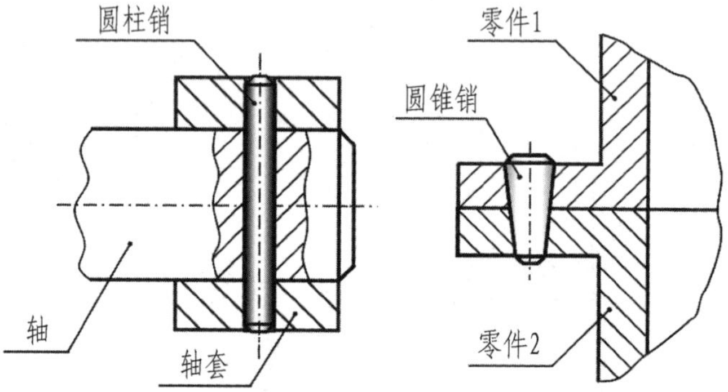

图 2-3-49　销连接的画法

8.齿轮

(1)齿轮的作用。

传递运动和动力;改变轴的转速与转向。

(2)齿轮的种类(图 2-3-50)。

①圆柱齿轮:用于两平行轴的传动。

②圆锥齿轮:用于两相交轴的传动。

③蜗轮蜗杆:用于两交叉轴的传动。

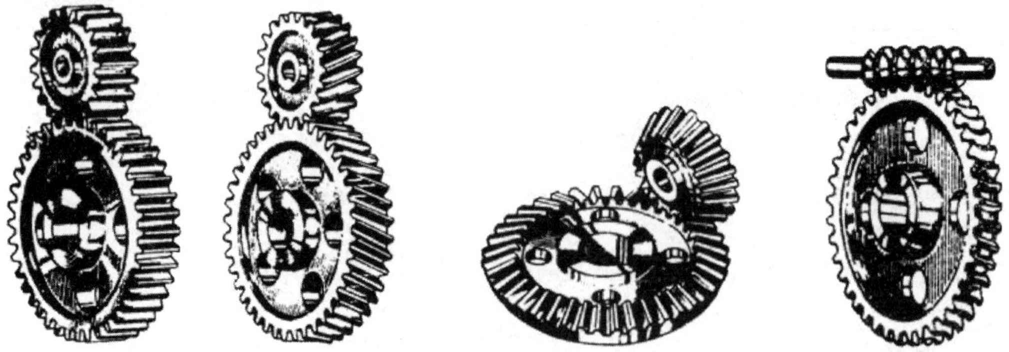

(a)圆柱齿轮　(b)圆锥齿轮　(c)蜗轮蜗杆

图 2-3-50　齿轮的种类

(3)圆柱齿轮。

①圆柱齿轮各部分的名称。如图 2-3-51 所示。

②圆柱齿轮的画法。

a.单个圆柱齿轮的画法。如图 2-3-52 所示。

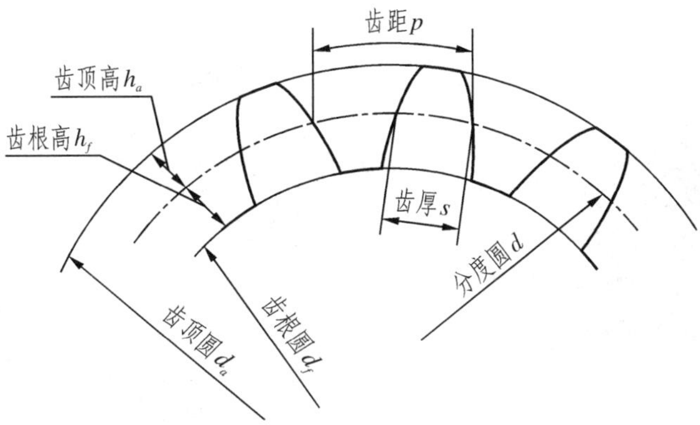

图 2-3-51 圆柱齿轮各部分的名称

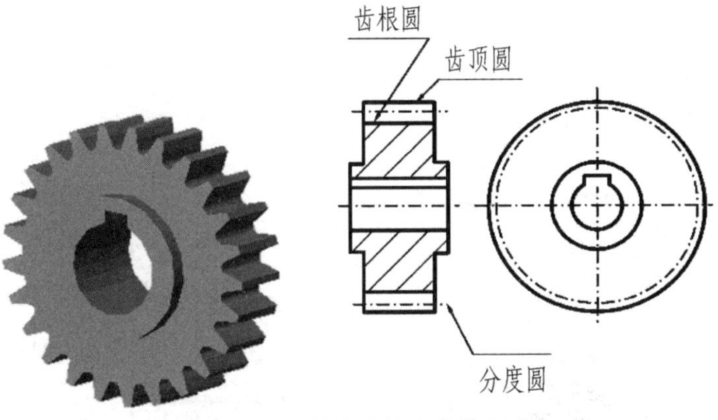

图 2-3-52 单个圆柱齿轮的画法

小提示： Ⅰ.齿顶圆画粗实线。

Ⅱ.分度圆画点画线。

Ⅲ.齿根圆在剖视图中画粗实线，在圆视图中画细实线或省略不画。

Ⅳ.在非圆投影的剖视图中轮齿部分不画剖面线。

b.两圆柱齿轮啮合的画法。如图 2-3-53 所示。

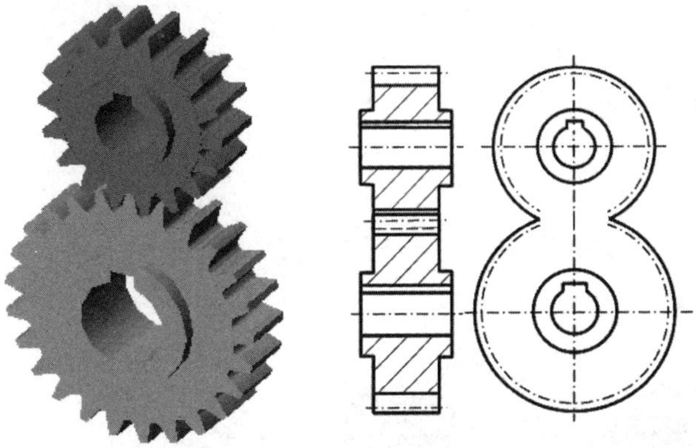

图 2-3-53 两圆柱齿轮啮合的画法

小提示： Ⅰ.在非圆投影的剖视图中，两轮节线重合，画点画线。齿根线画粗实线。齿顶线画法为主动轮为可见，画粗实线，从动轮被遮住，画虚线。

Ⅱ.在投影为圆的视图中，两轮节圆相切，齿顶圆画粗实线，齿根圆画细实线或省略不画。

③齿轮和齿条啮合的画法。如图 2-3-54 所示。

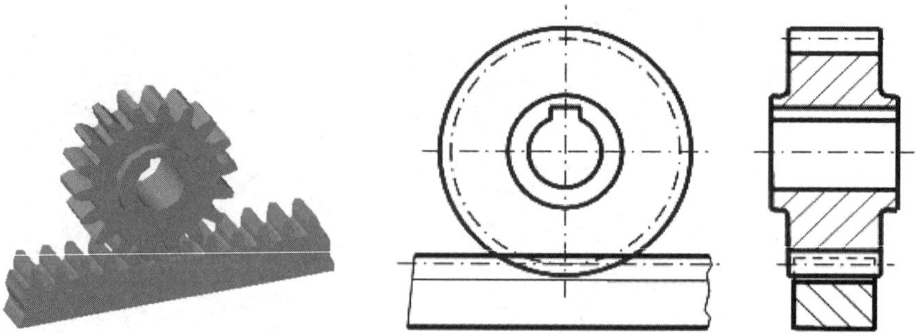

图 2-3-54　齿轮和齿条啮合的画法

小提示：齿轮与齿条啮合的画法与齿轮啮合画法基本相同。

9.滚动轴承

(1)滚动轴承的结构。如图 2-3-55 所示。

由内圈、外圈、滚动体和保持架组成。

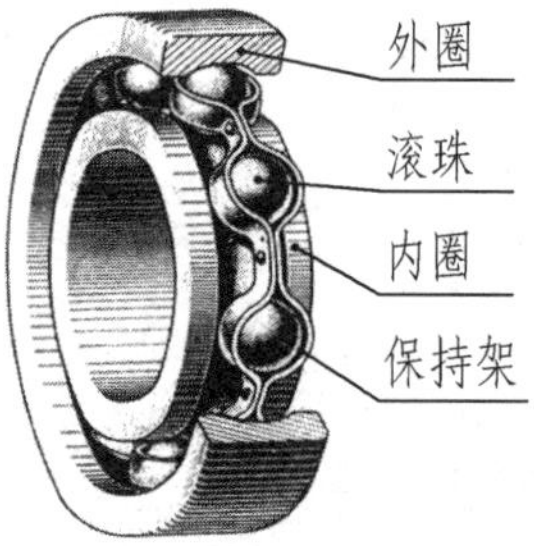

图 2-3-55　滚动轴承的结构

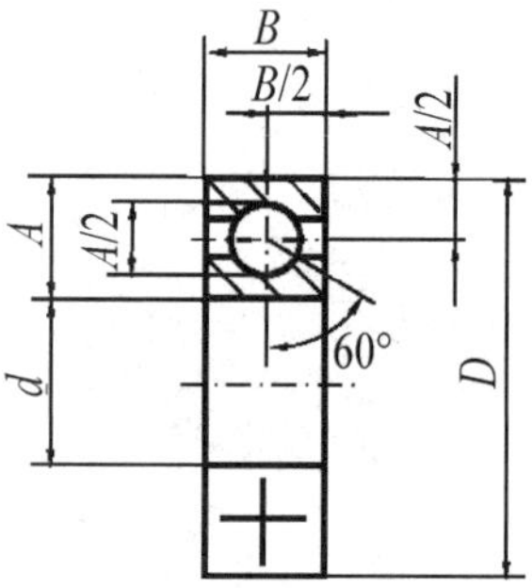

图 2-3-56　滚动轴承简化画法

(2)滚动轴承分类。

按其承受的载荷方向分为：

①向心轴承——主要承受径向力。

②推力轴承——主要承受轴向力。

③向心推力轴承——同时承受径向力和轴向力。

(3)滚动轴承的简化画法。如图 2-3-56 所示。

10.弹簧

(1)弹簧的作用。

弹簧在部件中的作用是减震、复位、夹紧、测力和储能等。

(2)弹簧的种类(图 2-3-57)。

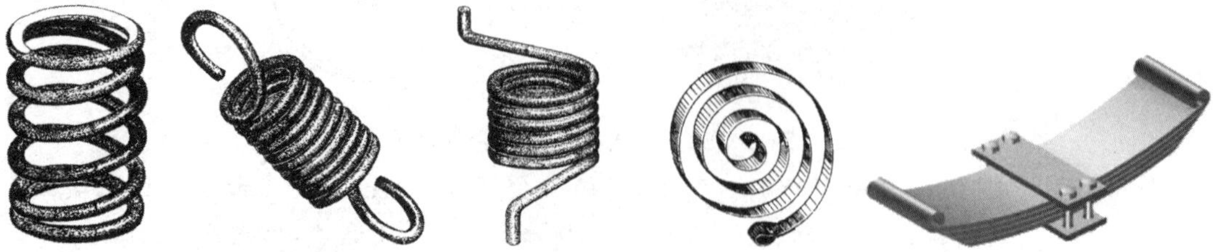

(a)压缩弹簧　(b)拉伸弹簧　(c)扭转弹簧　(d)涡卷弹簧　(e)板弹簧

图 2-3-57　弹簧的种类

(3)弹簧的画法。

①单个弹簧的画法。如图 2-3-58 所示。

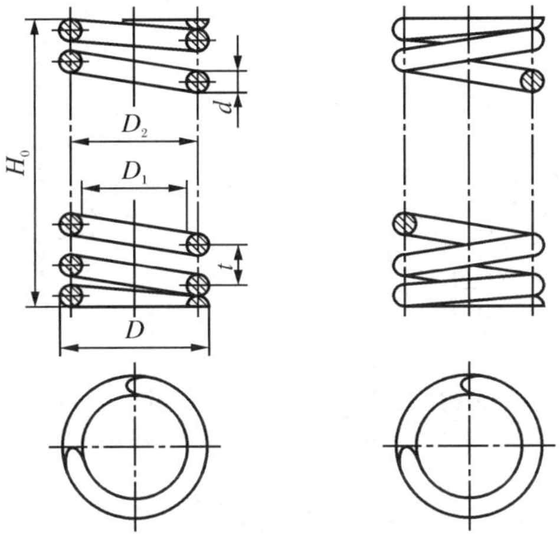

图 2-3-58　单个弹簧的画法

小提示： H_0：弹簧的自由高度；d：簧丝直径；D_2：弹簧外径；D_1：弹簧内径；D：弹簧中径；t：弹簧节距。

②装配图中弹簧的画法。如图 2-3-59 所示。

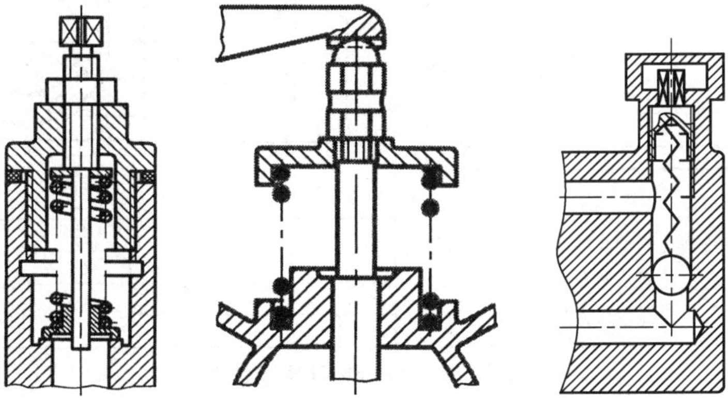

图 2-3-59　装配图中弹簧的画法

小提示：

Ⅰ：弹簧各圈取省略画法后，其后面被挡住的结构一般不画。可见轮廓线只画到弹簧钢丝的断面轮廓或中心线处。

Ⅱ：簧丝直径≤2 mm 的断面可用涂黑表示。

Ⅲ：簧丝直径＜1 mm 时，可采用示意画法。

【任务拓展】

识读如图 2-3-60 所示零件图，分析它的表达方式、尺寸和技术要求。

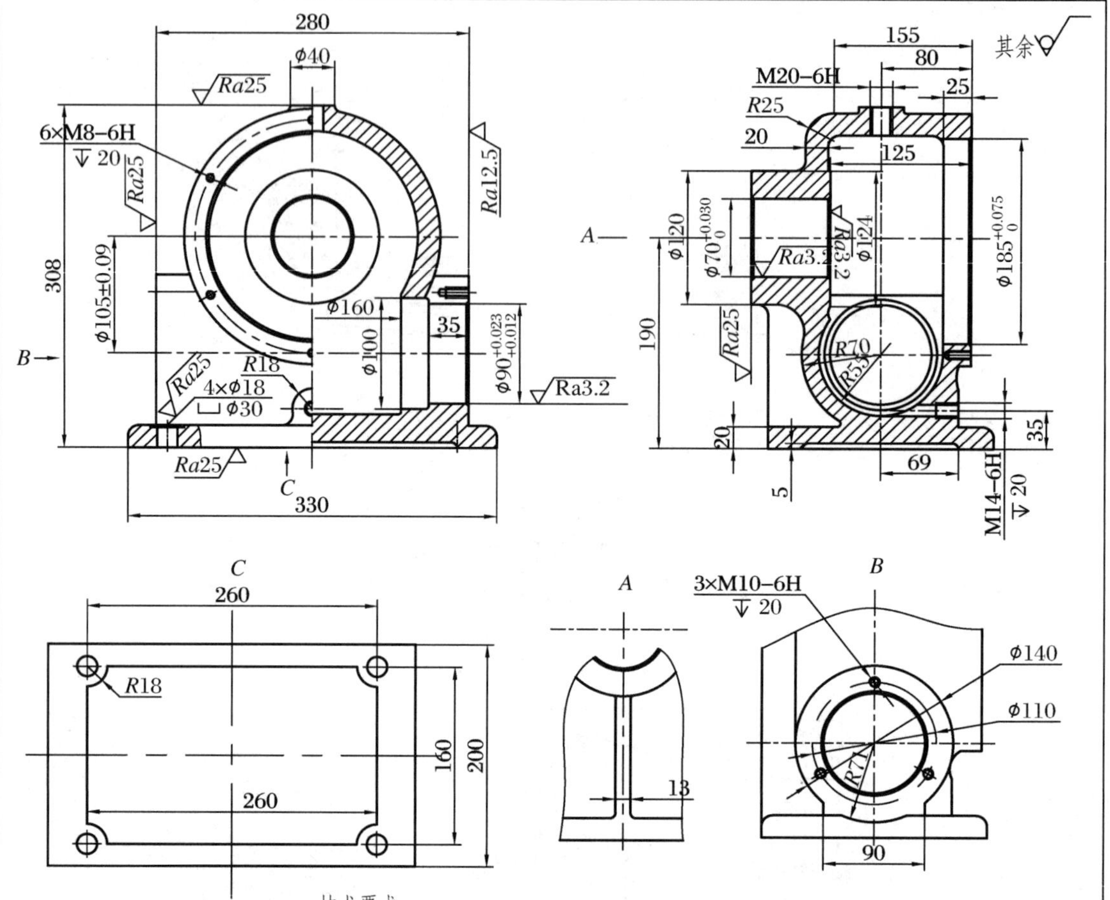

技术要求

1. 铸件不得有裂纹、缩孔等缺陷，
2. 未注铸造圆角均为R10，
3. 未注倒角均为C2。

蜗杆减速器		比例	材　料	图号
		1:4		
制图	（姓名）	（学号）	（校名、班级）	
审核				

图 2-3-60　蜗杆减速箱零件图

任务四 典型汽车部件装配图的识别

【任务目标】

目标类型	目标要求
知识目标	(1)认知装配图的内容 (2)了解装配图的表达方法 (3)认知装配图的尺寸、零件编号及明细栏
技能目标	达到汽车维修中级工如下要求： 运用装配图的相关知识，正确识读装配图
情感目标	(1)养成良好的读图和画图习惯 (2)注意正确识读装配图

【任务描述】

装配图是指导汽车制造、维修和检验的重要技术文件。在汽车生产中，无论是新产品的开发，还是对其他产品进行仿造、改制，都要先画出装配图，由装配图画出零件图；汽车制造部门先根据零件图制造零件，然后再根据装配图将零件装配成汽车或总成；同时，装配图又是汽车维修和检验时不可缺少的标准资料。因此，读懂装配图是一名汽车制造和维修人员必须掌握的基本技能。

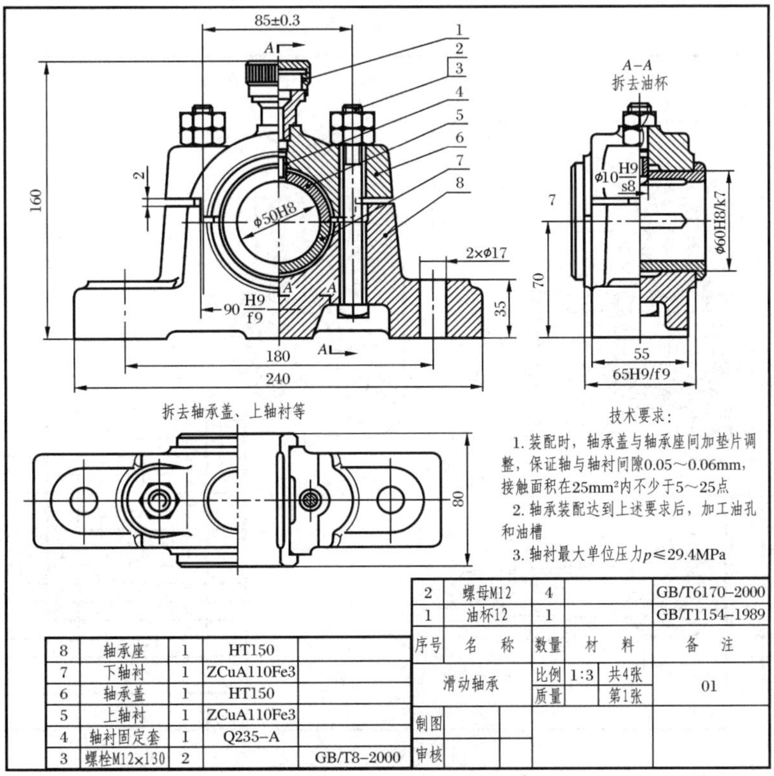

图 2-4-1 装配图

【知识准备】

想一想： 图 2-4-1 所示装配图具有哪些内容？分别采用了什么表达方法？

看一看： 图 2-4-1 的装配图是怎样标注尺寸、零件序号和怎样填写明细栏的？

【任务实施】

一、装配图的作用和内容

1.装配图的概念

装配图是用来表达机器或部件的图样。如图 2-4-2 所示。

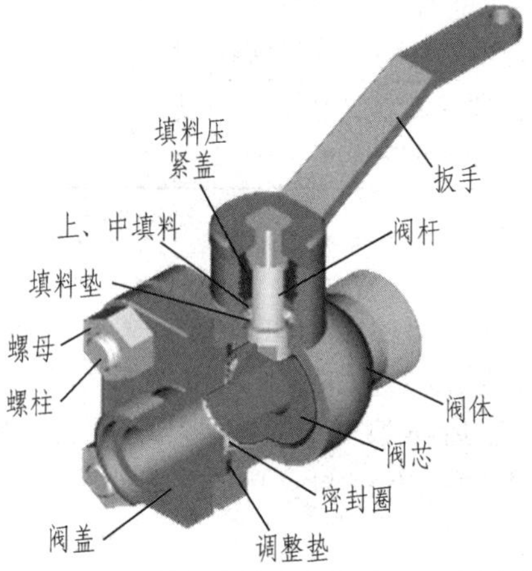

(a)球阀实体

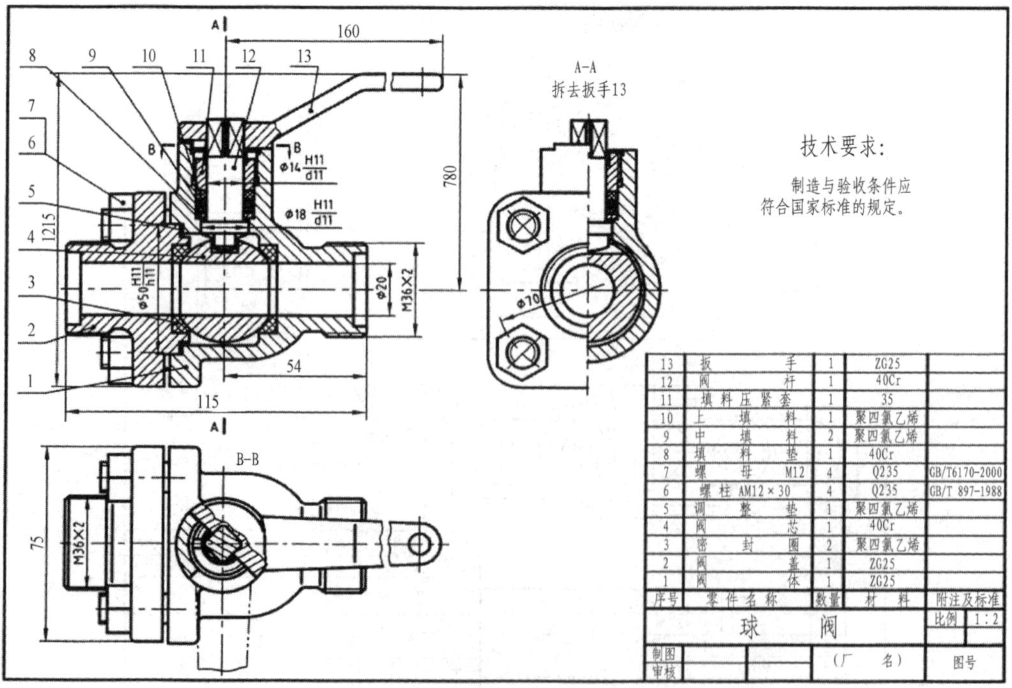

(b)球阀装配图

图 2-4-2 球阀

2.装配图的作用

装配图可以用来表达机器或部件的工作原理、各组成部分的相对位置及装配关系；装配图是制订装配工艺规程，进行装配、检验、安装及维修的技术文件。

3.装配图的内容

(1)一组视图。

常用一组视图表示机器(或部件)的工作原理和结构特点、零件的相互位置、装配关系和重要零件的结构形状。

(2)必要的尺寸。

装配图上只要求标注出表示机器(或部件)的规格、性能、装配、检验及安装所需要的一些尺寸。

(3)技术要求。

在装配图中应标注出机器(或部件)的装配、安装、检验和运转的技术要求。

(4)零件序号及明细栏。

在装配图上，应对每个不同的零件(或组件)编写序号，在零件明细栏中依次填写零件的序号、名称、件数、材料等内容。

(5)标题栏。

二、装配图的规定画法和特殊画法

1.装配图的规定画法

(1)相邻零件的接触表面和配合表面只画一条线；不接触表面和非配合表面画两条线。如图 2-4-3 所示。

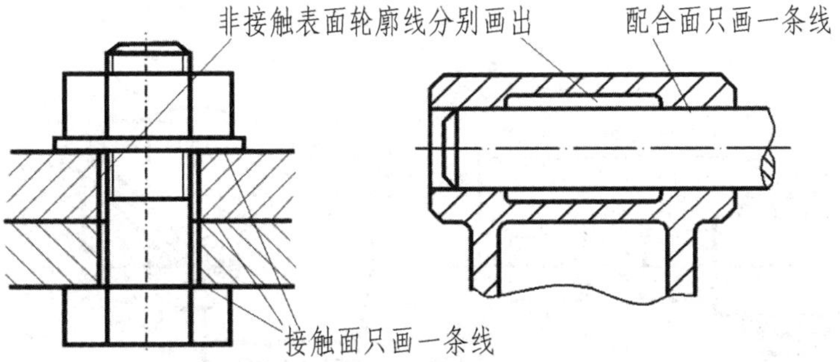

图 2-4-3 相邻零件表面线条画法

(2)两个(或两个以上)零件邻接时，剖面线的倾斜方向应相反或间隔不同。但同一零件在各视图上的剖面线方向和间隔必须一致。如图 2-4-4 所示。

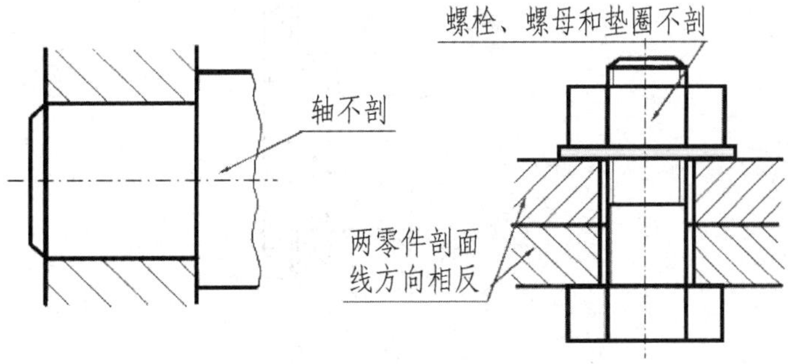

图 2-4-4 相邻零件剖面线画法

(3)标准件和实心件按不剖画。如图 2-4-4 所示。

2.装配图的规定画法

(1)沿零件结合面剖切的画法。

假想沿某些零件的结合面剖切，绘出其图形，以表达装配体内部零件间的装配情况。此时结合面上不画剖面线。如图 2-4-5 所示。

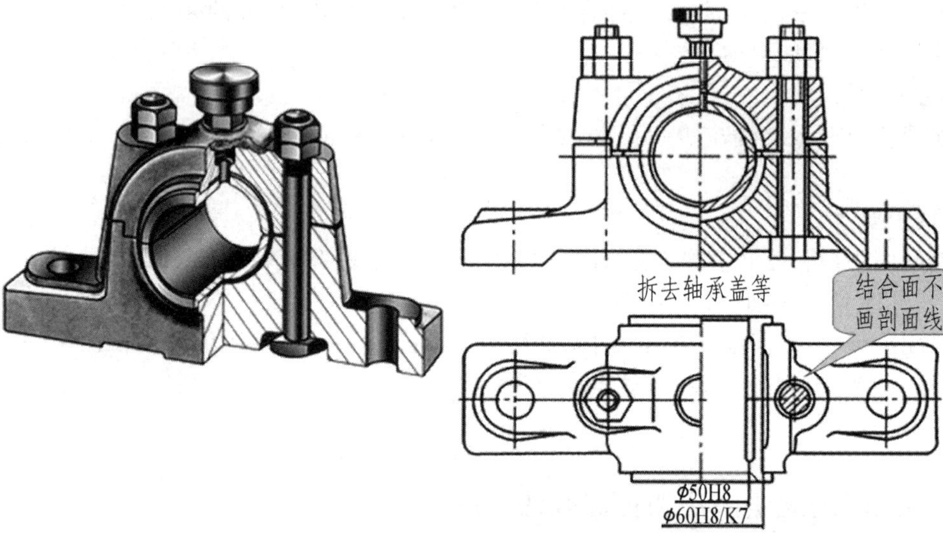

图 2-4-5　沿零件结合面剖切的画法

(2)假想画法。

与本装配体有关但不属于本装配体的相邻零部件，以及运动机件的极限位置，可用双点画线表示。如图 2-4-6 所示。

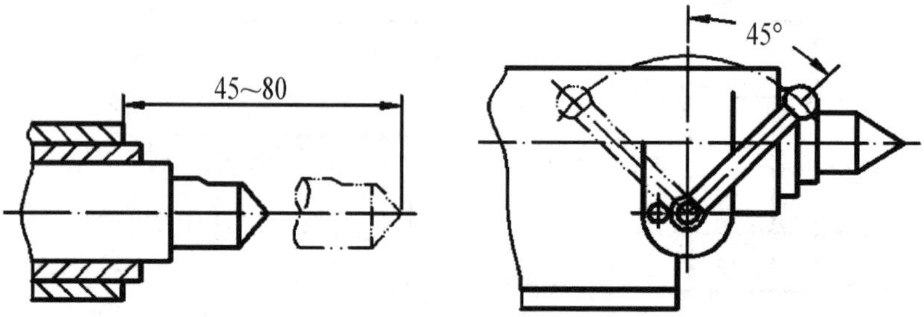

图 2-4-6　假想画法

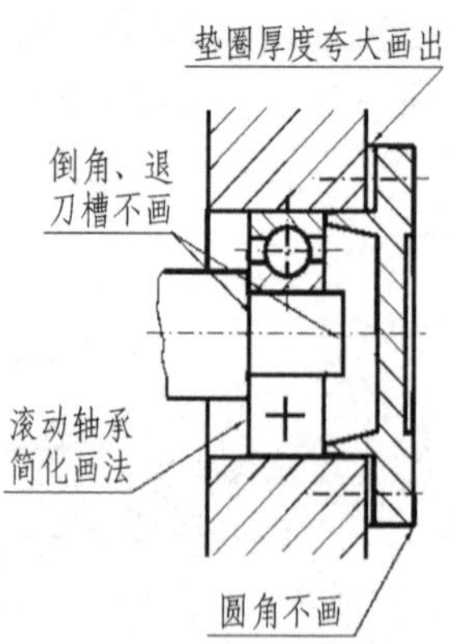

图 2-4-7　装配图的夸大画法和简化画法

(3)夸大画法。

薄垫片的厚度、小间隙等可适当夸大画出。如图 2-4-7 所示。

(4)简化画法。

零件的工艺结构,如倒角、圆角、退刀槽等可不画。滚动轴承、螺栓连接等可采用简化画法。如图 2-4-7 所示。

三、装配图视图的选择

1.视图选择的要求

(1)完全。

部件的功用、工作原理、装配关系及安装关系等内容表达要完全。

(2)正确。

视图、剖视、规定画法及装配关系等的表示方法正确,符合国标规定。

(3)清楚。

读图时清楚易懂。

2.视图选择的步骤和方法

(1)部件分析。

以图 2-4-8 所示的滑动轴承为例。

①工作原理:滑动轴承是用来支撑轴及轴上零件的一种装置。轴的两端分别装入滑动轴承的轴孔中转动,以传递扭矩。

图 2-4-8 滑动轴承

②结构分析。如图 2-4-9 所示。

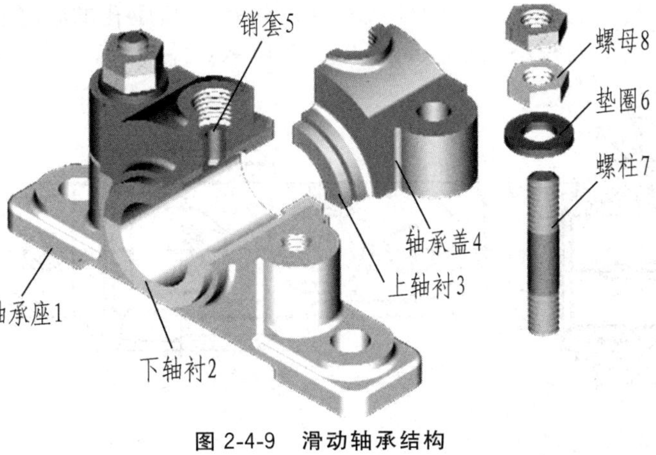

图 2-4-9 滑动轴承结构

a.装配关系。

轴承座与轴承盖:轴承座上的凹槽与轴承盖下的凸起配合定位。

轴衬与轴承座孔：轴向由轴衬两端凸缘定位；径向由轴衬外表面配合及销套定位。

b.连接固定关系。

轴承座与轴承盖用螺柱、螺母、垫圈连接固定。

各零件的相对位置关系如图 2-4-10 所示。

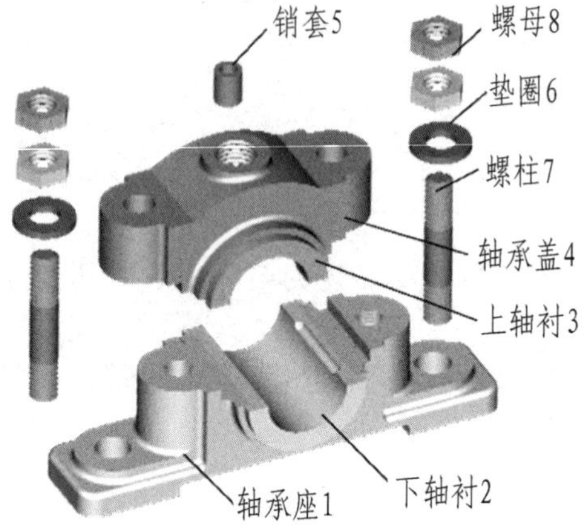

图 2-4-10　滑动轴承的装配和连接固定关系

(2)选择主视图。如图 2-4-11 所示。

选择原则：符合部件的工作状态；能清楚表达部件的工作原理、主要的装配关系或其结构特征。

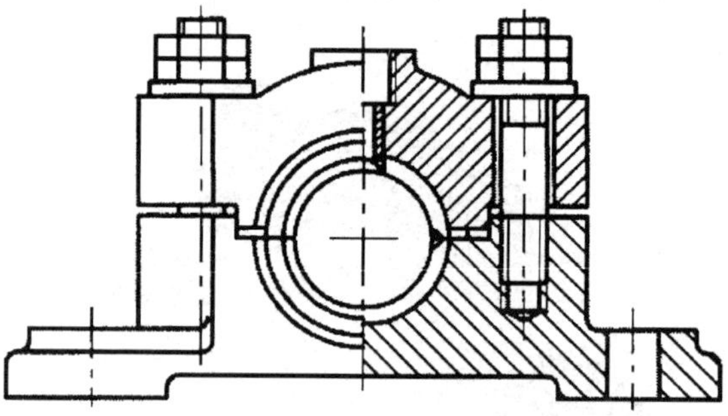

图 2-4-11　主视图

(3)选择其他视图。

表达主视图没能表达的内容。轴承与轴承孔的装配关系及工作原理，需全剖的选择左视图表达。为了清楚表达滑动轴承的外形特征及轴承与其座孔的装配情况，选择沿轴承盖与轴承座结合面半剖的俯视图表达。如图 2-4-12 所示。

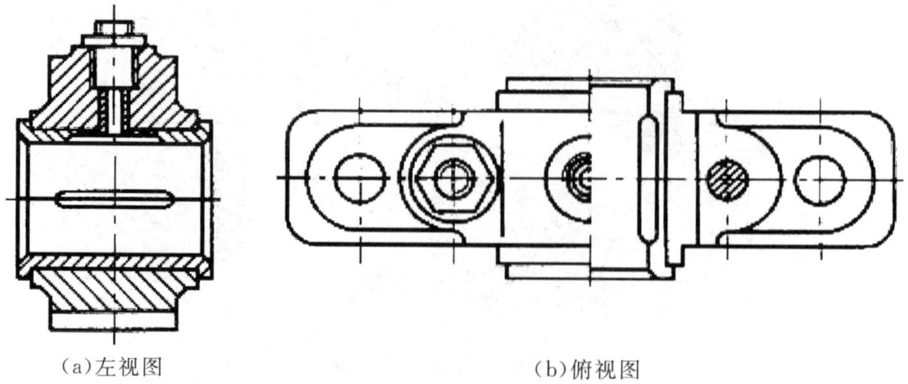

(a)左视图　　(b)俯视图

图 2-4-12　其他视图

(4)方案比较。

可多考虑几种表达方案，比较后确定最佳方案。

四、装配图的尺寸标注和技术要求

1.装配图的尺寸标注

(1)性能(规格)尺寸：表示部件的性能和规格的尺寸。

例如：图 2-4-13 中球阀通孔的直径ϕ20，与液体流量有关。

(2)装配尺寸：零件之间的配合尺寸及影响其性能的重要相对位置尺寸。

例如：图 2-4-13 中球阀的阀体与阀盖的配合尺寸ϕ50H11/h11。

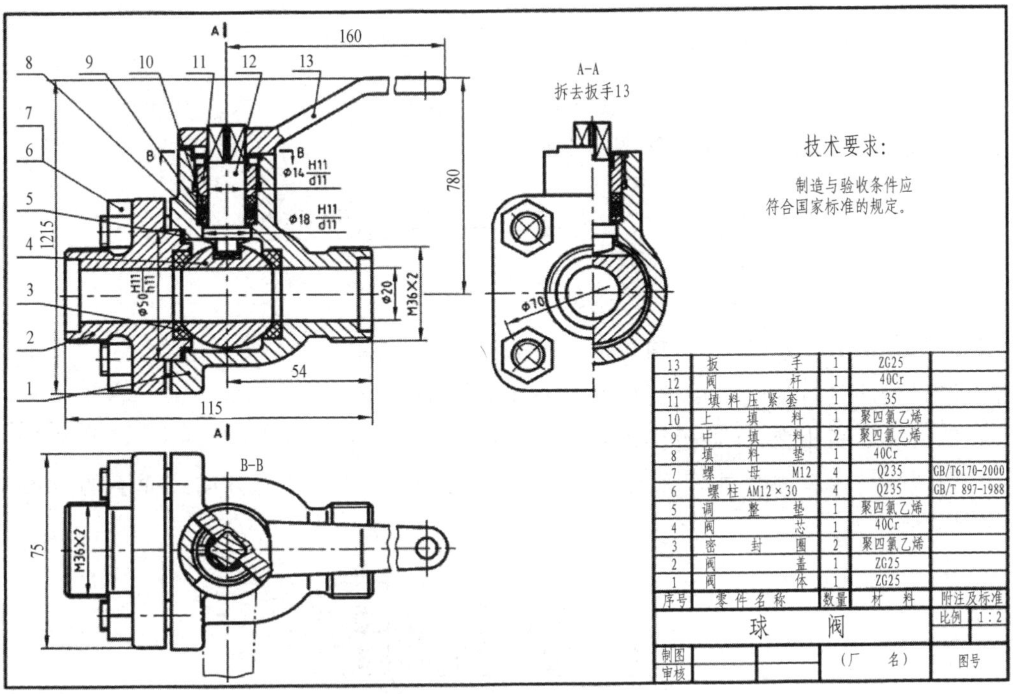

图 2-4-13　球阀装配图

(3)安装尺寸：将部件安装到机座上所需要的尺寸。

例如：图 2-4-13 中球阀两侧管接头尺寸 M36×2。

(4)外形尺寸：部件在长、宽、高三个方向上的最大尺寸。

例如：图 2-4-13 中球阀的总高 1215 和总宽 75。

2.装配图的技术要求

(1)装配要求：指装配过程中的注意事项，装配后应达到的要求。

(2)检验要求：指对装配体基本性能的检验、试验、验收方法的说明等。

(3)使用要求：对装配体的性能、维护、保养、使用注意事项的说明。

小提示： 以上各项，不是每一张装配图都要求全部注写，应根据具体情况而定。

五、装配图的零件序号和明细栏

1.零件编号

(1)编号方法。

①画黑点。

②画指引线、横线(≈8 mm 长)或圆(用细实线画)。

③数字(5 或 7 号字)。如图 2-4-14 所示。

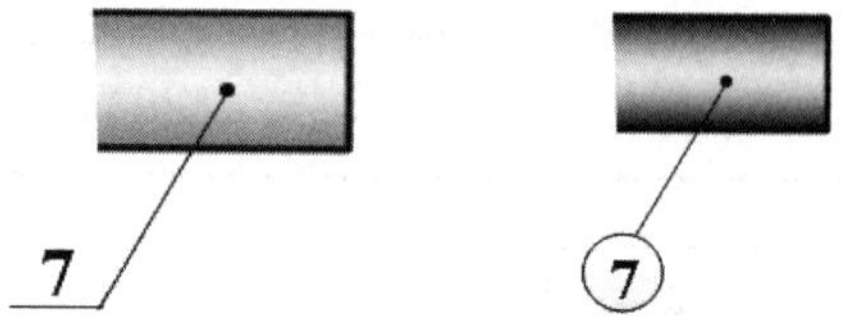

图 2-4-14 零件编号

④螺纹紧固件的编号形式。如图 2-4-15 所示。

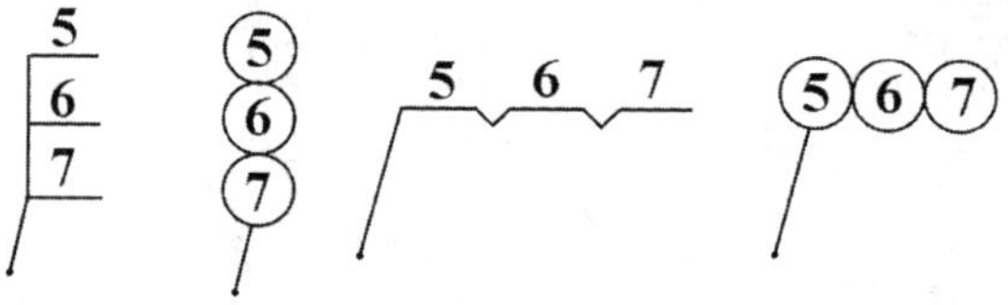

图 2-4-15 螺纹紧固件的编号

(2)相同零件只对其中一个编号,其数量填在明细栏内。

(3)指引线不能相交,在通过剖面线的区域时不能与剖面线平行。

(4)零件编号应按顺时针或逆时针方向顺序编号,全图按水平方向或垂直方向整齐排列。如图 2-4-16 所示。

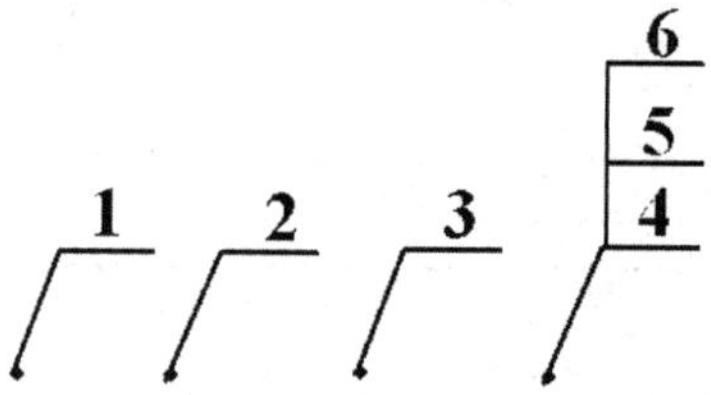

图 2-4-16 按顺时针或逆时针方向顺序编号

小提示: 为了使编号不易出错,先画出需要编号零件的指引线和横线,检查无重复、无遗漏时,再统一填写序号。

2.明细栏(图 2-4-17)

明细栏是部件全部零件的详细目录,表中填有零件的序号、名称、数量、材料、重量、备注。

明细栏在标题栏的上方,当位置不够时可移一部分紧接标题栏左边继续填写。

小提示: 明细栏中的零件序号应与装配图中的零件编号一致,并且由下往上填写,因此,应先编零件序号再填明细栏。

六、装配图的读图方法和步骤

小提示: 读装配图的要求:

①了解部件的功用、使用性能和工作原理。

②弄清各零件的作用和它们之间的相对位置、装配关系和连接固定方式。

③弄懂各零件的结构形状。

④了解部件的尺寸和技术要求。

1.概括了解

(1)看标题栏并查阅有关资料,了解部件的名称、用途和使用性能。

(2)看零件编号和明细栏,了解零件的名称、数量和它在图中的位置。

由图 2-4-18 所示装配图的标题栏可知,该部件名称为齿轮油泵,是安装在油路中的一种供油装置。由明细栏和外形尺寸可知它由 15 个零件组成,结构不太复杂。

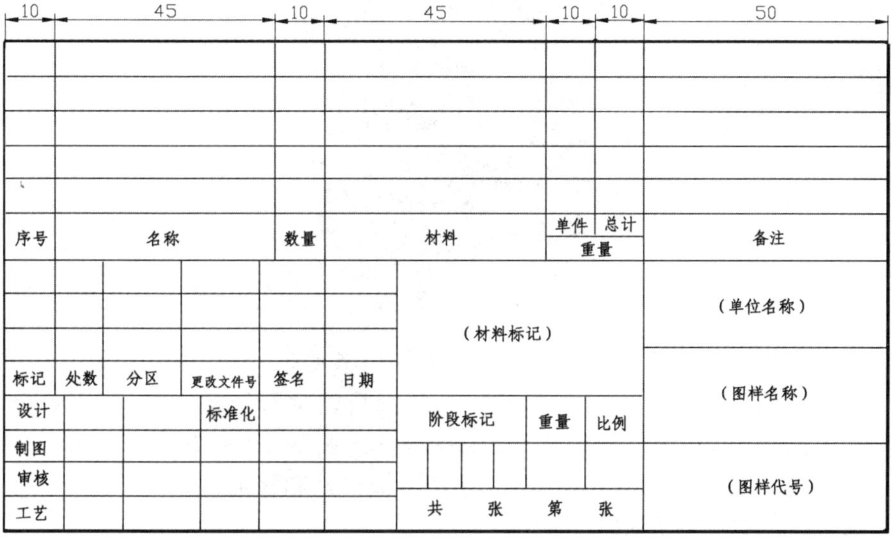

图 2-4-17 明细栏

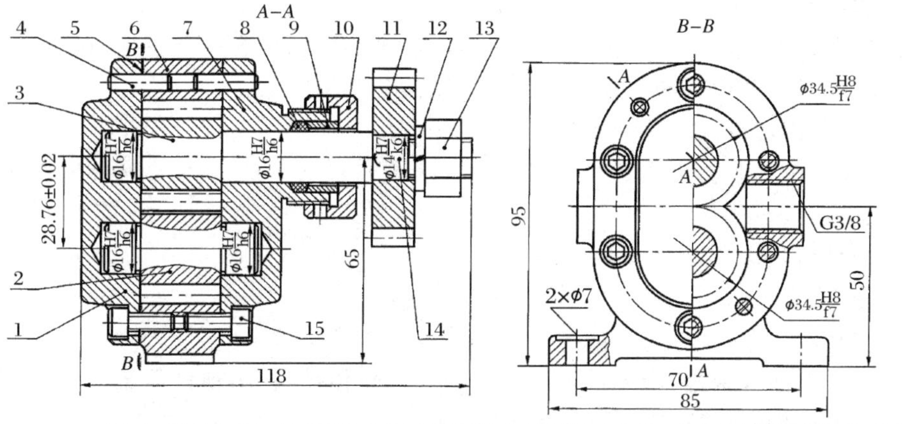

技术要求:
1. 齿轮安装后,应转动灵活
2. 两齿轮轮齿的接触面应占齿高的3/4以上

15	螺钉M6×16	12	35	GB/T70.1—2000	5	垫 片	2	纸	t=1
14	键4×10	1	45	GB/T1096—1990	4	销5m6×18	4	45	GB/T119.1—2000
13	螺母M12×1.5	1	35	GB/T6170—2000	3	传动齿轮轴	1	45	m=3,z=9
12	垫圈	1	65Mn	GB/T97.1—2002	2	齿轮轴	1	45	m=3,z=9
11	传动齿轮	1	45	m=2.5,z=20	1	左端盖	1	HT200	
10	压盖螺母	1	35		序号	零件名称	数量	材料	备 注
9	轴 套	1	ZCuSn5-5-5		齿轮油泵		比例	1:2	共 张
8	密封圈	1	毛 毡				质量		第 张
7	右端盖	1	HT200		制图				
6	泵 体	1	HT200		审核				

图 2-4-18 装配图

(3)分析视图，弄清各个视图的名称、所采用的表达方法、所表达的主要内容及视图间的投影关系。

图 2-4-18 所示齿轮油泵装配图由两个视图表达，主视图采用了全剖视，表达了齿轮油泵的主要装配关系。左视图沿左端盖和泵体结合面剖切，并沿进油口轴线取局部剖视，表达了齿轮油泵的工作原理。

2.分析部件的工作原理

从表达传动关系的视图入手，分析部件的工作原理。

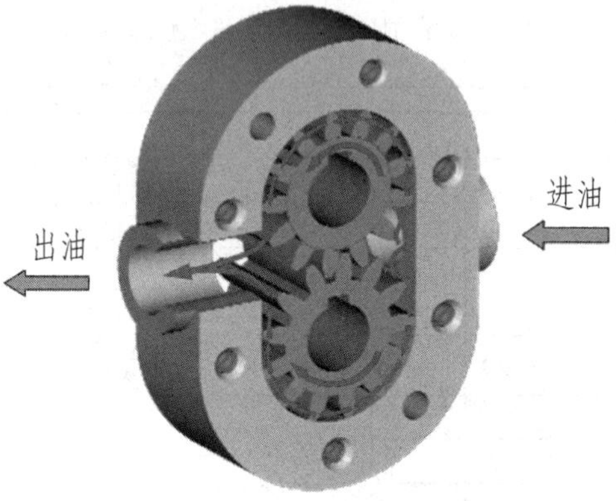

图 2-4-19　齿轮油泵的工作原理

如图 2-4-19 所示，当主动齿轮逆时针转动、从动齿轮顺时针转动时，齿轮啮合区右边的压力降低，油池中的油在大气压力作用下，从进油口进入泵腔内。随着齿轮的转动，齿槽中的油不断沿箭头方向被轮齿带到左边，高压油从出油口送到输油系统。

3.分析零件间的装配关系和部件结构

分析部件的装配关系，要弄清零件之间的配合关系、连接固定方式等。

(1)配合关系。

可根据图中配合尺寸的配合代号，判别零件的配合制、配合种类及轴、孔的公差等级等。

齿轮油泵有主动齿轮轴系和从动齿轮轴系两条装配线。

(2)连接和固定方式。

看一看：图 2-4-18 所示齿轮油泵的零件之间用什么方式连接，零件是如何定位的？

①左、右端盖与泵体；

②齿轮轴的轴向定位；

③齿轮 11 在轴上的定位。

(3)密封装置。

为了防止漏油及灰尘、水分进入泵体内影响齿轮传动，在主动齿轮轴的伸出端设有密封装置，靠压盖螺母和压盖将密封圈压紧密封。

左、右端盖与泵体之间由垫片 5 密封。垫片的另一个作用是调整齿轮的轴向间隙。

(4)拆装顺序。

部件的结构应利于零件的拆装。

拆齿轮油泵的顺序：螺钉 15、销 4→左端盖 1→齿轮轴 2→螺母 13 及垫圈 12→传动齿轮 11→压盖螺母 10、轴套 9 及密封圈 8→传动齿轮轴 3。

4.分析零件，弄清零件的结构形状

顺序：①先看主要零件，再看次要零件；

②先看容易分离的零件，再看其他零件；

③先分离零件，再分析零件的结构形状。

经分析图 2-4-18 所示齿轮油泵，可知齿轮油泵泵体的形状如图 2-4-20 所示。

图 2-4-20 齿轮油泵泵体

逐个零件分析之后各零件的形状如图 2-4-21 所示。

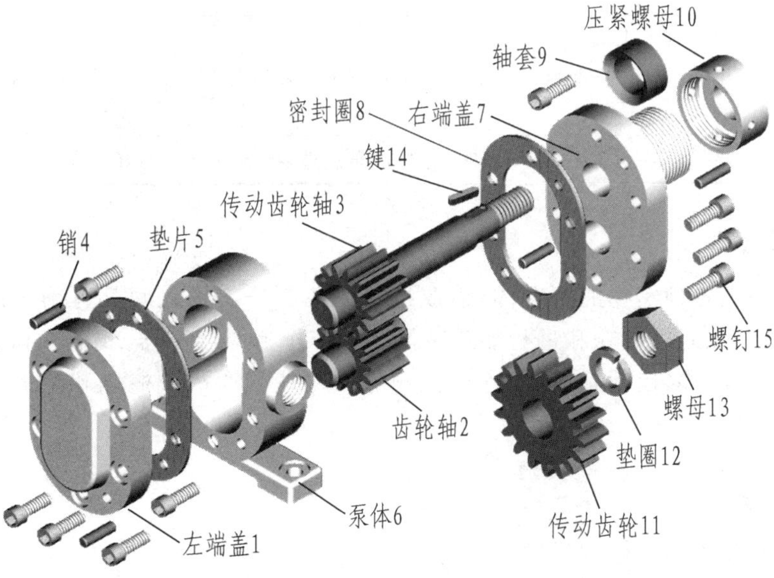

图 2-4-21 齿轮油泵各零件的形状

【任务拓展】

根据图 2-4-18 所示齿轮油泵装配图拆画泵体零件图。[①]

---

① 说明：本项目的练习已融入每个任务之中，故在项目结束处未加“课后训练”模块，特此说明。

项目三 认知汽车机械基础

任务　认知机械设计基础的基本知识

【任务目标】

目标类型	目标要求
知识目标	(1)认知机械系统的基本知识 (2)认识机械传动的几种基本传动机构 (3)认知机械零部件连接的基本方法和方式 (4)理解轮系的传动
技能目标	达到汽车维修中级工如下要求： 运用机械设计基础知识进行汽车各零部件之间连接、传动分析，并能解释实际生产中的问题
情感目标	培养学生利用机械基础知识分析汽车制造、拆装等方面的好习惯

【任务描述】

任何机器都是各种实物的组合体，组成机器的各部分实物之间都有确定的相对运动并能传递运动、做有效的机械功和进行能量转换。汽车作为一台机器，我们来认识一下其上的机器、机构、构件、零件、运动副、平面连杆机构等一些基本的机械概念和组成汽车的许多机构的工作原理。

【知识准备】

我们把机器和机构统称为机械。

机器是具有确定运动的构件的组合体，它用来转换能量，改变或传递物料和处理信息，以代替和减轻人的体力和脑力劳动。机器的种类很多，根据其用途不同，可以分为：动力机器(如电动机、内燃机、发电机等)、加工机器(如机床、纺织机、包装机等)、运输机器(如汽车、拖拉机、输送机等)和信息处理机器(如计算机、机械积分仪、记账机等)。

一部机器都是由若干个机构组合而成，共同联合工作而实现预定的工作要求。如图3-1-1所示的内燃机，它由气缸体(机架)、曲轴、连杆、活塞、顶杆、凸轮及齿轮等组成。当燃气推动活塞做往复运动时，通过连杆使曲轴做连续转动，从而将燃气的热能转换成曲轴的机械能。为了保证曲轴的连续转动，通过齿轮、凸轮、推杆和弹簧等的作用，按一定的运动规律启闭阀门，以输入燃气和排除废气。通过对该机构的分析，我们可以发现它主要由三种机构组成：①由机架、曲轴、连杆和活塞组成的曲柄滑块机构，如图 3-1-2 所示，它将活塞的往复运动转化为曲轴的连续运动；②由机架、凸轮和推杆构成的凸轮机构，如图 3-1-3 所示，它将凸轮的连续转动转变为推杆的往复运动；③由机架、齿轮构成的齿轮机构，如图 3-1-4 所示，其作用是改变转速的大小和方向。

机器由三个部分所组成，即原动部分、传动部分和执行部分。伴随着科技的发展，一个重要的趋势就是各个学科领域之间的相互渗透和融合。如今在机械工程、自动控制、电子技术和计算机技术等领域的应用日益广泛和深入，因此从某种意义上来说：现代的机械系统应该是机电一体化的系统。一个现代化的机械系统包括四个方面，即原动机、传动装置、执行机构和控制系统。我们学习的汽车产品就是一个典型的例子。

机构是实现传递机械运动和动力或改变机械运动形式的构件组合体。例如，我们在工程上或生活中常见的齿轮机构、连杆机构、凸轮机构、螺旋机构、带传动和链传动机构，等等。

机器与机构的根本区别在于，机构的主要职能是传递运动和动力，而机器的主要职能除传递运动和动力外，还能转换机械能或完成有用的机械功。

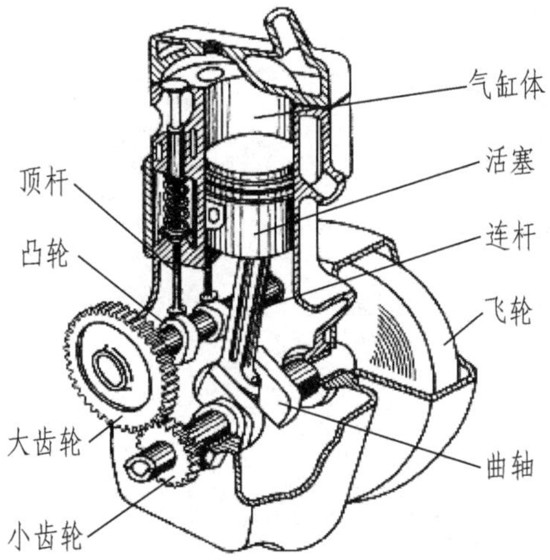

图 3-1-1 内燃机

图 3-1-2 曲柄滑块机构

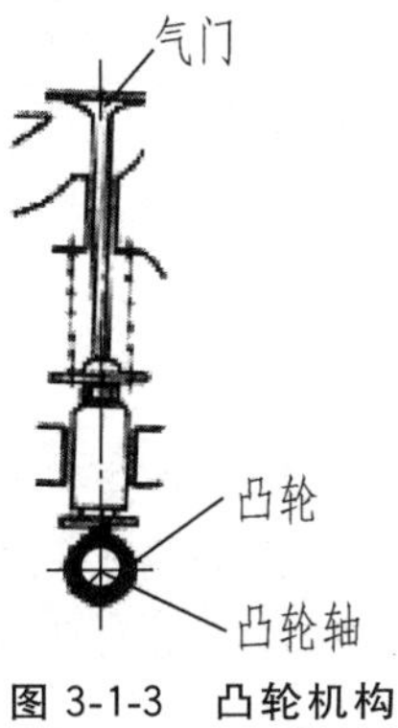

图 3-1-3 凸轮机构

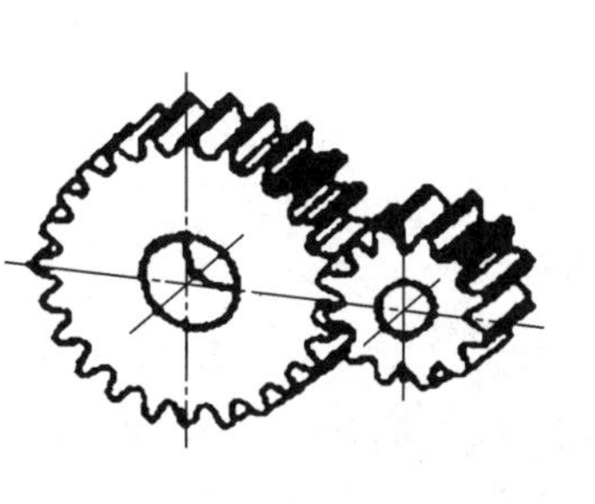

图 3-1-4 齿轮机构

组成机械的相对运动的单元体称为构件，可以是一个零件，也可以是由几个零件组成的刚性结构。构件与零件的根本区别在于：构件是机械中的运动单元，而零件是加工制造的单元。

零件又分为通用零件和专用零件。通用零件是指各种机械中普遍使用的零件,如螺钉、轴、轴承、齿轮等。专用零件是指只在某种机器中使用的零件,如活塞、曲轴、叶片等。

两构件直接接触的可动连接称为运动副。运动副的作用是约束或限制构件的自由运动。运动副可以分为低副和高副,低副又可以分为移动副和转动副。

凡两构件以点或线接触构成的运动副称为高副。比如:车轮在地面上的滚动,如图3-1-5所示;发动机配气机构中凸轮与气门杆的接触,如图 3-1-6 所示。

凡两构件以面接触构成的运动副称为低副。两个构件之间的相对运动方式是移动的称为移动副,如图 3-1-7 所示;两个构件之间的相对运动方式是转动的称为转动副,如图 3-1-8 所示。汽车上移动副与转动副也不少见,比如:活塞与气缸壁之间形成的运动副就是移动副,而连杆与活塞之间、连杆与曲轴之间、曲轴与气缸体之间都是转动副。

最常见的转动副、移动副、高副的形式,如图 3-1-9 所示。

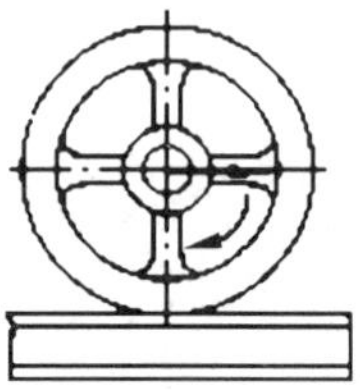

图 3-1-5　车轮在地面上滚动

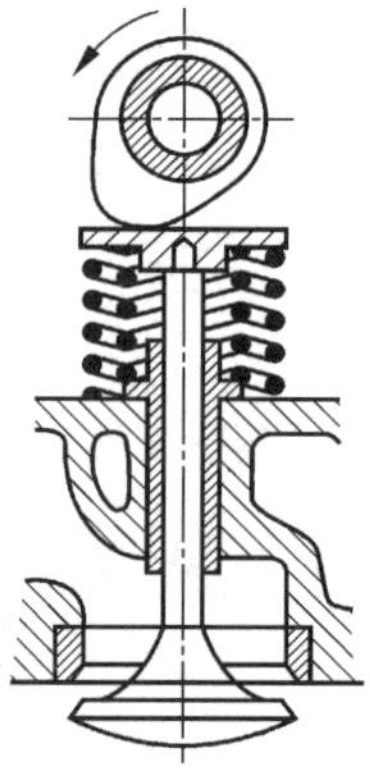

图 3-1-6　凸轮与气门杆的接触

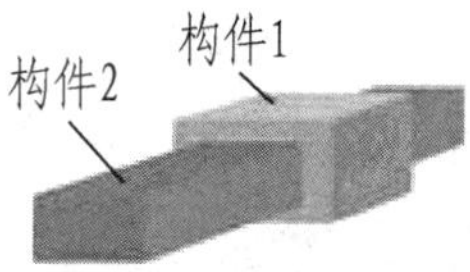

图 3-1-7　移动副

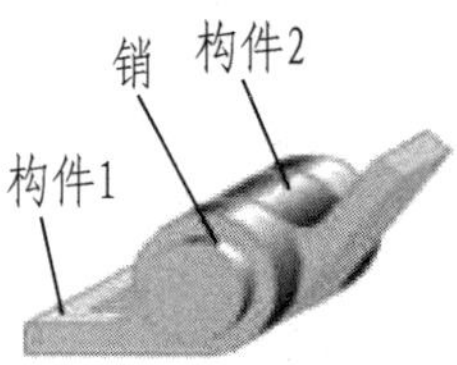

图 3-1-8　转动副

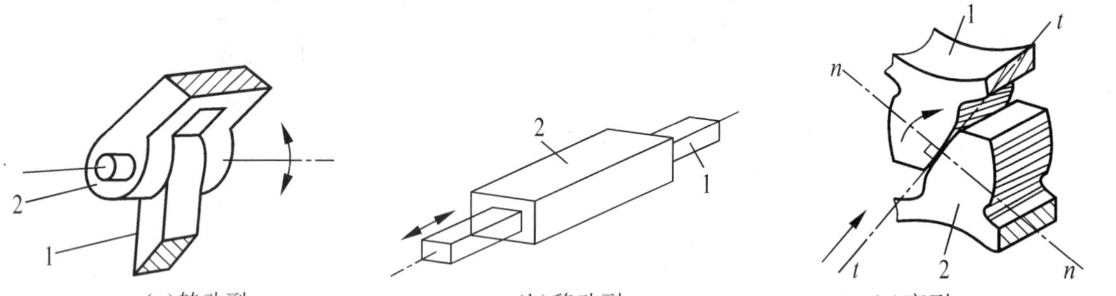

(a)转动副　　(b)移动副　　(c)高副

图 3-1-9　常见运动副的形式

【任务实施】

一、平面连杆机构

若干构件通过低副(转动副或移动副)连接所组成的机构称作连杆机构。连杆机构中各构件的相对运动有平面运动、空间运动两种,连杆机构因此可以分为平面连杆机构和空间连杆机构。所以,平面连杆机构是由若干构件用平面低副(转动副和移动副)连接而成的平面机构。

平面连杆机构的类型很多,单从组成机构的杆件数来看就有四杆、五杆和多杆机构。一般最常见的是由四个铰链组成的四杆机构。

构件之间都是用转动副连接的平面四杆机构称为铰链四杆机构,如图 3-1-10 所示。铰链四杆机构是平面机构的最基本的连杆机构形式。

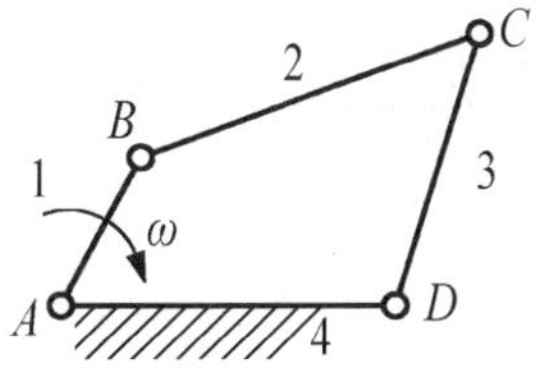

图 3-1-10 铰链四杆机构

在此机构中，固定不动杆件，称为机架（或固定件），比如 AD 杆；连在机架上可以绕机架转动的杆件，称为连架杆，比如 AB 杆、CD 杆；连接两个连架杆的杆件称为连杆，比如 BC 杆。在连架杆中，能做 360°回转的杆件称为曲柄；不能做 360°回转，而只能在一定角度范围内摆动的杆件称为摇杆。

在机构中，固定不动的构件称为机架，比如构件 4；做独立运动或带动其他构件运动的构件称为原动件（原动件上应标出运动箭头），比如构件 1；而其余的活动构件则称为从动件，比如构件 2、3。因此，我们可以说机构是由机架、原动件和从动件组成的构件系统。

根据机构中有无曲柄和有几个曲柄，铰链四杆机构又有三种基本形式：

①曲柄摇杆机构：两连架杆中一个为曲柄而另一个为摇杆的机构。

当曲柄为原动件时，可将曲柄的连续转动转变为摇杆的往复摆动，如图 3-1-11 中的雷达天线机构。

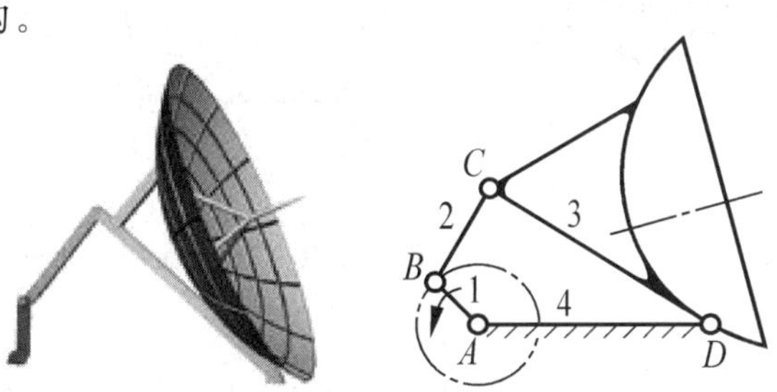

图 3-1-11 雷达天线机构

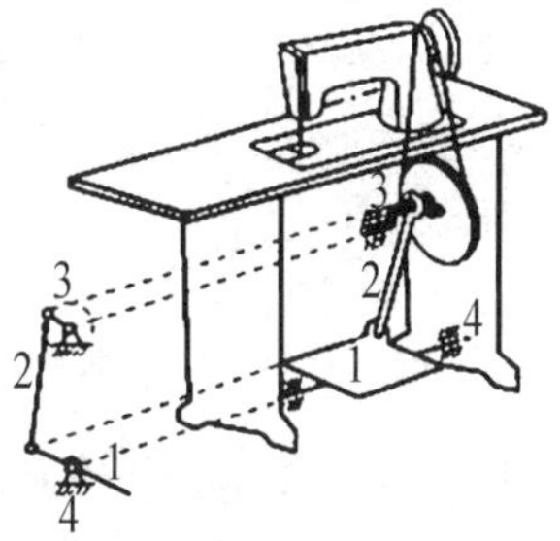

图 3-1-12 缝纫机示意图

反之，当摇杆为原动件时，可将摇杆的往复摆动转变为曲柄的整周转动，如图 3-1-12 所示的缝纫机踏板。

②双曲柄机构：两连架杆均为曲柄的四杆机构。

可将原动曲柄的等速转动转换成从动曲柄的等速或变速转动，如图 3-1-13 所示的公共汽车车门的启闭机构。

图 3-1-13 公共汽车及车门启闭机构

③双摇杆机构：两连架杆都是摇杆的机构。

两摇杆长度相等的双摇杆机构，称为等腰梯形机构。如图 3-1-14 所示的汽车前轮转向机构。车子转弯时，与前轮轴固定的两个摇杆的摆角不相等，如果在任意位置都能使两前轮的轴线的交点 P 落在后轮轴线的延长线上，则当整个车子转向时，保证四个轮子都是纯滚动，从而可以避免轮胎因滑动而产生过大磨损。

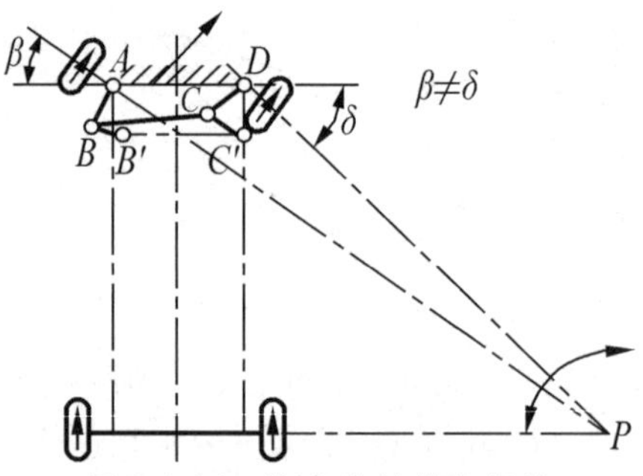

图 3-1-14 汽车前轮转向机构

小提示：曲柄存在的条件：

①连架杆和机架中必有一杆是最短杆。

②最短杆与最长杆长度之和小于或等于其他两杆长度之和(称为杆长条件)。

上述两个条件必须同时满足,否则机构中不存在曲柄。

想一想：参考图 3-1-15、图 3-1-16,汽车前挡风玻璃的电动风窗刮水器有哪些种类的四杆机构?

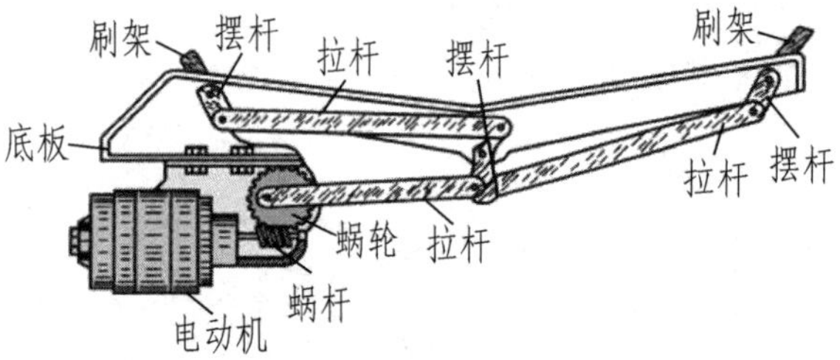

图 3-1-15 电动风窗刮水器

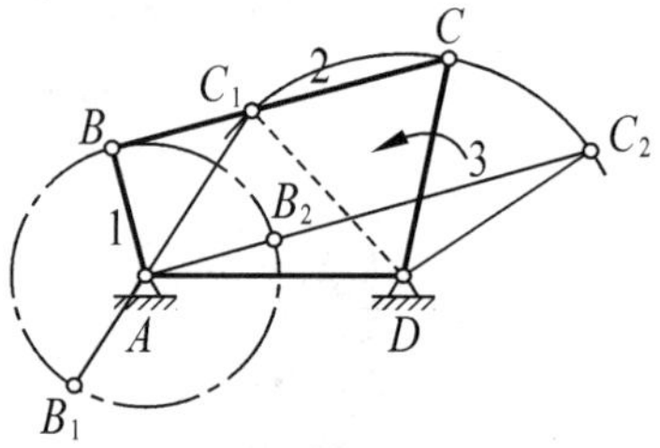

图 3-1-16 刮水器机构示意图

二、四杆机构的演化及应用

曲柄摇杆机构、双曲柄机构、双摇杆机构是三种典型的铰链四杆机构,在它们的基础上,改变某些构件的形状,变转动副为移动副,我们将得到其他形式的机构。我们以典型的曲柄滑块机构为例来说明,它是从曲柄摇杆机构中演变而来的,如图 3-1-17 所示。

如图(a),摇杆 CD 上的 C 点以 D 点为圆心,以 CD 杆长为半径,在圆弧 Kc 上摇动。我们加上以 D 点为圆心的圆弧槽,从而去掉 CD 杆,如图(b)所示。在此基础上,我们将圆弧槽的回转半径 r 扩大为无穷大,曲柄摇杆机构将变成偏心距为 e 的偏心曲柄滑块机构,见图(c)。去掉偏心距 e,偏心曲柄滑块机构将变成对心式的曲柄滑块机构,和图(d)。

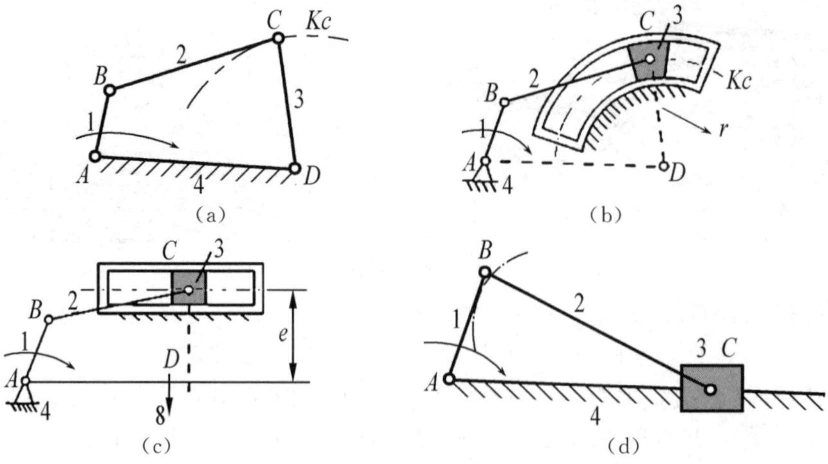

图 3-1-17 曲柄滑块机构

汽车发动机里的活塞、连杆、曲轴所组成的曲柄连杆机构，就是由此演变而来的对心式曲柄滑块机构。

铰链四杆机构的“死点”位置：

在曲柄摇杆机构中，以摇杆为主动件，曲柄为从动件，当摇杆摆动到与曲柄共线（连成一条直线或重合成一条直线）时，因摇杆对曲柄的力矩为零（力臂等于零），这时无论施加多大的力也不能推动从动件曲柄回转，曲柄摇杆机构的这种现象称为“卡死”现象。这时曲柄摇杆机构所处的位置为“死点”位置，摇杆所处的位置为极限位置。

由此可以得出：曲柄摇杆机构、双摇杆机构各有两个“死点”位置，而双曲柄机构没有“死点”位置。

从运动的角度来看，“死点”位置的存在对机构的运动是不利的，机构在运动中应尽量避免出现“死点”位置。而在发动机的曲柄连杆机构中，当活塞处于“上止点”和“下止点”时，该机构都处于“死点”位置。为了克服“死点”位置，我们只有增大从动件的转动惯量，依靠从动件的运动惯性帮助其克服。如在发动机的曲柄连杆机构上安装转动惯量够大的飞轮，依靠飞轮的惯性促使曲轴连续转动。

三、凸轮机构

配气机构是汽车发动机中的两大机构之一，配气机构是否正常工作，直接影响发动机的工作状况。而保证配气机构正常工作，凸轮的轮廓至关重要。凸轮机构的典型实例之一就是汽车发动机的配气机构，如图 3-1-18 所示，凸轮做等速回转，其轮廓将迫使推杆做往复摆动，从而使气门开启和关闭（关闭时借助于弹簧的作用来实现），以控制可燃物质进入气缸或废气的排出。

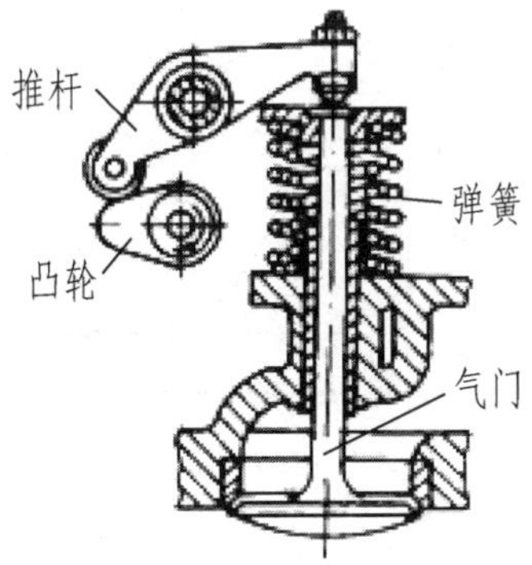

图 3-1-18 配气机构

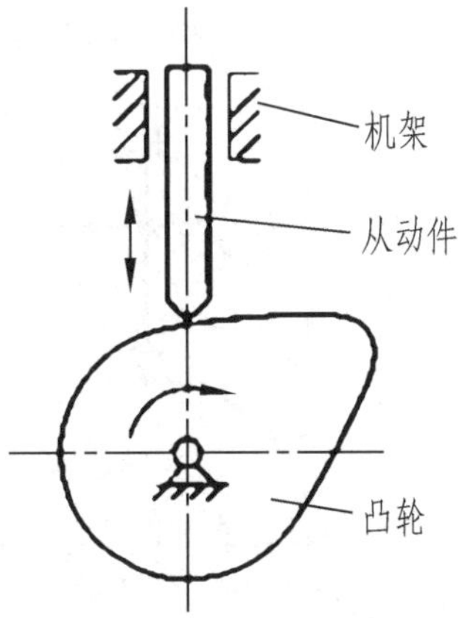

图 3-1-19 凸轮机构

凸轮机构是由凸轮、从动件、机架以及附属装置组成的一种高副机构。其中凸轮是一个具有曲线轮廓的构件，从动件在凸轮轮廓的控制下，按预定的运动规律做往复移动或摆动。简单的凸轮机构如图 3-1-19 所示。

凸轮机构的从动件是在凸轮控制下，按预定的运动规律运动的，这种机构具有结构简单、运动可靠等优点。但是，由于是点、线接触高副机构，接触应力较大，易于磨损，所以多用于小载荷的机构中。

1.凸轮机构的种类

凸轮机构的种类很多，一般有两种分类方法：按凸轮的形状分类和按从动件形状分类。

2.按凸轮的形状分类

可分为：盘形凸轮机构，如图 3-1-20(a)所示；移动凸轮机构，如图 3-1-20(b)所示；圆柱凸轮机构，如图 3-1-20(c)所示。

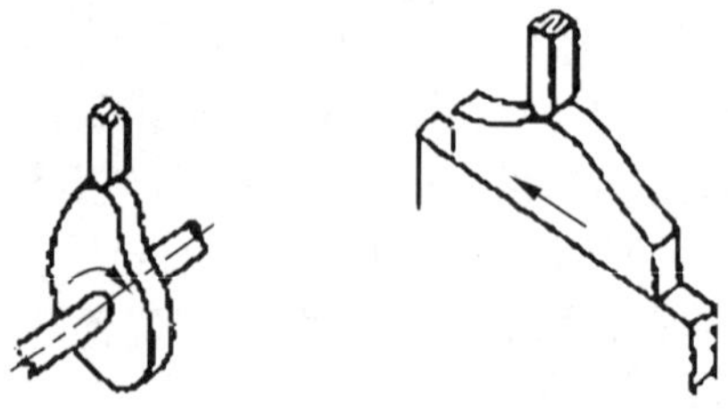

图 3-1-20　凸轮机构按形状分

3.按从动件形状分类

可分为：尖端从动件，如图 3-1-21(a)所示；滚子从动件，如图 3-1-21(b)所示；平底从动件，如图3-1-21(c)所示；曲面从动件，如图 3-1-21(d)所示。

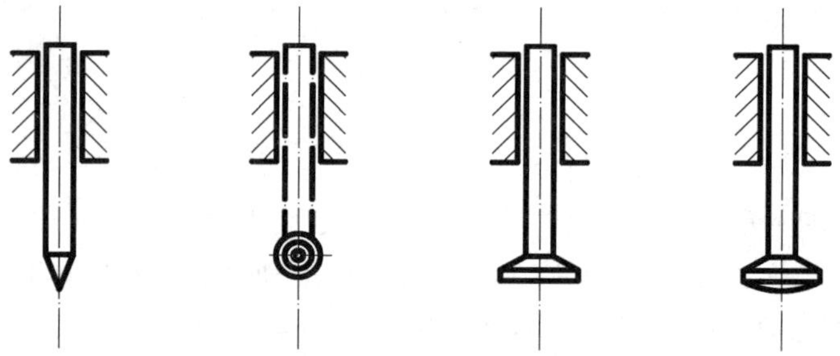

图 3-1-21　凸轮机构按从动件形状分类

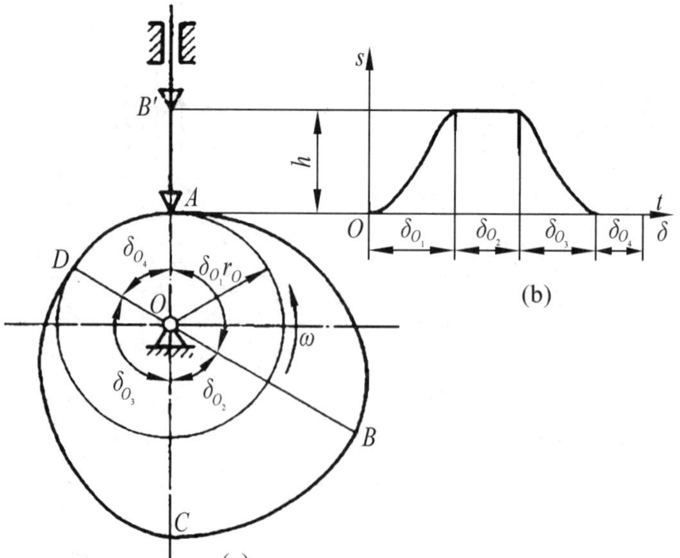

图 3-1-22　凸轮机构参数示意图

4.凸轮机构的基本参数

以一直动尖顶推杆盘形凸轮机构为例来进行说明，图 3-1-22(a)所示。凸轮的轮廓是由 *AB*、*BC*、*CD* 及 *DA* 四段曲线所组成，且 *BA* 和 *CD* 两段为圆弧曲线。其中以凸轮最小向径为半径，以凸轮的轴心 O 为圆心所作的圆称作凸轮的基圆。A 点为基圆与凸轮轮廓的切点。当推杆与凸轮轮廓在 A 点接触时，推杆尖端处于最低位置（或者说：推杆尖端处于与凸轮轴心 O 最近的位置）。当凸轮以等角速度沿逆时针方向转动时，推杆首先与凸轮廓线的 AB 段圆弧接触，此时推杆在最低位置静止不动，凸轮相应的转角 ϕ_{O_1} 称作近休止角（也称近休运动角）；当凸轮继续转动时，推杆与凸轮廓线的 BC 段接触，推杆将由最低位置 A 被推到最高位置 E，推杆的这一行程为推程，凸轮相应的转角 ϕ_{O_2} 称为推程运动角。凸轮再继续转动，当推杆与凸轮廓线的 CD 段接触时，由于 CD 段为以凸轮轴心为圆心的圆弧，所以推杆处于最高位置静止不动，在此过程中凸轮相应的转角 ϕ_{O_3} 称作远休止角（或称远休运动角）。而后，在推杆与凸轮廓线 DA 段接触时，它又由最高位置 E 回到最低位置 A，推杆的这一行程称作回程，凸轮相应的转角 ϕ_{O_4} 称作回程运动角。

推杆在推程或回程中移动的距离 h 称作推杆的行程（行程＝推程＝回程）。

由此我们知道，当凸轮沿逆时针转动一周时，推杆的运动经历了四个阶段：近休止、升程、远休止、回程，其位移曲线如图 3-1-22(b)所示。这是最常见、最典型的运动形式。

注意： 其运动过程的组合是依据工作实际的需要，而不是必须经历四个阶段，可以没有静止阶段，也可以只有一个静止阶段。

四、齿轮传动

齿轮传动在日常的机器上随处可见，汽车上也不例外，汽车的传动系统就是齿轮机构应用的典范。齿轮机构就是一对齿轮通过相互之间的啮合组成的一种机构，齿轮传动是利用齿轮的啮合来传递运动和动力的一种机械系统。

1.齿轮传动的特点

具有功率传递大、效率高、传动比准确、使用寿命长、工作安全可靠等特点。但是要求有较高的制造和安装精度，成本较高；不宜在两轴中心距很大的场合使用。

2.齿轮传动机构的分类

按照齿轮传动中齿轮轴线的相对位置可以分为平行轴齿轮传动（图 3-1-23）、相交轴齿轮传动（图 3-1-24）和交错轴齿轮传动（图 3-1-25）三类。

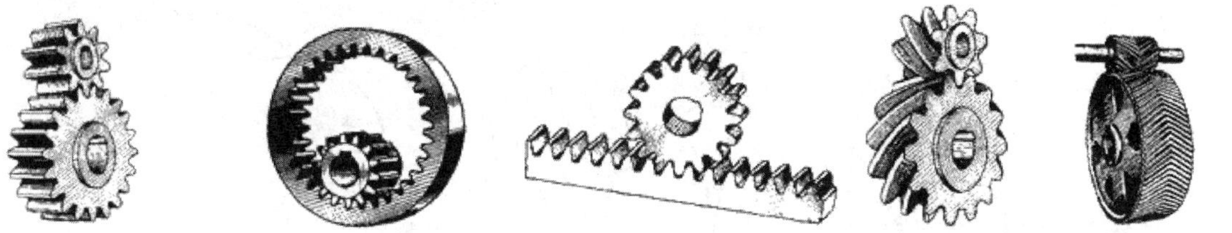

(a)直齿内啮合齿轮传动 (b)直齿外啮合齿轮传动 (c)齿轮齿条传动 (d)斜齿轮传动 (e)人字齿轮传动

图 3-1-23 平行轴齿轮传动

(a)直齿圆锥齿轮传动 (b)斜齿圆锥齿轮传动 (c)曲齿圆锥齿轮传动

图 3-1-24 相交轴齿轮传动

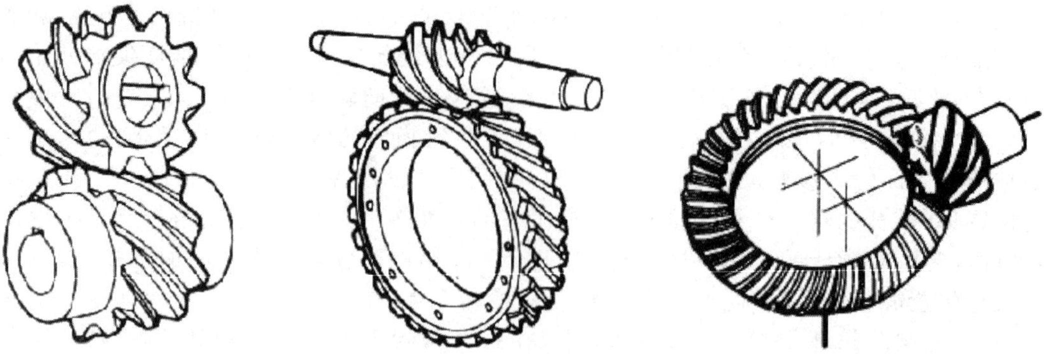

(a)交错轴斜齿轮传动　　(b)蜗轮蜗杆传动　　(c)准双曲面齿轮传动

图 3-1-25　交错轴齿轮传动

3.齿轮的齿廓

形成齿轮齿形轮廓的曲线，我们称为齿轮的齿廓，常用的齿廓曲线有渐开线、圆弧线、直线、摆线等，目前最常用的齿廓曲线是渐开线，如图 3-1-26 所示。

使用渐开线作齿轮的齿廓曲线，可以满足齿轮啮合时的传动比要求。

齿轮传动的传动比就是指主、从动齿轮的角速度或转速之比，用字母 i 来表示，其表达式为：

$$i=\frac{\omega_{主}}{\omega_{从}}=\frac{n_{主}}{n_{从}}=常数$$

式中：$\omega_{主}$——表示主动齿轮的角速度，单位：rad/s；

$\omega_{从}$——表示从动齿轮的角速度，单位：rad/s；

$n_{主}$——表示主动齿轮的转速，单位：r/min；

$n_{从}$——表示从动齿轮的转速，单位：r/min。

传动比 i，是一个没有单位的物理量。定传动比指的就是 i 为一恒定的数值，这一特性在工程实际中具有重要意义，可减少因传动比变化而引起的动载荷、震动和噪声，提高传动精度和齿轮使用寿命。

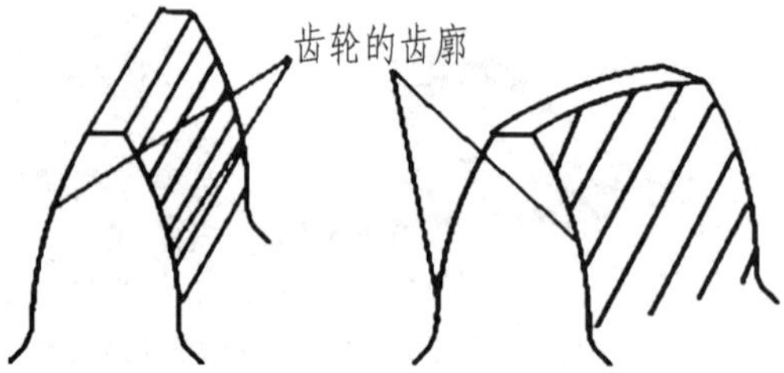

图 3-1-26　渐开线齿廓

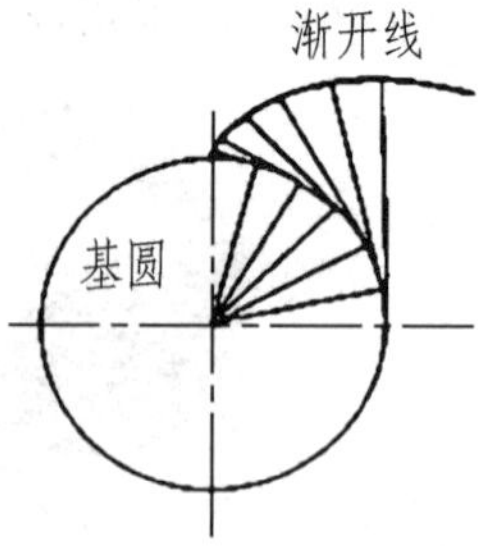

图 3-1-27　渐开线的形成

将一个圆轴固定在一个平面上，轴上缠线，拉紧一个线头，让该线绕圆轴运动且始终与圆轴相切，那么线上一个定点在该平面上的轨迹就是渐开线。渐开线的形成如图 3-1-27 所示。圆轴的端面圆称为这条渐开线的基圆，其直径称为基圆直径，用 d 表示。

4.直齿圆柱齿轮的各部分名称

直齿圆柱齿轮的各部分名称，如图 3-1-28 所示。

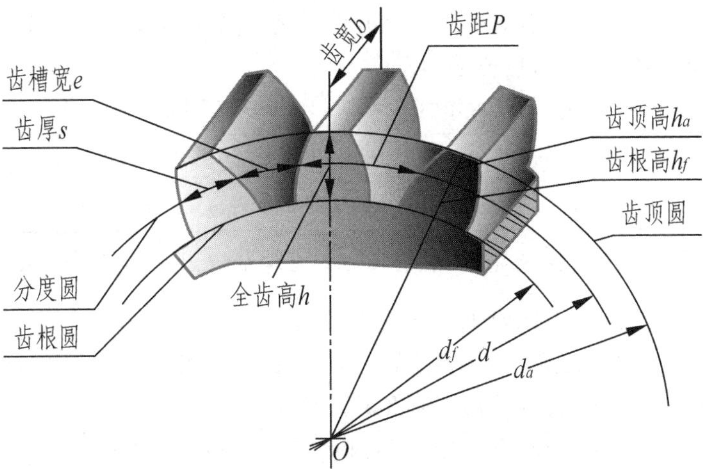

图 3-1-28 直齿圆柱齿轮的各部分名称

端面：圆柱齿轮上垂直于齿轮轴线的表面。

齿顶圆：齿轮各齿的顶端都在同一个圆上，这个通过齿轮各齿顶端的圆称作齿顶圆，用 d_a 和 r_a 表示其直径和半径。

齿根圆：齿轮各齿之间的齿槽底部也在同一圆上，这个圆称作齿根圆，用 d_f 和 r_f 分别表示其直径和半径。

分度圆：圆柱齿轮上，介于齿顶圆与齿根圆之间，且齿厚等于齿槽宽的圆，同时也是为便于齿轮几何尺寸的计算、测量所规定的一个基准圆，其直径和半径分别用符号 d 和 r 表示。

基圆上的各项参数如下：

齿厚：轮齿在任意圆周上的弧长，用 s_i 表示。

齿槽宽：又称齿间宽，齿槽在任意圆周上的弧长，用 e_i 表示。

齿距：任意圆周上相邻两齿间同侧齿廓之间的弧长，用 p_i 表示。显然 $p_i = e_i + s_i$。

齿顶高：分度圆与齿顶圆之间的径向高度，用 h_a 表示。

齿根高：分度圆与齿根圆之间的径向高度，用 h_f 表示。

全齿高：齿顶圆与齿根圆之间的径向高度，用 h 表示。

齿宽：轮齿沿轴线方向的宽度，用 b 表示。

注意： 分度圆上齿厚、齿槽宽和齿距分别用 s、e、p 表示。

5.渐开线标准直齿圆柱齿轮的基本参数

齿数：在齿轮整个圆周上轮齿的总数，用 z 表示。

模数：模数是分度圆作为齿轮几何尺寸计算依据的基准而引入的参数。

因为分度圆周长 $=\pi d = zp$，故 $d = z\dfrac{p}{\pi}$。

由于 π 是无理数，为了便于计算、制造和检测，我们人为地规定比值 $\dfrac{p}{\pi}$ 为一简单的数值，并把这个比值称作模数，用 m 表示。即：

$$m = \frac{p}{\pi}$$

模数 m 的单位为：mm。

齿轮的模数已经标准化，我国规定的标准模数有两个系列，要求优先选用第一系列，括号内的最好不要使用，需要时可以查表 3-1-1。

表 3-1-1　圆柱齿轮标准模数系列表(GB/T 1357—1987)

第一系列	1 1.25 1.52 2.5 3 4 5 6 8 10 12 16 20 25 32 40 50
第二系列	2.25 2.75 (3.25) 3.5 (3.75) 4.5 5.5 (6.5) 7 9 (11) 14 18 22 28 (30) 36 45

注意：齿数相等的齿轮，模数越大，轮齿越大，齿轮的尺寸也就越大，承载能力越大。

不同模数齿轮的轮齿大小比较如图 3-1-29 所示。

压力角：渐开线齿廓上任意一点的法线方向与该点的线速度方向之间所夹的锐角，称为该点的压力角，用字母 α_k 来表示，分度圆的压力角用字母 α 来表示。通常我们所讲的压力角都是指分度圆压力角。我们国家规定(GB/T 1356—1988)分度圆压力角 $\alpha=20°$。

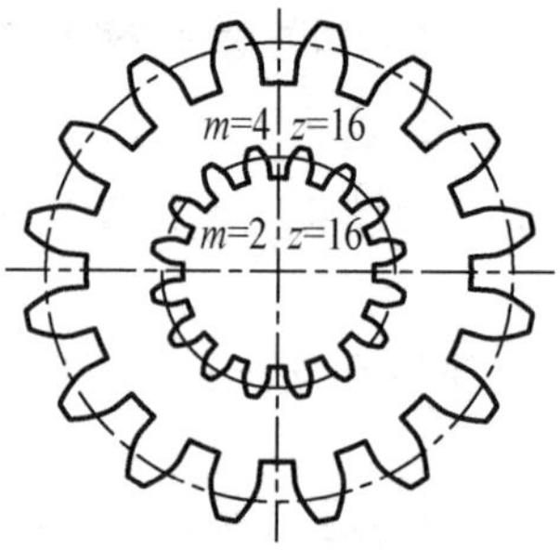

图 3-1-29　不同模数齿轮的轮齿

6.齿轮各部分尺寸的计算

确定了齿轮的模数 m、齿数 z 以后，就可以计算各部分的尺寸，计算公式见表 3-1-2。

表 3-1-2　齿轮各部分参数的计算

名称	表示字母	计算公式	备注
分度圆直径	d	$d=mz$	
齿顶高	h_a	$h_a=m$	
齿根高	h_f	$h_f=1.25m$	
全齿高	h	$h=2.25m$	
齿顶圆直径	d_a	$d_a=m(z+2)$	
齿根圆直径	d_f	$d_f=m(z-2.5)$	

渐开线直齿圆柱齿轮的正确啮合条件：

渐开线直齿圆柱齿轮的正确啮合条件是两个齿轮的模数和压力角分别相等，即：

$$\begin{cases} m_1=m_2=m \\ \alpha_1=\alpha_2=\alpha \end{cases}$$

渐开线齿轮啮合传动的传动比计算公式也等于：

$$i=\frac{z_2}{z_1}$$

式中：z_1——表示主动齿轮的齿数；

z_2——表示从动齿轮的齿数。

7.齿轮的失效形式

齿轮的失效主要是指齿轮轮齿的破坏。其形式主要集中在以下几方面：

(1)轮齿的折断。

轮齿像一个悬着的胳膊，在受外载作用时，在其轮齿根部产生的弯曲应力最大。所以一般在齿根部位容易折断。同时，在齿根部位过渡尺寸发生急剧变化，以及加工时沿齿宽方向留下加工刀痕而造成应力集中的作用，当轮齿重复受载，在根部会造成疲劳断裂。

(2)齿面点蚀。

在轮齿的啮合过程中，齿面间的相对滑动起着形成润滑油膜的作用，而且相对速度越高，形成油膜的作用越显著，润滑也就越好。在靠近齿根的部位由于轮齿相互之间的相对滑动速度较低，油膜的形成效果较差，产生了钢对钢之间的相对摩擦和挤压，因此在这个部位的齿面上容易产生裂纹，若润滑油的渗入和再一次挤压，会导致裂纹的进一步扩大，最后导致齿面表层小片状的脱落，从而在齿面上形成麻点状的凹坑，这种现象称之为齿面点蚀，如图 3-1-30 所示。点蚀出现的结果，往往会产生强烈的震动、噪声等不良现象。

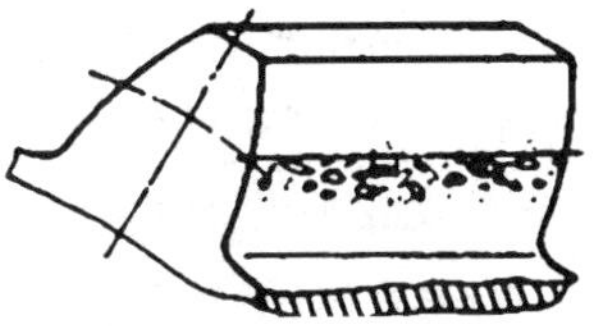

图 3-1-30 齿面点蚀

(3)齿面胶合。

对于某些高速重载的齿轮传动(如航空发动机的主传动齿轮)，齿面间的压力大，瞬时温度高，油变稀而降低了润滑效果，导致摩擦增大，发热增多，将会使某些齿面上接触的点熔合在一起，在两齿面间相对滑动时，熔合在一起的地方又被撕开。于是，在齿面上沿相对滑动的方向形成伤痕，这种现象称作胶合。缺少供油，也会导致胶合，如图 3-1-31 所示。

图 3-1-31 齿面胶合

(4)齿面磨损。

当齿面间落入砂粒、铁屑、非金属物等磨料性物质时，会发生磨料磨损。齿面磨损后，齿廓形状破坏，引起冲击、震动和噪声，且由于齿厚减薄而可能发生轮齿折断(图 3-1-32)。

磨料磨损是开式齿轮传动的主要失效形式。

图 3-1-32 齿面磨损

五、轮系

在汽车传动系统的变速箱内，有一系列彼此相互啮合的齿轮所组成的齿轮机构来实现变速、变向的目的。这种由一系列的齿轮所组成的传动系统称为齿轮系，简称轮系。如图 3-1-33 所示。

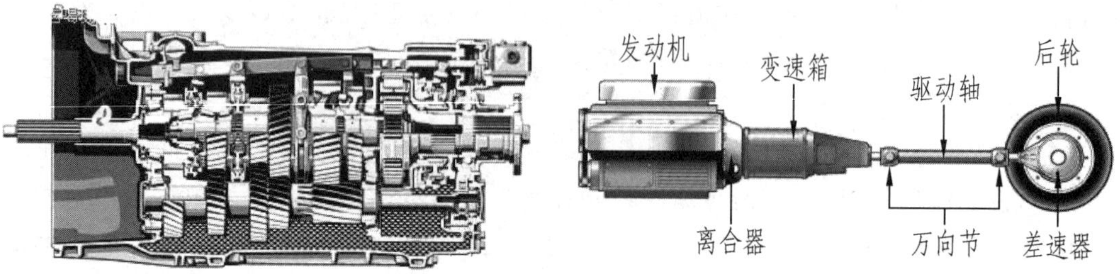

图 3-1-33　轮系

1.轮系的分类

根据轮系中各齿轮轴线在空间的位置是否固定，将轮系分两大类：定轴轮系和周转轮系。

在轮系运转时，如果各个齿轮的几何轴线相对于机架的位置都是固定的，则这种轮系称为定轴轮系，如图 3-1-34 所示的轮系就是定轴轮系。运动从轴Ⅰ通过齿轮啮合传到轴Ⅳ。定轴轮系又可以分为平行轴定轴轮系和交错轴定轴轮系。

在轮系运转时，如果轮系中至少有一个或若干个齿轮的轴线相对于机架的位置不是固定不变的，而是绕着另一定轴齿轮的轴线做周转，则这种做周转运动的齿轮，连同它所绕着转动的齿轮所组成的轮系，称为周转轮系，如图 3-1-35，2 号齿轮的轴线绕 1 号齿轮的轴线转动。周转轮系又可分为行星轮系和差动轮系。汽车上，行星轮系主要运用在自动变速箱中的行星系统中，差动轮系主要运用在传动系统的差速系统中。

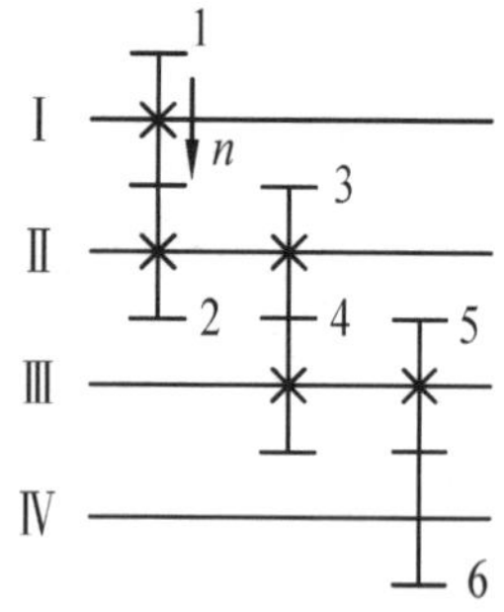

图 3-1-34　定轴轮系

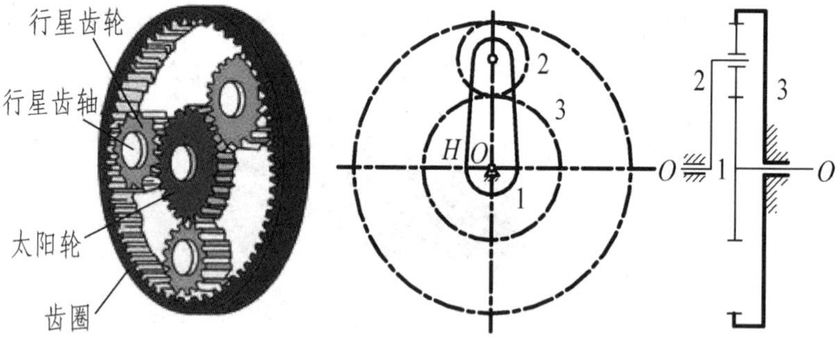

图 3-1-35　周转轮系

2.定轴轮系的传动比

轮系的传动比的大小等于轮系中首、末两轮的转速或角速度之比，同时也等于该轮系之中所有传动副的传动比的连乘积。

用公式表达为：

$$i_{1n}=\frac{n_1}{n_n}=\frac{\omega_1}{\omega_n}=\frac{\text{该轮系中所有从动齿轮齿数的连乘积}}{\text{该轮系中所有主动齿轮齿数的连乘积}}$$

轮系传动比的方向有两种确定方法：$(-1)^m$ 法和箭头法。

$(-1)^m$ 法：根据一对齿轮啮合，经过一次外啮合转向改变一次，经过一次内啮合转向不变的道理，在平行轴定轴轮系中，我们数出轮系中外啮合的次数，即可确定末轮的转向。所以 $(-1)^m$ 法中的 m 指的是轮系各传动副中外啮合的次数。

箭头法：箭头法主要用于交错轴定轴轮系（如轮系中含有锥齿轮传动、螺旋齿轮传动、蜗杆传动等），因轴线不平行，内、外啮合方式不好判定，特别是当轮系中出现蜗轮蜗杆的传动时，因转向不好判定，所以用箭头的指向来判定从动齿轮的转向，以此确定末轮的转向。应用举例如图 3-1-36(a)所示。

注意：箭头指向的原理：一对啮合齿轮箭头的指向方向服从“要远离都远离啮合线、要靠近都靠近啮合线”。具体应用举例见图 3-1-36(b)。

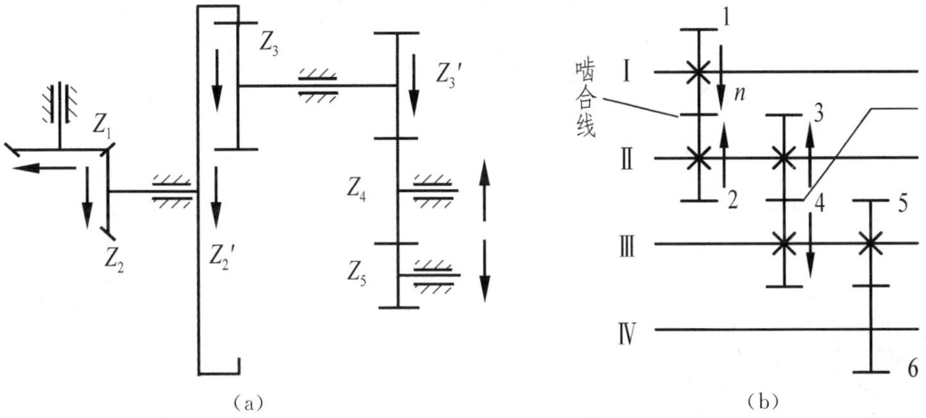

图 3-1-36 箭头法应用举例

想一想：在图 3-1-36(b)中，5 号、6 号齿轮的转向用箭头如何表示？

如图 3-1-36(a)，方向已用箭头法标出，其传动比的计算过程如下：

圆锥齿轮 1 和 2：
$$i_{12}=\frac{\omega_1}{\omega_2}=\frac{z_2}{z_1}$$

内啮合齿轮 2′和 3：
$$i_{2'3}=\frac{\omega_{2'}}{\omega_3}=\frac{\omega_2}{\omega_3}=+\frac{z_3}{z_{2'}}$$

外啮合齿轮 3′和 4：
$$i_{3'4}=\frac{\omega_{3'}}{\omega_4}=\frac{\omega_3}{\omega_4}=-\frac{z_4}{z_{3'}}$$

外啮合齿轮 4 和 5：
$$i_{45}=\frac{\omega_4}{\omega_5}=-\frac{z_5}{z_4}$$

亦即轮系的总传动比等于各级传动比的连乘积。

$$i_{15}=i_{12}\cdot i_{2'3}\cdot i_{3'4}\cdot i_{45}=\frac{z_2}{z_1}\cdot\frac{z_3}{z_{2'}}\cdot\frac{z_4}{z_{3'}}\cdot\frac{z_5}{z_4}$$

3.行星轮系

(1)行星轮系的构成。

行星轮系是由太阳轮（或中心轮）、行星轮、行星架（或称转臂）和机架构成的。如图 3-1-37 所示。

行星轮：在图 3-1-37 中，齿轮 2 由构件 H 支承，除了绕自身的几何轴线 O_1 转动（自转）以外，还随轴线 OO_1 转动（公转），所以把它称为行星轮。

行星架：在图 3-1-37 中，支承行星轮转动的构件 H 称为行星架，也叫系杆或转臂。

太阳轮：在图 3-1-37 中，分别与行星轮相啮合且几何轴线固定不动的齿轮 1、3 称为太阳轮，也叫中心轮。其中 1 号齿轮为外齿轮，2 号齿轮为内齿轮。

注意：行星架 H、太阳轮 1、3 的回转轴线互相重合，该轴线称为主轴线。

(2)行星轮系的转化及转化结果。

分别以行星轮系的行星架、太阳轮 3 为机架，我们将得到不同的轮系。

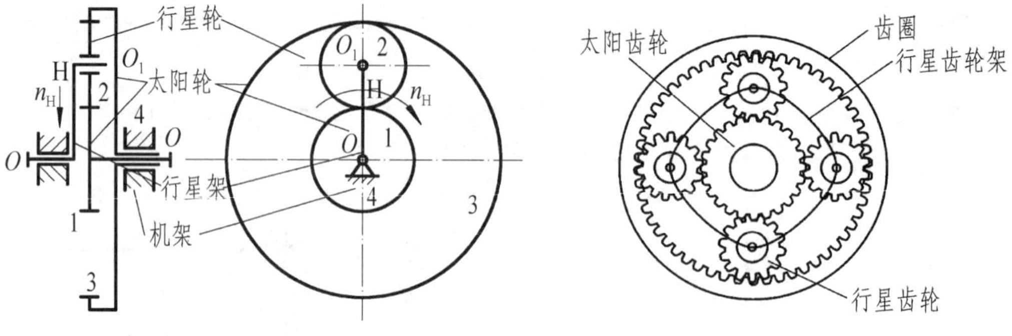

图 3-1-37　行星轮系

①太阳轮 1 为机架(固定)，太阳轮 3 为输入构件，行星架 H 为输出构件，如图3-1-38所示。此时该机构为行星齿轮机构，该机构为同向降速传动。

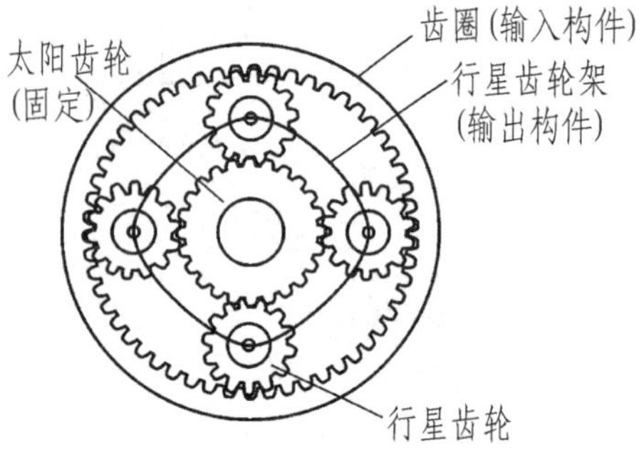

图 3-1-38　行星齿轮机构 1

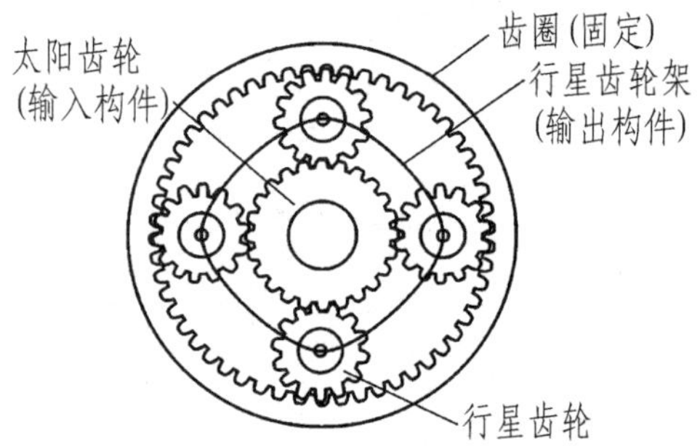

图 3-1-39　行星齿轮机构 2

②太阳轮 3 为机架(固定)，太阳轮 1 为输入构件，行星架 H 为输出构件，如图 3-1-39 所示。此时该机构为行星齿轮机构，该机构为同向降速传动。

③太阳轮 1 为机架(固定)，行星架 H 为输入构件，太阳轮 3 为输入构件，如图 3-1-40 所示。此时该机构为行星齿轮机构，该机构为同向降速传动。

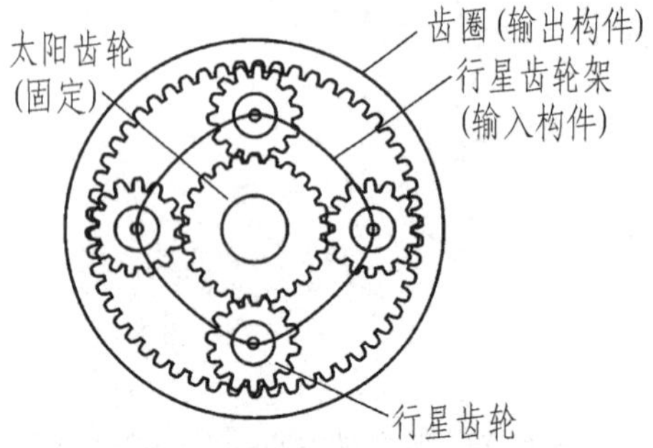

图 3-1-40　行星齿轮机构 3

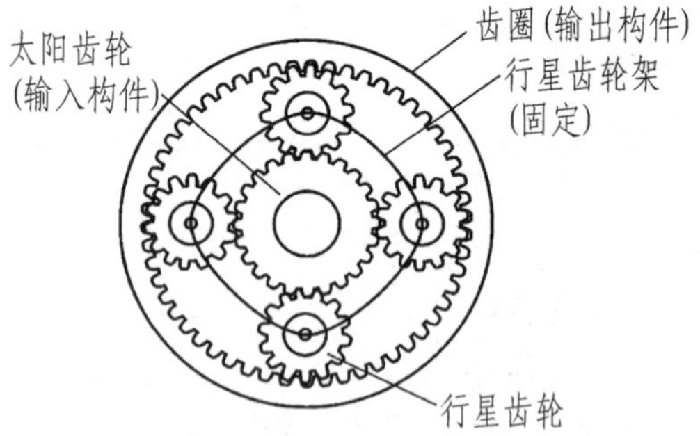

图 3-1-41　行星齿轮机构 4

④行星架 H 为机架(固定)，太阳轮 1 为输入构件，太阳轮 3 为输出构件，如图 3-1-41 所示。此时该机构为平行轴定轴轮系，该机构为反向传动机构。

⑤任意的两个齿轮相互连接，做成整体，此时行星齿轮机构变为输入构件与输出构件直接传动，此时输入、输出的转速相同，即传动比为 1。

⑥任一个构件为主动件，其余构件不做机架，如图 5-1-41 所示，此时该机构为差动轮系，因此不论以哪两个基本元件为输入、输出构件，都不能传递动力，在自动变速器汽车上，此时就处于空挡状态。

4.行星轮系在汽车自动变速器上的运用

目前绝大多数的轿车的自动变速器采用的是行星齿轮的传动方式，在自动变速器上，大量采用了液压传动控制系统，通过不同状态的液压油路来控制不同的轮系部件做机架，不同的轮系部件做输入输出构件，就会得到不同的传动比，从而得到不同的汽车运行接位。

5.齿轮传动的润滑

(1)润滑的功用。

在齿轮传动中，轮齿表面上各啮合点处均有相对的切向滑动。所以，我们要采用润滑油对啮合齿轮进行润滑，润滑的主要作用为：

①减小或消除齿面的磨损。齿面的磨损主要为磨粒磨损和黏着磨损。事实上，黏着磨损就是胶合。为了增强润滑剂的抗胶合能力，常在润滑油中加入添加剂。润滑的抗磨粒磨损的能力主要取决于啮合表面形成油膜，只要油膜厚度大于磨粒尺寸，就可以起到防止或减轻磨粒磨损的作用。

②润滑油可减小摩擦因数，降低齿面间的摩擦，提高传动效率。

③冷却齿轮传动，带走摩擦产生的热量，避免形成齿面烧伤或胶合。

④油膜可以起到缓冲的作用，降低齿轮传动震动、冲击和噪声。

(2)润滑方法及油量选择。

暴露在空气中的齿轮传动称为开式齿轮传动，开式齿轮传动速度较低，一般采用润滑脂或定时滴油润滑。

闭式齿轮传动常利用浸油法或喷油法润滑。

①浸油法：大齿轮浸入一个齿高，对于多级齿轮传动的高速级，可以采用带油轮。由于大齿轮或带油轮可以将油带起，溅落到被润滑处，故也称为飞溅润滑。此时要求齿轮线速度不高于 12 m/s。

②喷油润滑：若线速度超过上述数值，在节圆线速度不大于 90 m/s 时，直接由进入啮合的一侧向啮合处喷油。

③对于非金属齿轮，载荷较小时可以不进行润滑。有时也可加入适量油以改善摩擦性能，提高承载能力，或改善材料使其具有自润滑能力。

六、蜗轮蜗杆传动

蜗轮蜗杆传动是由蜗杆 1 和涡轮 2 组成，如图 3-1-42 所示。常用于轴线交错角为 90°的两轴之间传递运动和动力。一般蜗杆为主动件，做减速运动。蜗轮蜗杆运动具有传动比大而结构紧凑等优点，所以在各类机械，如机床、冶金、矿山、起重运输机械中得到广泛使用。

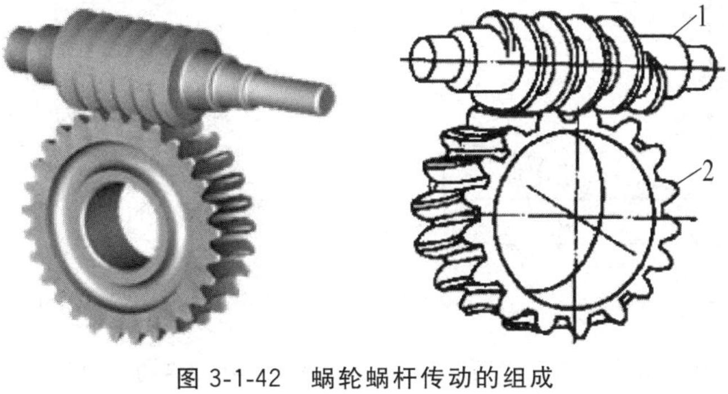

图 3-1-42 蜗轮蜗杆传动的组成

1.蜗轮蜗杆传动的传动比计算

蜗杆的齿数亦称为头数直接影响蜗轮蜗杆传动的传动效率，常用的头数 z_1 有 1、2、4、6 等，蜗杆的头数越多，传动效率越高，但加工制造越困难。当 $z_1=1$ 时，传动比最大，但此时传动效率最低。

蜗杆传动的传动比大小的计算公式：

$$i_{12}=\frac{\omega_1}{\omega_2}=\frac{z_2}{z_1}$$

式中：ω_1——表示蜗杆的转动角速度；

ω_2——表示蜗轮的转动角速度；

z_1——表示蜗杆的头数；

z_2——表示蜗轮的齿数。

2.蜗轮蜗杆传动中从动蜗轮转向的判断

蜗杆上的螺旋线有左、右旋之分，首先判断蜗杆的旋向。

采用“左、右手定则”判断蜗轮的转向：蜗杆左旋用左手、右旋用右手，四指顺着蜗杆的转向握住蜗杆，大拇指指向的反向就是啮合点（A）蜗轮的转向。具体使用如图 3-1-43 所示。

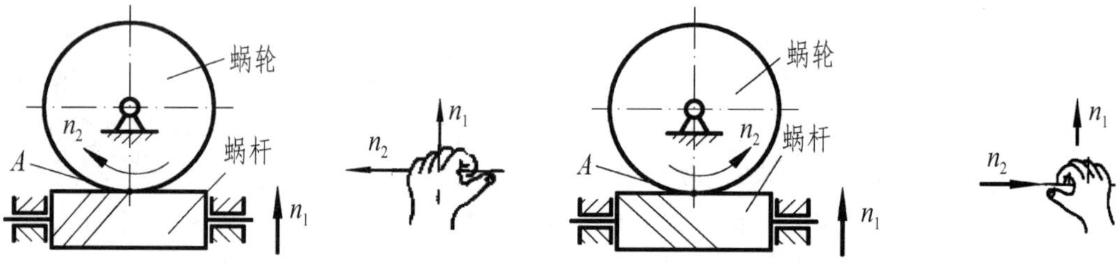

（a）左手定则　　（b）右手定则

图 3-1-43　蜗轮转向的判定

七、螺纹

汽车上螺纹连接随处可见，螺栓、螺钉、螺柱都是它们的应用实例。

1.螺纹的形成

将一个直角三角形绕到一个圆柱体上，并使三角形的底边与圆柱体的底面重合，三角形的斜边就绕在圆柱体的表面上形成一条螺旋线，这条螺旋线就是我们所称的“螺纹”，如图 3-1-44 所示。

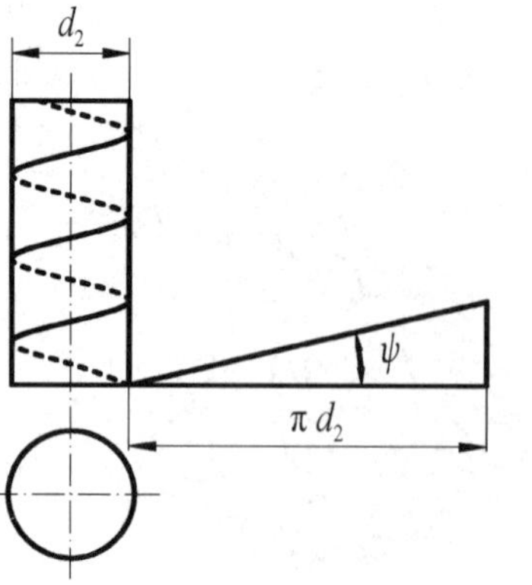

图 3-1-44　螺纹形成示意图

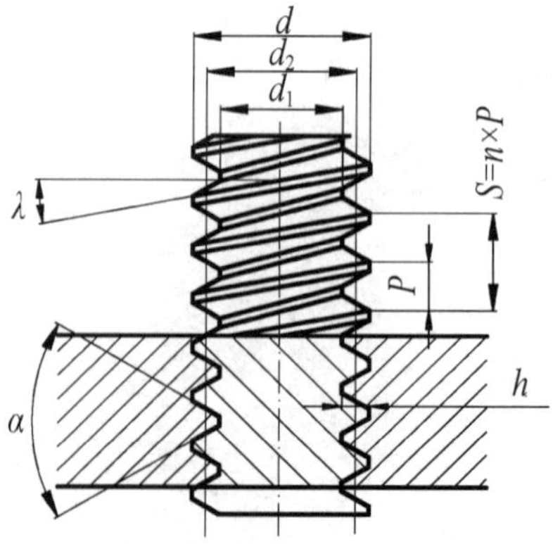

图 3-1-45　普通螺纹的主要参数

2.螺纹的分类

根据螺纹所在的表面不同,螺纹可以分为内螺纹、外螺纹。

根据螺旋线的数目多少,螺纹可以分为单线螺纹、多线螺纹。

根据螺旋线的旋向不同,螺纹可以分为右旋螺纹、左旋螺纹。

根据螺纹牙线的截面形状不同,螺纹可以分为三角形螺纹、梯形螺纹、锯齿形螺纹、矩形螺纹等。

根据螺纹的用途不同,螺纹可以分为传动螺纹和连接螺纹。三角形螺纹、管螺纹属于连接螺纹,梯形螺纹、矩形螺纹、锯齿形螺纹属于传动螺纹。

根据螺距是否为标准值,螺纹可以分为粗牙螺纹(标准螺纹)和细牙螺纹。

3.普通螺纹的主要参数

普通螺纹的主要参数如图 3-1-45 所示。

(1)大径 $d(D)$:螺纹的最大直径,通常也称作公称直径。

(2)中径 $d_2(D_2)$:通过螺纹轴向剖面内牙型上的沟槽和凸起宽度相等处的假想圆柱面的直径,近似等于螺纹的平均直径,是确定螺纹几何参数的直径。

(3)小径 $d_1(D_1)$:即螺纹的最小直径,也称为计算直径。

(4)螺距 P:螺纹相邻两牙在中径上对应两点的轴向距离。

(5)线数 n:螺纹的螺旋线数量,也称螺纹头数。

(6)导程 S:同一螺旋线上的相邻两牙在中径线上对应两点间的轴向距离。对于单线螺纹 $S=P$;对于多线螺纹 $S=nP$。

(7)升角 ψ:中径 d_2 圆柱上,螺旋线的切线与垂直于螺纹轴线的平面的夹角。

(8)牙型角 α:螺纹牙型两侧边的夹角。

(9)螺纹的工作高度 h:表示内外螺纹沿径向的接触高度。

(10)螺纹的旋合长度:指两个相互配合的螺纹,沿螺纹轴线方向相互合拢部分的长度。

4.螺纹旋向的判断

沿螺纹轴线方向看,如图 3-1-46 所示,螺旋线自下而上向右倾斜为右旋,如图(a);向左倾斜为左旋如图(b)。左旋螺纹的标准件通常制有左旋标记。

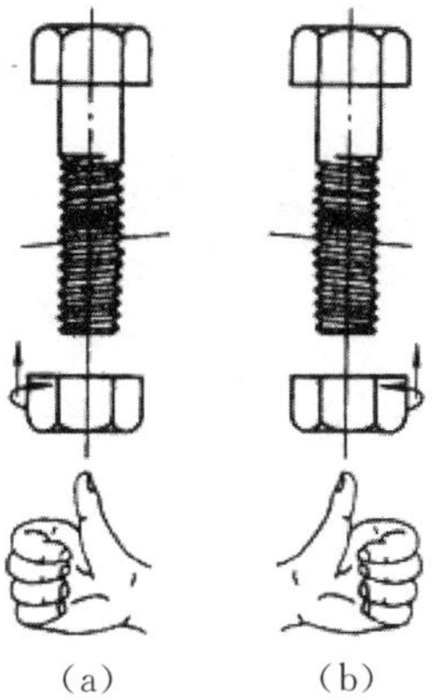

图 3-1-46 螺纹旋向的判断

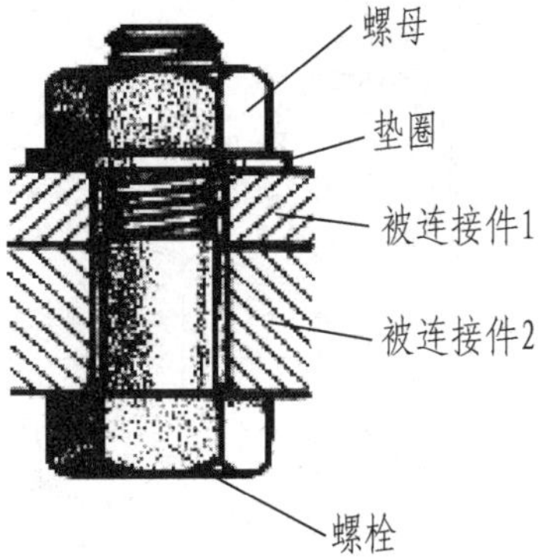

图 3-1-47 螺纹连接

如图 3-1-47 所示为典型的螺纹连接方式之一。从图中可以看出,连接必须存在至少两个被连接件,同时具有螺栓、垫片、螺母等零件。因此,常用的螺纹连接件有:螺栓、双头螺柱、螺钉、螺母、垫圈等,见表 3-1-3。

表 3-1-3　常见的螺纹连接件

名称	普通螺栓	小六角头螺栓	内六角螺栓	
图例				
名称	双头螺栓	圆头螺钉	盘头螺栓	
图例				
名称	半圆头螺钉	沉头螺钉	半沉头螺钉	
图例				
名称	六角螺母	六角厚螺母	六角开槽螺母	组合式盖形螺母
图例				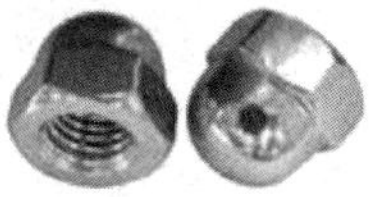
名称	法兰螺母	小六角扁螺母	扣紧螺母	圆螺母
图例			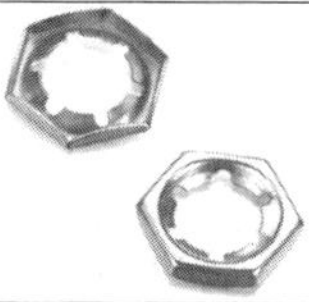	
名称	扁圆螺母	六角锁紧螺母	方螺母	蝶形螺母
图例			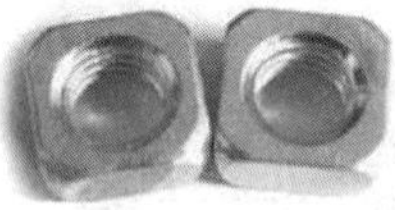	
名称	平垫圈	弹簧垫圈	单耳止动垫圈	双耳止动垫圈
图例				
名称	外舌止动垫圈	波形弹性垫圈	方斜垫圈	球面垫圈
图例				

常用的螺纹连接方式有：螺栓连接、双头螺柱连接、螺钉连接、紧定螺钉连接等，见表 3-1-4。

表 3-1-4 常用的螺纹连接方式

连接方式	螺栓连接	双头螺柱连接	螺钉连接	紧定螺钉连接
图例	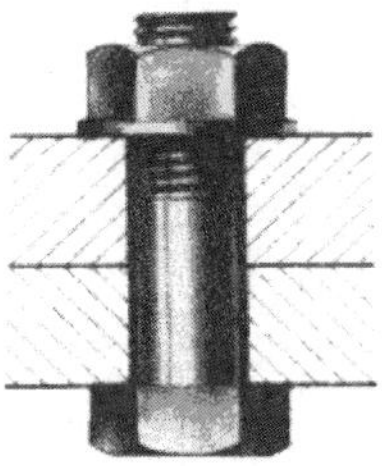	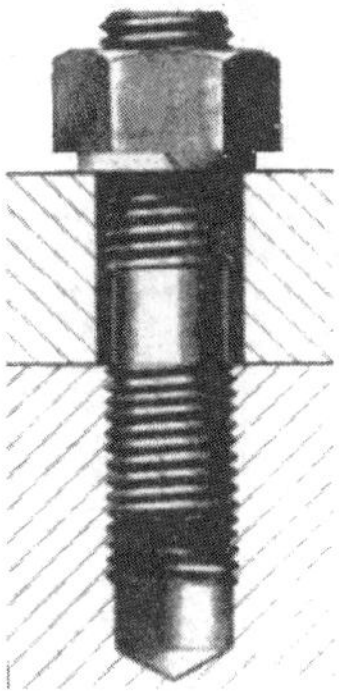	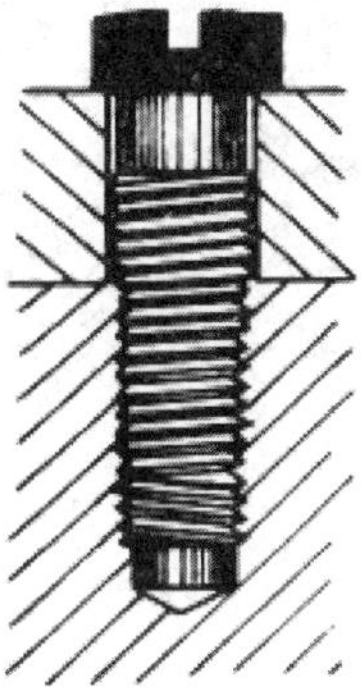	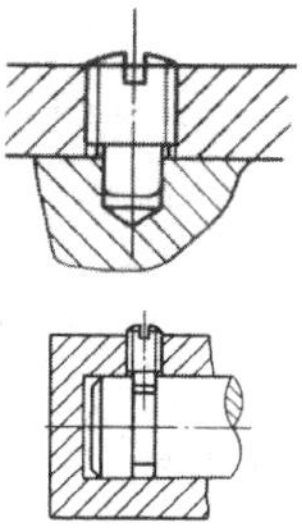

5.螺纹的预紧与防松

（1）预紧。

螺纹连接在承受工作载荷之前预先受到的一个拧紧作用力叫预紧力。预紧的目的在于增强连接的可靠性和紧密性。

经验证明：选用适当较大的预紧力，对螺栓连接的可靠性及螺栓的疲劳强度都是有利的。但过大的预紧力会使紧固件在装配或偶尔过载时断裂。因此，对于重要的螺栓连接，在装配时需要控制预紧力。

一般规定，拧紧后螺纹连接件的预紧力不应超过其材料屈服极限 σ_s 的 80%。

通常借助于测力矩扳手或定力矩扳手，利用控制预紧力矩的方法来控制预紧力大小。如图 3-1-48 所示。

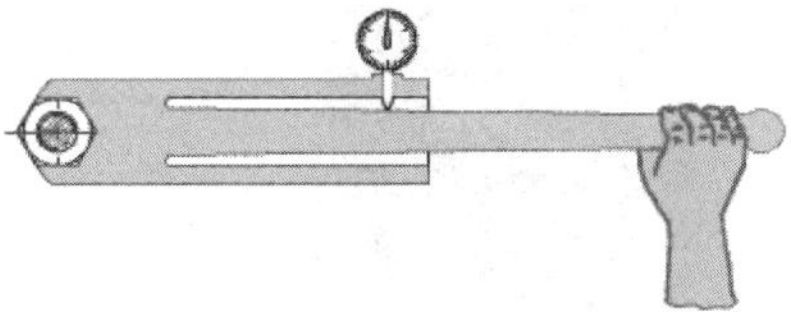

图 3-1-48 控制预紧力矩

（2）防松。

防松的根本问题在于防止螺旋副相对转动。按工作原理的不同，防松方法分为摩擦防松、锁住防松和不可拆防松等。

其中不可拆防松的措施效果最好，但其对螺纹有破坏作用所以不常采用。比如：端铆、冲点、焊接、胶接等方法。

对于重要的连接，特别是在机器内部不易检查的连接，应采用比较可靠的摩擦防松、锁住防松。各种防松的形式见表 3-1-5。

表 3-1-5　各种防松的形式

防松形式	摩擦防松		
	对顶螺母防松	锁紧螺母防松	弹簧垫圈防松
图例	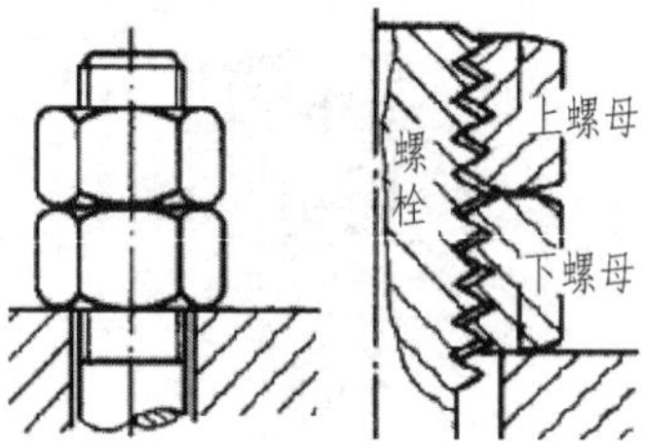	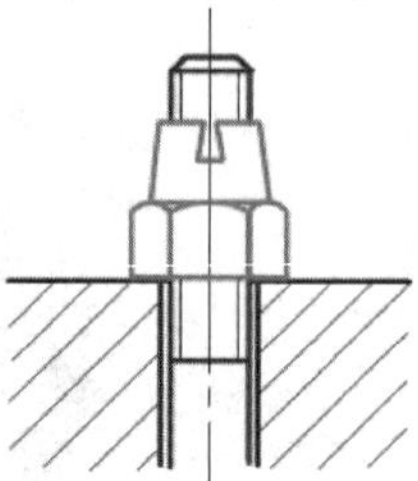	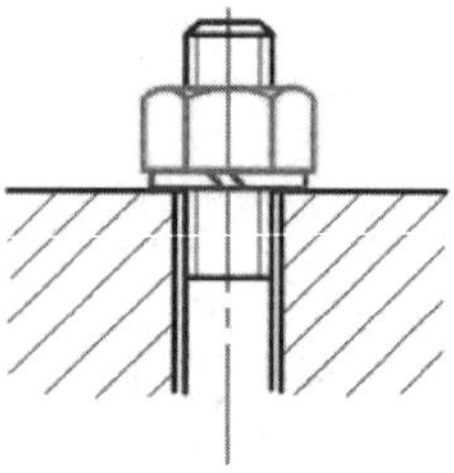
防松形式	锁住防松		
	开口销与槽形螺母	止动垫圈	串联金属丝
图例	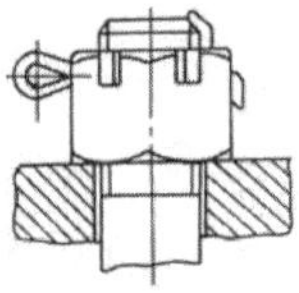	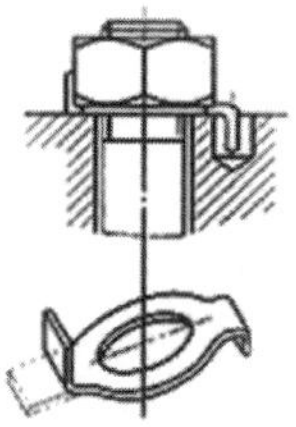	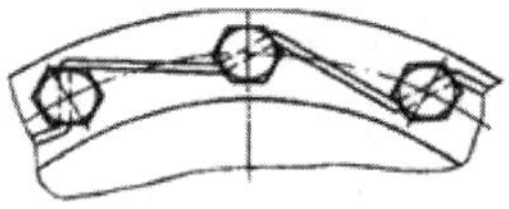 (a)正确 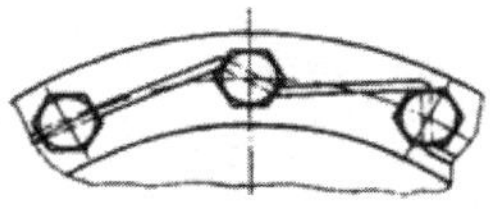 (b)不正确

八、销连接

销是汽车零件中常见的零件，活塞销是销连接在汽车上的典型应用，如图 3-1-49 所示。

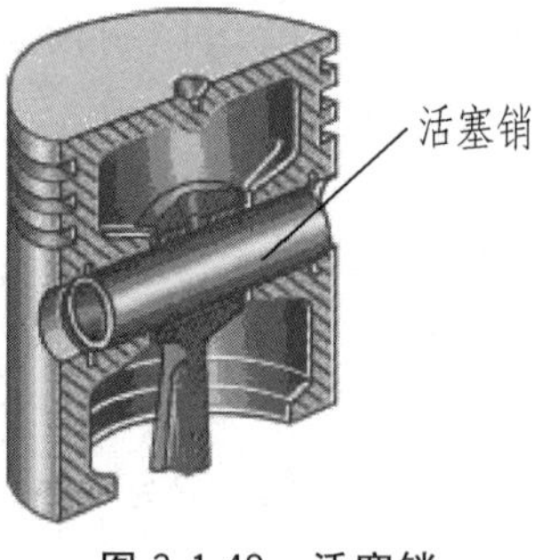

图 3-1-49　活塞销

销连接是一种确定零件之间相互位置、传递零件之间轻载荷的一种方式。它通常有三个作用：

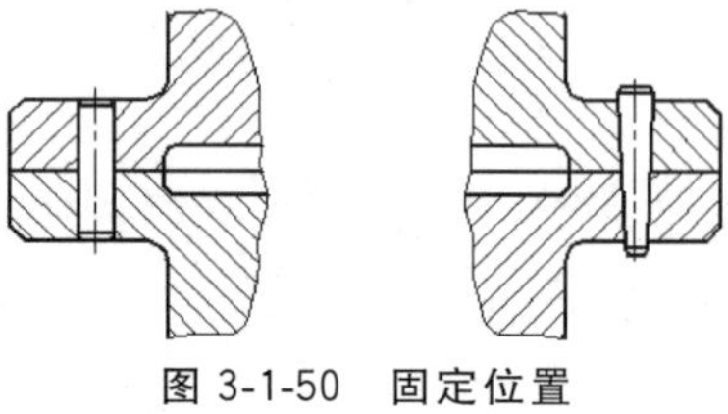

图 3-1-50　固定位置

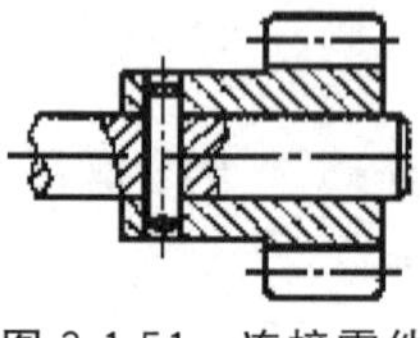

图 3-1-51　连接零件

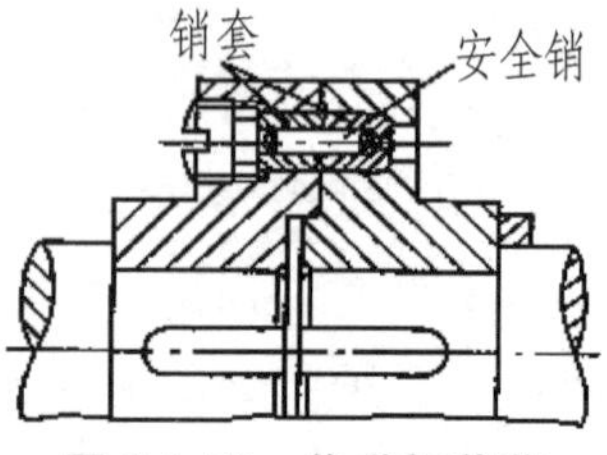

图 3-1-52　传递轻载荷

(1)固定零件之间的相对位置,如图 3-1-50 所示。

(2)用于零件之间的连接,如图 3-1-51 所示。

(3)传递零件之间轻载荷并充当过载剪断元件,如图 3-1-52 所示。

1.销的分类

根据用途来分,销可以分为定位销(图 3-1-50)、连接销(图 3-1-51)、安全销(图 3-1-52)。根据结构来分,销可以分为圆柱销、圆锥销、销轴、开口销、弹性销等,如图 3-1-53 所示。

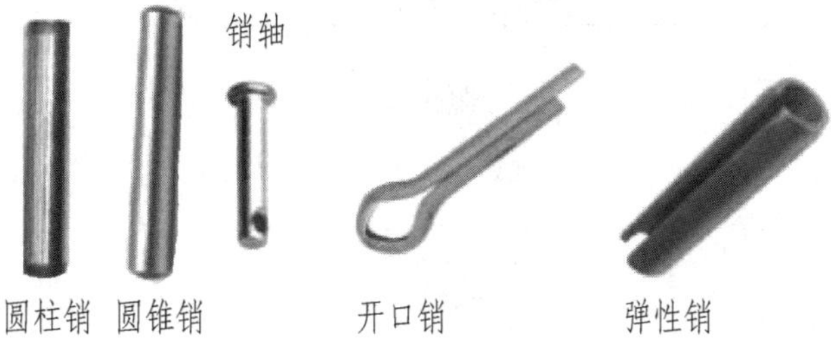

图 3-1-53 销按结构分的类型

2.销的作用

(1)定位销一般不受力或受很小的力,其直径按结构确定,数目不小于 2 个。

(2)连接销能传递很小的力。

(3)安全销的直径通过计算得到,当过载 20%~30%时即应被剪断。

(4)圆柱销靠过盈与销孔配合,为保证定位精度和连接的紧固性,不宜经常拆装。主要用于定位、连接、安全之用。

(5)圆锥销具有 1∶50 的锥度,小端直径为标准值,自锁性能好,定位精度高,主要用于定位,也可作为连接销。圆柱销和圆锥销的销孔均须铰制。

(6)开口销工作可靠、拆卸方便,常与槽形螺母合用,用于锁定螺纹连接件。

(7)弹簧销又称弹性圆柱销,是一种无头中空的柱形体,轴向开槽,两头端部有倒角,用于零件之间的定位、连接、固定等;需具备良好的弹性及抗剪切力,这类销的外径比装配孔径稍大一点,靠自身的弹性锁紧。

九、键连接

汽车上许多零件之间的连接都使用了键连接,比如:汽车变速箱中的轴与齿轮之间的连接,如图 3-1-54 所示,依靠键连接来传递相互之间的运动。

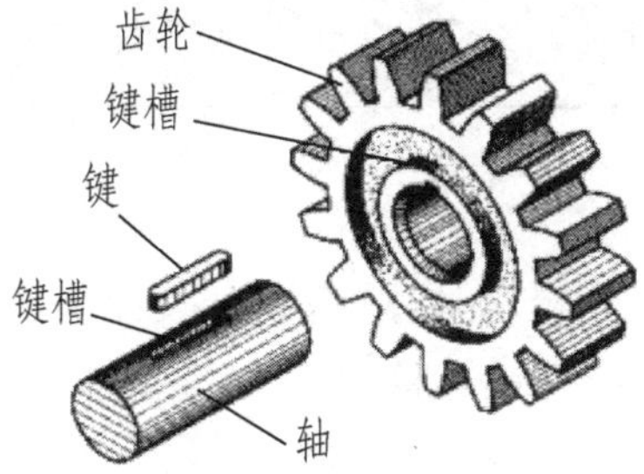

图 3-1-54 键连接示意图

1.键连接的作用

键连接主要用作轴上零件的周向固定并传递转矩,有的兼作轴向固定,还有的在轴上零件沿轴向移动时起导向作用。

2.键连接的分类

根据结构特点和工作原理,键连接可以分为平键连接、半圆键连接、楔键连接和花键连接等。键连接的分类和作用见表 3-1-6。

表 3-1-6　键连接的分类和作用

分类			图例	备注
平键	普通平键	双圆头平键		也称 A 型
		半圆头平键		也称 C 型
		平头平键		也称 B 型
	薄型平键			用于薄壁结构和特殊场合
	导向平键		 	引导轴上零件沿轴向移动
半圆键			 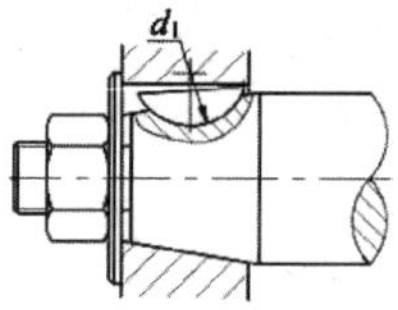	近似半圆形， 用于锥形轴头与轮毂的连接
楔键			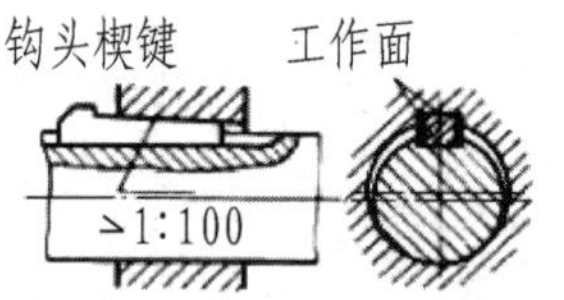 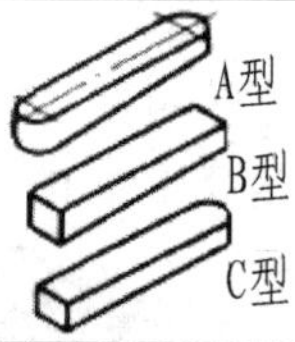	楔键的上、下表面为工作面， 依靠上下压紧面的摩擦力来工作

3.花键连接

花键的结构如图 3-1-55 所示，沿圆柱体的内、外表面制成的花键分别称之为内花键和外花键。内、外花键配合使用称之为花键连接。

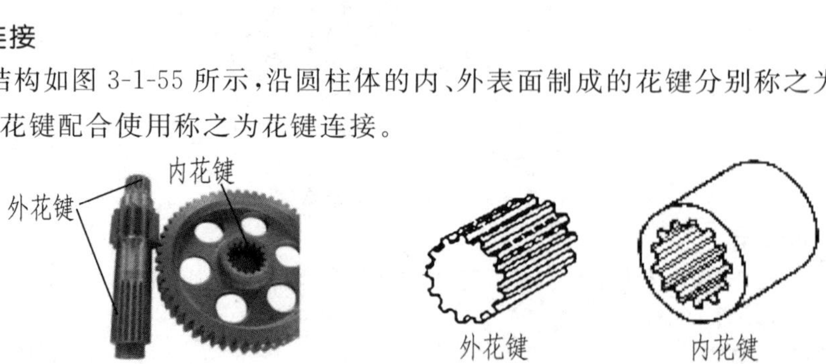

图 3-1-55　花键的结构

花键与普通平键类似，键的两侧面为工作面，工作时靠键的两个侧面挤压传递转矩。

4.花键连接的特点

与其他键连接相比，花键连接具有以下特点：

(1)齿数多、工作面积大、承载能力强；

(2)键齿分布均匀、各键齿受力均匀；

(3)连接精度高、轴上零件对中性较高；

(4)导向好、轴上零件可以对轴向产生滑移；

(5)可用磨削的方法提高加工精度及连接质量；

(6)加工制造成本高，需要专门设备。

5.花键连接的分类

根据花键键齿的不同，花键可以分为矩形花键、渐开线形花键和三角形花键三种，如图 3-1-56 所示。

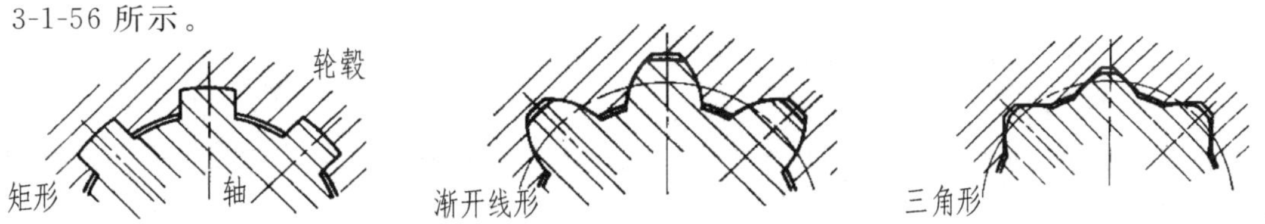

图 3-1-56 花键的种类

6.花键连接的应用

根据国家标准规定矩形花键的定心方式为小径定心，这种方式具有定心精度高、定心稳定、配合面可以用磨削工艺消除变形等特点，故应用很广。

渐开线花键的定心方式为齿形定心，当键齿受到力的作用时齿上的径向力能自动定心，加上渐开线花键齿根较厚且齿根圆角较大，承载能力高，可用制造齿轮的方法进行加工，工艺性好，所以应用广泛且优先选用。

三角形花键的齿较细，适用于载荷很轻或薄壁零件的连接。

十、带传动和链传动

在汽车和摩托车上，都有采用皮带和链条传动的地方，如在汽车上发动机驱动发电机、冷却水泵、冷却风扇的方式，基本都采用带传动，如图 3-1-57 所示。

图 3-1-57 带传动的应用示例

1.带传动

(1)带传动的组成。

带传动是由主动带轮、从动带轮和张紧在两轮上的传动带所组成,如图 3-1-58 所示。常用作减速传动,即小带轮带动大带轮运转。

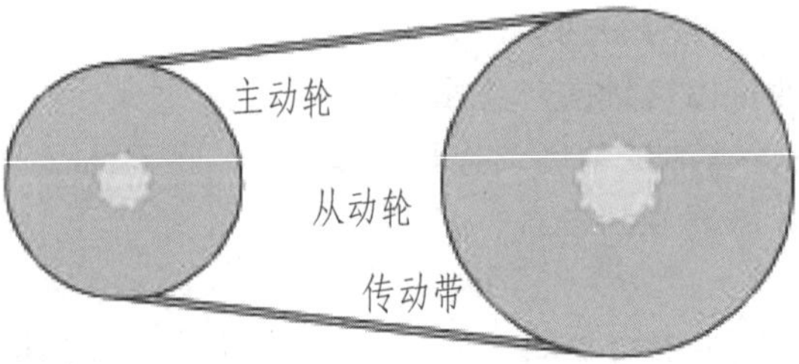

图 3-1-58　带传动的组成

(2)带传动的分类。

根据工作原理不同,带传动分为摩擦型和啮合型(又称为同步带传动)两大类。摩擦型带传动依靠张紧的皮带与带轮之间的正压力所产生的摩擦力来传递运动和动力。啮合型依靠带轮和皮带上的轮齿相啮合来传递运动和动力。如图 3-1-59 所示。

图 3-1-59　带传动分类的示例

①按带的横截面形状不同,摩擦型带传动可分为四种类型:

a.平带传动。平带的横截面为扁平矩形,如图 3-1-60(a)所示,内表面与轮缘接触为工作面。常用的平带有普通平带(胶帆布带)、皮革平带和棉布带等,在高速传动中常使用麻织带和丝织带。其中以普通平带应用最广。平带可适用于平行轴交叉传动和交错轴的半交叉传动。

b.V 带传动。V 带的横截面为梯形,两侧面为工作面,如图 3-1-60(b)所示,工作时 V 带与带轮槽两侧面接触,在同样压力的作用下,V 带传动的摩擦力约为平带传动的三倍,故能传递较大的载荷。

V 带又分为:普通 V 带、窄 V 带、宽 V 带等。常用的为普通 V 带,窄 V 带因其传动功率大、传动尺寸小、许用速度高、效率较高,故在生产中得到广泛应用。

按截面尺寸自小至大的顺序,普通 V 带分为:Y、Z、A、B、C、D、E 七种型号,窄 V 带分为:SPAZ、SPA、SPB、SPC 四种型号。

小提示: 带的截面尺寸越大,所能传递的功率就越大。

c.多楔带传动。多楔带是若干 V 带的组合,如图 3-1-60(c)所示,可避免多根 V 带长度不等、传力不均的缺点。

d.圆形带传动。横截面为圆形，如图 3-1-60(d)所示，常用皮革或棉绳制成，只用于小功率传动。

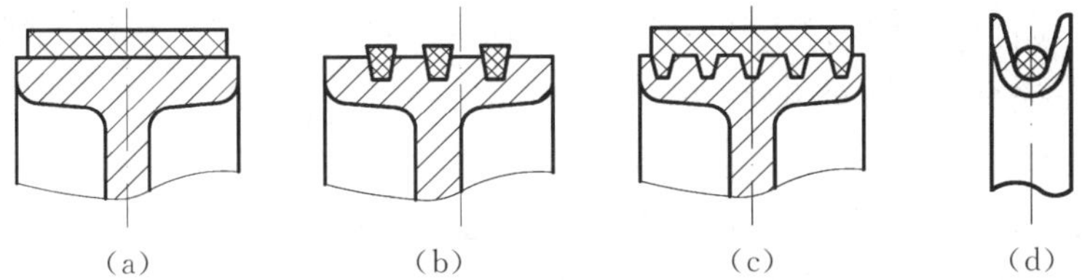

图 3-1-60　摩擦型带传动的类型

②根据啮合方式的不同，啮合型带传动可分为两种类型：

a.同步带传动。利用带的齿与带轮上的齿相啮合传递运动和动力，带与带轮间为啮合传动，没有相对滑动，可保持主、从动轮线速度同步，如图 3-1-61(a)所示。

b.齿孔带传动。带上的孔与轮上的齿相啮合，同样可避免带与带轮之间的相对滑动，使主、从动轮保持同步运动，如图 3-1-61(b)所示。

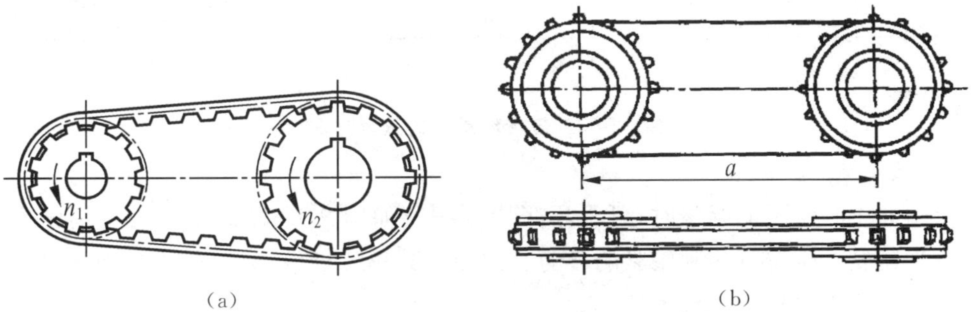

图 3-1-61　啮合型带传动的类型

小提示：汽车上常用的带传动有：V 带传动、多楔带传动和同步带传动。

(3)带传动的安装与维护。

正确的安装和维护是保证带传动正常工作、延长胶带使用寿命的有效措施，一般应注意以下几点：

①平行轴传动时各带轮的轴线必须保持规定的平行度。V 带传动主、从动轮轮槽必须调整在同一平面内，误差不得超过 20′，否则会引起 V 带的扭曲使两侧面过早磨损。

②套装带时不得强行撬入。应先将中心距缩小，将带套在带轮上，再逐渐调大中心距拉紧带。

③多根 V 带传动时，为避免各根 V 带载荷分布不均，带的配组公差应在规定的范围内。

④对带传动应定期检查及时调整，发现损坏的 V 带应及时更换，新旧带、普通 V 带和窄 V 带、不同规格的 V 带均不能混合使用。

⑤带传动装置必须安装安全防护罩。这样既可防止绞伤人，又可以防止灰尘、油及其他杂物飞溅到带上影响传动。

⑥定期张紧，保持适当的初拉力。长期停机时，应将传动带放松。

(4)带传动的张紧与调整。

带传动的张紧程度对其传动能力、寿命和轴压力都有很大的影响。带传动工作一段时间后会由于塑性变形而松弛，使初拉力减小、传动能力下降，需要重新张紧。常用张紧方法有以下几种：

①定期张紧：将装有带轮的电动机装在导轨上，旋转调整螺栓以增大或减小中心距从而达到张紧或松开的目的，如图 3-1-62(a)所示。把电动机装在一摆动机座上，通过调整螺栓调节中心距达到张紧的目的，如图 3-1-62(b)所示。

②自动张紧。

把电动机装在如图 3-1-62(c)所示的摆动机座上，利用电机的自重，使电动机轴心绕铰点摆动，拉大中心距达到自动张紧的目的。

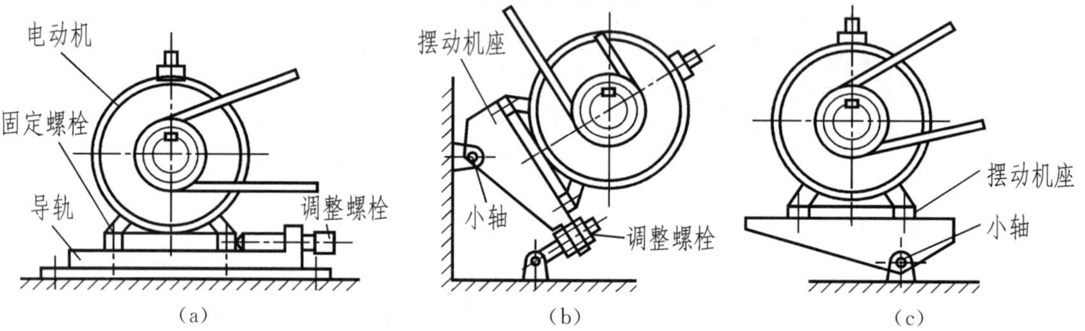

图 3-1-62　带传动常用的张紧方法

(2)张紧轮法。

带传动的中心距不能调整时，可采用张紧轮法。如图 3-1-63(a)所示为定期张紧装置，定期调整张紧轮的位置可达到张紧的目的。如图 3-1-63(b)所示为摆锤式自动张紧装置，依靠摆锤重力可使张紧轮自动张紧。

V 带和同步带张紧时，张紧轮一般放在带的松边内侧并应尽量靠近大带轮一边，这样可使带只受单向弯曲，且小带轮的包角不致过分减小。

小提示： V 带传动时，绕入主动带轮(或绕出从动带轮)的一边为紧边；绕出主动带轮(或绕入从动带轮)的一边为松边。

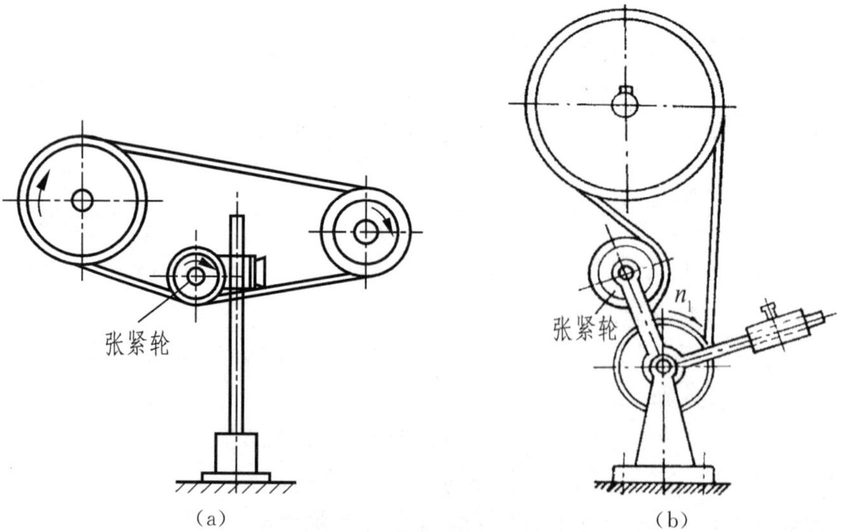

图 3-1-63　张紧轮法的装置

(5)带的标记。

带的标记一般打印在带的顶面。带的标记一般由截面型号、基准长度和标准编号组成。例如：B2000 GB11544—1997，表示该带的截面型号为B型、基准长度为2000 mm，1997年的国家标准号为11544的普通V带。

小提示： V带缠绕在V带轮上时产生弯曲，外层受拉而伸长，内层受压而缩短，必有一中间层既不伸长也不缩短，这一中间层叫中性层。中性层所在的层面叫节面，在带轮上，与配用V带节面处于同一位置的槽型轮廓宽度称为基准宽度，基准宽度处的带轮直径称为基准直径，在规定的张紧力下，皮带位于基准直径上的周线长度即为V带的基准长度。

2.链传动

(1)链传动的组成。

链传动由主动链轮、从动链轮和缠绕在链轮上的链条组成，如图3-1-64所示。靠链条和链轮齿啮合传递运动和动力。最常用的链传动为滚子链传动，如图3-1-65所示。

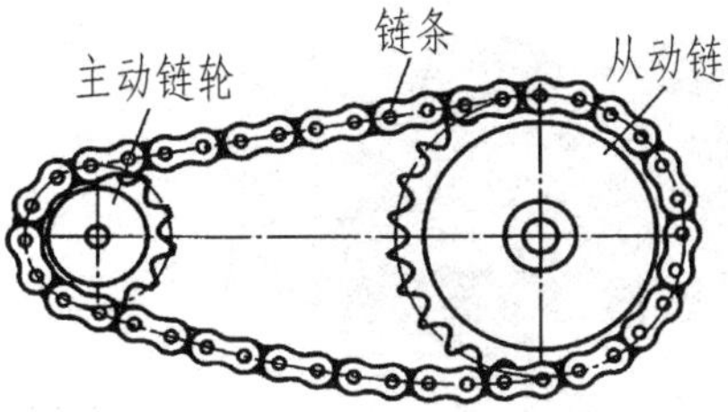

图 3-1-64 链传动的组成

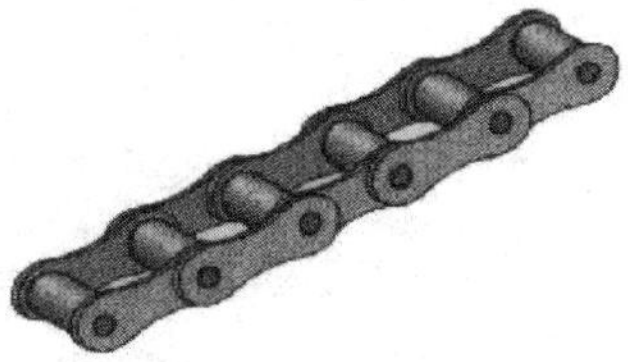

图 3-1-65 滚子链传动

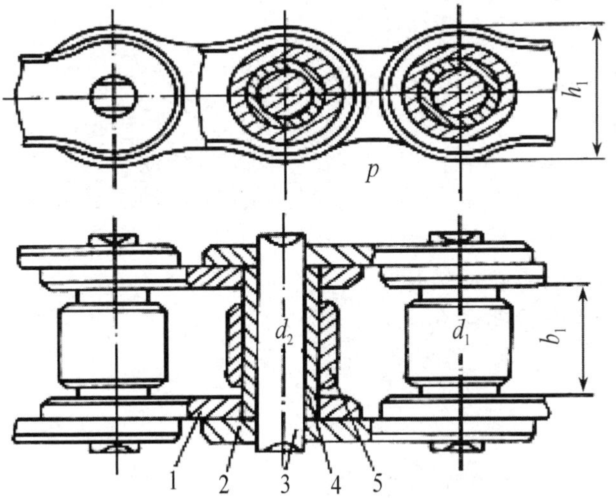

1-内链板；2-外链板；3-销轴；4-套筒；5-滚子

图 3-1-66 滚子链传动的组成

(2)滚子链传动的组成。

滚子链条由链节组合而成，链节又分为内链节和外链节，由内链板、外链板、销轴、套筒、滚子等零件组成，如图3-1-66所示。相邻链节铰链副理论中心之间的距离称为节距，用字母P来表示。节距P是链条的基本参数。

(3)滚子链的接头形式。

当链节数为偶数时，内、外链节正好相接，可直接用连接链节连接，如图 3-1-67 所示。当链节数为奇数时，接头处内链板与内链板或外链板与外链板相对，这时应采用过渡链节连接，如图 3-1-68 所示。

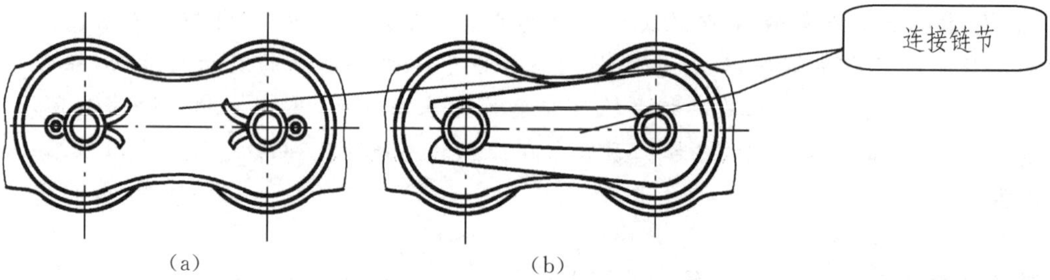

图 3-1-67　偶数链节的连接

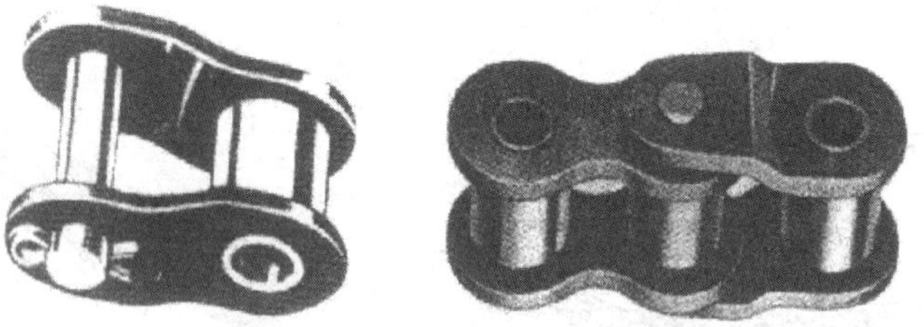

图 3-1-68　奇数链节的连接

小提示：由于过渡链节的弯链板工作时受到附加弯曲应力，因此应尽量避免使用奇数链节。

(4)带传动、链传动的传动比。

①带传动的传动比：

$$i_{12}=\frac{n_1}{n_2}=\frac{\text{从动带轮的基准直径}}{\text{主动带轮的基准直径}}=\frac{\text{同步带传动从动带轮的齿数}}{\text{同步带传动主动带轮的齿数}}$$

式中：n_1——表示主动带轮的转速；

n_2——表示从动带轮的转速；

i_{12}——表示主从动带的传动比。

②链传动的传动比：

$$i_{12}=\frac{n_1}{n_2}=\frac{z_1}{z_2}$$

式中：n_1——表示主动链轮的转速；

n_2——表示从动链轮的转速；

i_{12}——表示主从动链轮的传动比；

z_1——表示主动链轮的齿数；

z_2——表示从动链轮的齿数。

【任务拓展】

一、对应力集中的认识

汽车上的零件，有些零件常存在切口、切槽、油孔、螺纹等，这些形状致使该部位的截面尺寸发生突然变化。当这些零件承受外力作用时，在形状突变的局部区域内，内力所引起的应力数值急剧增加，而在离开这一区域稍远的地方，应力迅速降低而趋于均匀。这种现象，称为应力集中。截面尺寸变化越急剧，应力集中的程度就越严重，局部出现的最大应力就越大。鉴于应力集中往往会削弱杆件的强度，因此在零件上应尽可能避免或降低应力集中的影响。

在日常生活中这种现象特别常见，也得到广泛的应用。比如方便面的调味料包，如图 3-1-69 所示。因为存在花边的形状突变，所以就有应力集中的现象，这样也方便了食用者撕开。

图 3-1-69　带花边的调味包

二、轴上零件的三个定位方向

我们经常谈到轴上零件的三个定位方向，它们分别是轴向、径向和周向。

轴向是指沿轴线方向，径向是指沿半径方向，周向是指沿圆周方向。

三、螺纹连接件的性能等级

在螺栓、螺母的头部我们经常看见一些数字，如图 3-1-70 所示。它表示螺栓或螺母的性能等级。螺栓或螺母等螺纹连接件的性能等级见表 3-1-7。

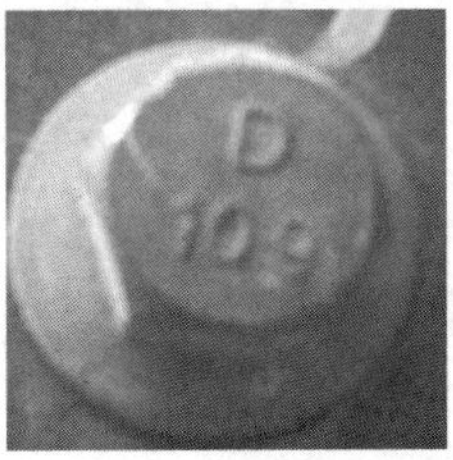

图 3-1-70　螺栓、螺母头部的数字

表 3-1-7　螺纹连接件的性能等级

螺栓 双头螺柱 螺钉	3.6	4.6	4.8	5.6	5.8	6.8	8.8	9.8	10.9	12.9
相配螺母	4(d>M16) 5(d≤M16)			5	5	6	8　9 (M16<d≤M39)	9 (d≤M16)	10	12

性能等级代号的意义：

(1)螺栓、双头螺柱、螺钉的性能等级代号中，小数点前面的数值由$\frac{\sigma_b}{100}$而来，小数点后面的数字由$\frac{\sigma_s}{\sigma_b}$而来。如图 3-1-70 中的 10.9，$\frac{\sigma_b}{100}=10$，可知：$\sigma_b=1000$ MPa，而$\frac{\sigma_s}{\sigma_b}\times 10=9$，可知：$\sigma_s=900$ MPa。

(2)螺母的等级代号为$\frac{\sigma_b}{100}$。

(3)大于 8.8 级的连接件材料要经过淬火并回火处理。

【课后训练】（打“※”为选做题）

一、名词解释

1.机械　2.机器　3.机构　4.运动副　5.高副　6.低副　7.移动副　8.转动副　9.铰链四杆机构　10.曲柄存在的条件　11.凸轮的基圆　12.行程　13.齿轮轮齿的齿廓　14.传动比　15.定轴轮系　16.周转轮系　17.螺纹　18.螺纹的螺距　19.螺纹的导程　20.螺纹的预紧力

二、填空题

1.机器是具有确定运动的__________的组合体，它用来__________，改变或传递物料和处理信息，以代替和减轻人的体力和脑力劳动。

2. 机器由三个部分所组成，即__________、__________、__________。

3.一个现代化的机械系统包括四个方面，即：__________、__________、__________和__________。我们学习的汽车产品就是一个典型的例子。

4.构件与零件的根本区别在于：构件是机械中的__________单元，而零件是__________的单元。

5.运动副可分为高副和低副，其中低副包括__________和__________。

6.在机构中，连接两个连架杆的杆件称为__________。

7.在机构中连架杆能称为曲柄，是因为__________。

8.铰链四杆机构有三种基本形式，它们分别是__________、__________、__________。

9.凸轮机构是由__________、__________、__________以及附属装置组成的一种高副机构。

10.凸轮机构按从动件形状分，可分为__________、__________、__________、__________。

11.齿轮的基本参数中模数的单位是__________。

12.在标准渐开线直齿圆柱齿轮的分度圆上，其齿厚与齿槽宽__________。

13.渐开线直齿圆柱齿轮的正确啮合条件是两个齿轮的__________和__________分别相等。

14.根据螺纹牙线的截面形状不同，螺纹可以分为__________、__________、__________、__________等。

15.根据用途来分，销可以分为__________、__________、__________。

16.平键可分为__________、__________、__________。

17.根据花键键齿的不同，花键可以分为__________、__________和__________三种。

18.螺纹的旋向有__________和__________。

三、选择题

1.螺纹连接的主要防松方法有(　　)。

A.机械防松　　B.摩擦防松　　C.机械防松、摩擦防松和其他防松

2.下面(　　)情况下,存在死点。

A.双曲柄机构　　B.对心曲柄滑块机构,曲柄主动

C.曲柄摇杆机构,曲柄主动　　D.曲柄摇杆机构,摇杆主动

3.用于薄壁零件连接的螺纹,应采用(　　)。

A.三角形细牙螺纹　　B.梯形螺纹

C.锯齿型螺纹　　D.多线三角形粗牙螺纹

4.螺栓的强度等级为 12.9,则该螺栓材料的 σ_b 等于(　　)MPa。

A.1000　　B.1080　　C.1200　　D.1100

5.曲柄滑块机构有死点存在时,其主动件是(　　)。

A.曲柄　　B.滑块　　C.连杆　　D.导杆

六、判断题

1.机构和机器组成机械,其中机构可以实现能量转化。(　　)

2.凸轮靠轮廓形状来保证从动件的运动规律。(　　)

3.螺纹连接不需要预紧。(　　)

4.在轮系中,箭头法可以用于平行轴定轴轮系中首末两轮的转向判断。(　　)

5.压力角越大越好,它越大越有利于从动件的转动。(　　)

6.矩形螺纹用于传动,而普通三角螺纹用于连接。(　　)

7.在铰链四杆机构中,如果以最短构件为机架,则可能存在一个曲柄。(　　)

8.齿面胶合产生于低速重载的齿轮传动上。(　　)

9.齿面点蚀产生于高速轻载的齿轮传动上。(　　)

10.汽车的转向系统中转向节臂与方向级的连接方式为平键连接。(　　)

七、简答题(※)

1.什么是运动副?什么是高副?什么是低副?

2.螺纹的导程 S 与线数 n 及螺距 P 之间的关系是什么?

3.试标出图 3-1-71 和图 3-1-72 中未注明的蜗轮或蜗杆的转向及旋向。

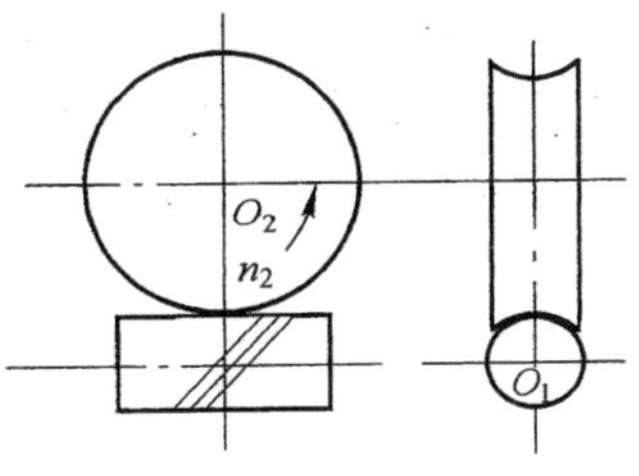

图 3-1-71

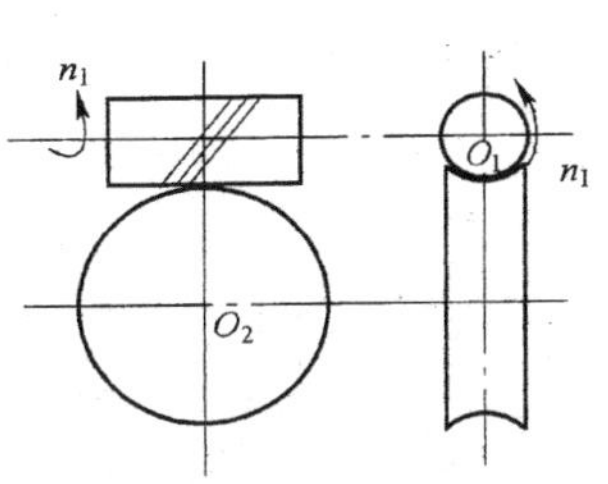

图 3-1-72

4.图 3-1-73 所示轮系，已知 $z_1=18$、$z_2=20$、$z_2'=25$、$z_3=25$、$z_3'=2$、$z_4=40$，求该轮系的传动比，并判断蜗轮 4 的转向。

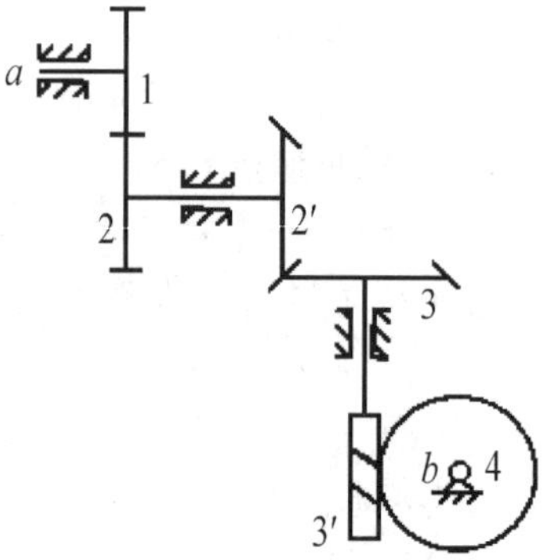

图 3-1-73

5.为什么多数螺纹连接工作前均要预紧？如何控制预紧力？螺纹连接的主要防松方法有哪些？

6.在图 3-1-74 所示轮系中，已知 z_1、z_2、z_2'、z_3、z_4、z_4'、z_5、z_5'、z_6。求传动比 i_{16}。

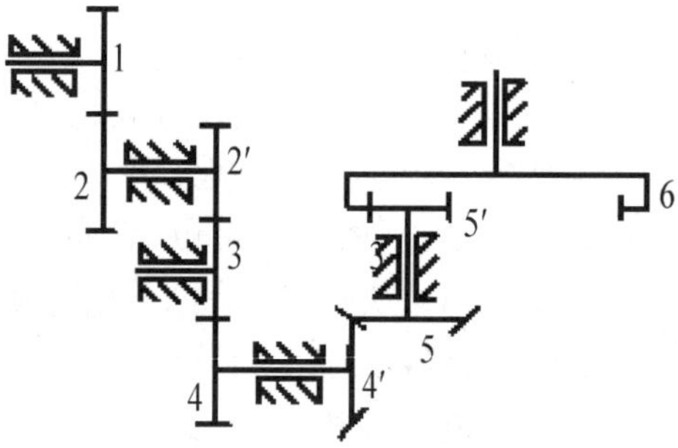

图 3-1-74

7.在铰链四杆机构中，曲柄存在的条件是什么？

8.齿轮传动机构可以分为哪些种类？

9.齿轮轮齿的失效形式有哪些？齿轮系统如何润滑？

10.如何使用“左、右手定则”判断蜗轮的转向。

11.如何判断螺纹的旋向。

项目四 认知汽车液压传动

任务一　掌握液压传动的基本知识

【任务目标】

目标类型	目标要求
知识目标	(1)理解液压系统的基本组成 (2)掌握液压系统的基本概念 (3)认识液压系统用油的基本类型
技能目标	达到汽车维修中级工如下要求： (1)能对液压系统的基本组成有一定掌握 (2)能识别液压油的类型和牌号 (3)能了解液压系统的传动原理
情感目标	(1)完成对简单的液压系统组成的认识、分析和故障排除 (2)理解油液黏度对液压系统的影响

【任务描述】

利用油液等介质传递力和运动在汽车上应用得非常广泛，如各种使用了液压举升设备的工程汽车(图 4-1-1)。轿车上应用的液压传力系统有液压制动系统(图 4-1-2)、液压助力转向系统(图 4-1-3)、发动机冷却系统、发动机供油系统等，不胜枚举。要想了解、掌握这些液压系统的相关知识，必须了解液压传动的相关基础知识。

(a)自卸翻斗车

(b)工程挖掘车

(c)消防救援车

图 4-1-1　工程汽车

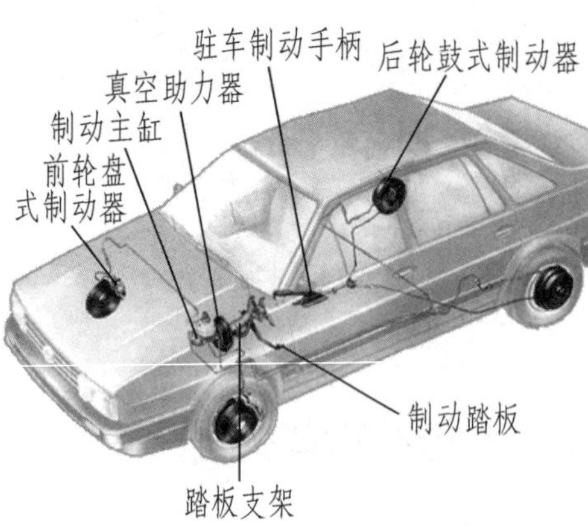

图 4-1-2 液压制动系统

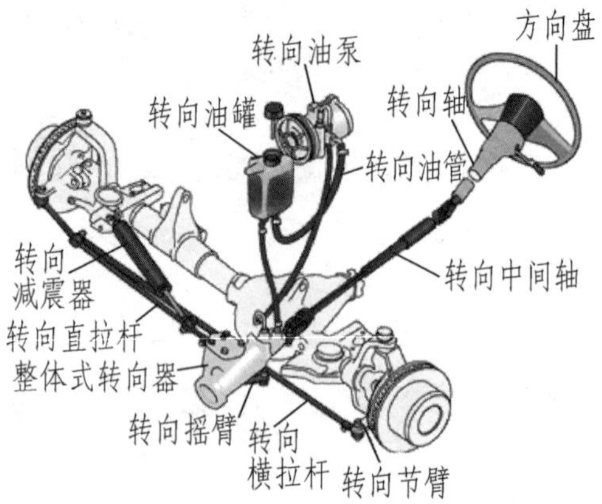

图 4-1-3 液压助力转向系统

【知识准备】

液压传动系统利用工作油液为传动介质，再利用液压泵将原动机的机械能转换为液体的压力能，通过液体压力能的变化来传递能量，经过各种控制阀和管路的传递，借助于液压执行元件(液压缸或马达)把液体压力能转换为机械能，从而驱动工作机构，实现直线往复运动和回转运动。

我们可以通过汽车维修工具里的手动液压千斤顶来认识液压传动系统的工作原理。图 4-1-4给出了手动液压千斤顶外观图、工作原理示意图、工作原理图。在工作原理图中，1 表示杠杆手柄，2 表示小油缸，3 表示小活塞，4、7 表示单向阀，5 表示吸油管，6、10 表示管道，8 表示大活塞，9 表示大油缸，11 表示放油阀，12 表示油箱。

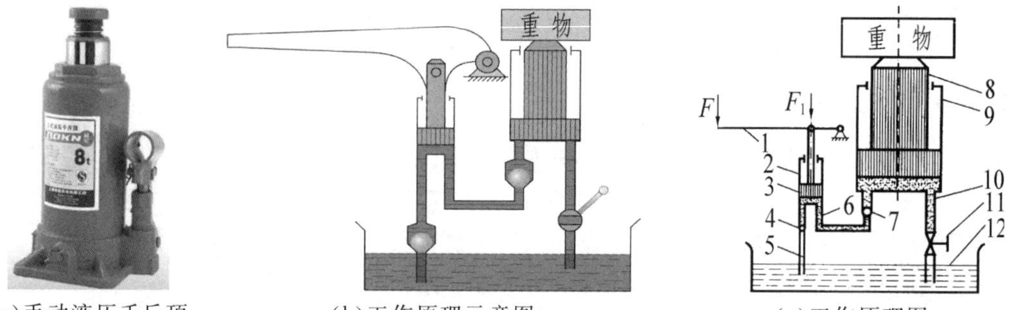

(a)手动液压千斤顶　(b)工作原理示意图　(c)工作原理图

图 4-1-4 手动液压千斤顶及工作原理

大油缸 9 和大活塞 8 组成举升液压缸。杠杆手柄 1、小油缸 2、小活塞 3、单向阀 4 和 7 组成手动液压泵。如提起手柄使小活塞向上移动，小活塞下端油腔容积增大，形成局部真空，这时单向阀 4 打开，通过吸油管 5 从油箱 12 中吸油；用力压下杠杆手柄 1，小活塞 3 下移，小活塞 3 下腔压力大，单向阀 4 关闭，单向阀 7 打开，下腔的油液经管道 6 输入大油缸 9 的下腔，迫使大活塞 8 向上移动，顶起重物。再次提起手柄吸油时，单向阀 7 自动关闭，使油液不能倒流，从而保证了重物不会下落。不断地往复扳动手柄，就能不断地把油液压入举升缸下腔，使重物逐渐地升起。如果打开放油阀 11，举升液压缸下腔的油液通过管道 10、放油阀 11 流回油箱，重物就向下移动。这就是手动液压千斤顶的工作原理。

由此可见，液压传动是利用有压力的油液为传递动力的工作介质，依靠密闭的容积变化来传递运动，依靠液体内部的压力(由外界负载引起的)传递动力。

杠杆手柄和小油缸组成一个液压泵，它的动作带动油液流动，可以看作是系统的动力元件；大油缸举起重物，可以看作是系统的执行元件；单向阀、放油阀控制油液的流动方向，可以看作是系统的控制元件；管道、油箱是油液流通的通道和储存的地方，可以看作是系统的辅助元件；而油液的流动起到传递运动和力的作用，可以看作是系统的传动介质。由此可见，一般的液压传动系统都是由动力元件、执行元件、控制元件、辅助元件和传动介质五大系统组成。液压传动系统各部分的组成和功能见表 4-1-1。

表 4-1-1 液压传动系统各部分的组成和功能

组成		功能
动力元件	液压泵	把原动机的机械能转换成液体的压力能，是液压传动中的动力部分
执行元件	液压缸	将液体的液压能转换成机械能
	液压马达	其中，油缸做直线运动，马达做回转运动
控制元件	控制阀	对液压系统中工作油液的压力、流量和流向进行调节控制
辅助元件	油箱	储存油液
	油管	输送油液
	滤油器	过滤油液中的杂质，净化油液
	密封件	密封油液，防止泄漏
传动介质	液压油	指各类液压传动中的液压油或乳化液，起传递能量的作用

液压系统都是由许多元件组成的，如果用各元件的结构图来表达整个系统的工作原理，绘制起来较麻烦，在实践过程中常用各种图形符号来表达元件的职能。这种用表达一个元件的简单图形符号串联起来绘制的图形称为液压系统工作原理图。液压系统的工作原理图如图 4-1-5 所示。

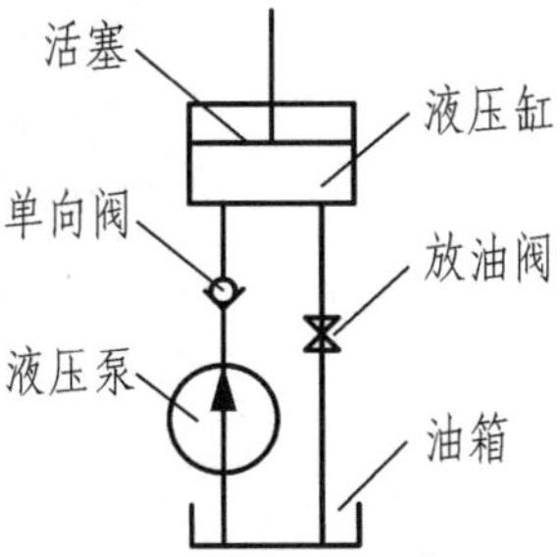

图 4-1-5 液压系统工作原理

表达一个元件的简单图形符号，GB/T 786.1—2009《常用液压及气动图形符号》有明确的规定。

(1)液压传动的优点。

①可以在运行过程中实现大范围的无级调速。

②在同等输出功率下，液压传动装置的体积小、重量轻、运动惯量小、动态性能好。

③采用液压传动可实现无间隙传动，运动平稳。

④便于实现自动工作循环和自动过载保护。

⑤由于一般采用油作为传动介质，因此，液压元件有自我润滑作用，有较长使用寿命。

⑥液压元件都是标准化、系列化的产品，便于设计、制造和推广应用。

(2)液压传动的缺点。

①油液在管路中流动时压力损失大、效率低、发热大。

②不能得到定比传动。

③当采用油作为传动介质时还需要注意防火问题。

④液压元件加工精度要求高，造价高。

⑤液压系统的故障比较难查找，对操作人员的技术水平要求高。

【任务实施】

一、液压传动的基本概念

1.液体的压强

液体的压强，就是油液在进行压力传递过程中的压强，表示液体在单位面积上所承受的力。一般用 p 表示，其计算公式：

$$p=\frac{F}{A}$$

式中：p 表示压强，单位：Pa；

F 表示作用力，单位：N；

A 表示有效作用面积，单位：m^2。

压强的国际单位帕斯卡，简称帕，根据公式可知：1 Pa=1 N/m^2。工程上一般采用兆帕(MPa)作为压强单位，1 MPa=10^6 Pa。

2.帕斯卡原理

帕斯卡原理：加在密闭液体上的压强，能够大小不变地由液体向各个方向传递。

小提示： *在液压传动系统中，一般忽略油液自重所产生的压强。因此认为液压传动系统中密闭液体内部各点的压强值处处相等。*

根据帕斯卡定理，液压传动不仅可以传递力，还可以改变所传递的力的大小和方向。在图 4-1-6 中我们将应用帕斯卡原理推导压力和负载的关系。图中垂直液压缸(负载缸)的截面积为 A_1，水平液压缸截面积为 A_2，两个活塞上的外作用力分别为 F_1、F_2，则缸内压强分别为 $p_1=\frac{F_1}{A_1}$、$p_2=\frac{F_2}{A_2}$。由于两缸充满油液且互相连通，根据帕斯卡原理有 $p_1=p_2$。因此有：

$$F_1=F_2\frac{A_1}{A_2}$$

上式表明，只要$\frac{A_1}{A_2}$足够大，用很小的力 F_2 就可产生很大的力 F_1。

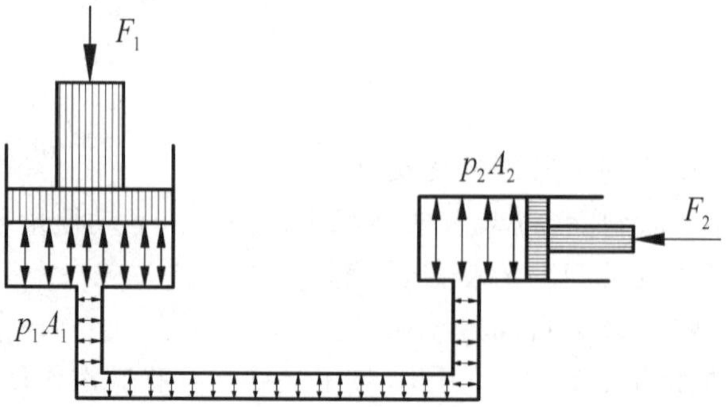

图 4-1-6　压力和负载的关系(利用帕斯卡定理推导)

如果垂直液压缸的活塞上没有负载，即 $F_1=0$，则当略去活塞重量及其他阻力时，不论怎样推动水平液压缸的活塞也不能在油液中形成压强。这说明液压系统中的压强是由外界负载决定的，这是液压传动的一个基本概念。

3.流量

流量是指单位时间内通过管道某一截面（通流截面）油液的体积，用 q 表示。如果在时间 t 内流过管道某一截面液体的体积为 V，则流量为：

$$q=\frac{V}{t}$$

流量的常用单位是升/分（L/min）。

4.流速

流速是指油液在单位时间内流经管道的距离，用 v 表示。若油液在时间 t 内流经的管道距离为 L，流量为 q，设管道的截面积为 A，则有：

$$v=\frac{L}{t}$$

而

$$q=\frac{V}{t}$$

$$V=LA$$

则可得液体的流速为

$$v=\frac{q}{A}$$

5.油液流动时的压力损失

因为实际应用过程中油液是有黏度的，黏度反映油液的稠稀程度，表明油液流动时存在内摩擦阻力，为了克服内摩擦阻力就要消耗掉一部分能量，因此油液流动时有能量损失。在液压传动中，能量损失主要表现为压力损失。

①油液流动过程中，要克服管道内壁对其的摩擦阻力和油液内部的自身因黏度带来的摩擦阻力，因此而产生压力损失，这种压力损失称为沿程压力损失。

②油液流经的管道断面发生突然变化（如：弯头、接头、管道截面的突然变大或缩小等）时，由于流速和流向突然发生变化，在局部形成漩涡，会产生油液流体的相互碰撞和剧烈的摩擦，这样也会造成压力损失，这种压力损失称为局部压力损失。

液压传动的压力损失会导致油液发热、泄漏量增加、效率下降和液压系统性能变坏，因此在液压传动中要尽量减少压力损失。

减少液压系统的压力损失，常常采取以下措施：

①油液在管路中流动的速度对压力损失影响最大，因此流速不能太高，但也不能过低。

②管道内壁应光滑。

③油液的黏度应适当。

④尽量缩短管道长度，减少管道的弯曲和突然变化。

6.额定压力和额定流量

额定压力是指在正常工作条件下，按试验标准规定连续运转的最高压力。

额定流量是指在正常工作条件下，按试验标准规定连续运转所必须保证的流量。

额定压力和额定流量一般在液压系统的铭牌上都有标注，它们是液压元件的主要参数。

二、液压油的选择和使用

作为传递运动和动力的工作介质，液压油是液压传动系统的重要组成部分，起着能量传递、系统润滑、防腐、防锈、冷却等作用。汽车及工程机械等的液压系统使用液压油，因这类液压系统中油液的流速不大而压力较高，故称为静压传动。液压油的质量及其各种性能将直接影响液压系统的工作性能。因此，合理选用液压油很重要。

1.液压油的种类，见表 4-1-2

表 4-1-2　液压油的种类

<table>
<tr><th>名称</th><th>分类</th><th colspan="3">细分</th><th>特点、用途</th></tr>
<tr><td rowspan="10">液压油</td><td rowspan="6">可燃型（石油基型液压油）</td><td colspan="3">HH 油</td><td>安定性差、易起泡，在液压系统中已不使用</td></tr>
<tr><td colspan="3">HL 油（通用型机床工业用润滑油）</td><td>环境温度在 0 ℃以上的各类机床的轴承箱、齿轮箱、低压循环系统</td></tr>
<tr><td colspan="3">HM 抗磨液压油</td><td>用于重负荷、中压、高压的液压系统</td></tr>
<tr><td colspan="3">HG 液压-导轨油</td><td>用于各种机床液压和导轨合用的润滑系统或机床导轨润滑系统及机床液压系统</td></tr>
<tr><td colspan="3">HV 低温液压油</td><td>用于寒区或温度变化范围较大和工作条件苛刻的液压系统</td></tr>
<tr><td colspan="3">HS 合成烃低温液压油</td><td>用于严寒地区的液压系统</td></tr>
<tr><td rowspan="4">抗燃型</td><td>合成型</td><td colspan="2">磷酸酯液压油</td><td>用于冶金系统、汽轮机等高温高压系统、民航客机的液压系统</td></tr>
<tr><td rowspan="3">含水型</td><td colspan="2">水-乙二醇液压油</td><td>低于 14 MPa 的液压系统</td></tr>
<tr><td rowspan="2">乳化液</td><td>油包水</td><td>性能接近液压油，抗燃性高于液压油</td></tr>
<tr><td>水包油</td><td>用于液压支架及用液量较大的液压系统</td></tr>
</table>

液压油的规格一般有六个牌号，分别是 15、22、32、46、68、100。这些数字分别代表油液在 40 ℃下运动黏度的平均值。

2.液压油的牌号

液压油的牌号采用统一命名，其一般形式见表 4-1-3。

表 4-1-3　液压油的牌号

表达方法	类别字母	品种字母	牌号
举例	L	HV	22
解释	类属	低温液压油	黏度等级（40 ℃下运动黏度的平均值）

3.车用液压油的选用

正确而合理地选用液压油，是保证液压设备高效率正常运转的前提。

选用液压油时，可根据车辆使用说明书所推荐的品种、牌号来选用。

自己选用时要根据液压系统的工作条件、经济性等因素全面考虑，一般是先确定适用的黏度范围，再选择合适的液压油品种。

黏度是一个重要的参数。黏度的高低将影响运动部件的润滑、缝隙的泄漏以及流动时的压力损失、系统的发热温升等。所以,在环境温度较高、工作压力高或运动速度较低时,为减少泄漏,应选用黏度较高的液压油,否则相反。

总的来说,应尽量选用较好的液压油,虽然初始成本要高些,但由于优质液压油使用寿命长,对元件损害小,所以从整个使用周期看,其经济性要比劣质油好些。

【任务拓展】

一、油液的黏度

伟大的物理学家牛顿在研究液体流动的时候,将液体从上到下划分成一层一层的液体,就像我们的书本由一层层纸张合订在一起一样,他认为液体流动时,就是一层针对一层的相对运动(简称层流),层与层之间有阻碍其相互运动的阻力,这种阻碍液体流动的阻力就是液体流动时的内摩擦阻力,液体的这种产生内摩擦力的性质称为液体的黏性。液体静止时不存在流层之间的相对运动,黏性就体现不出来,只有当流动时流层之间才会体现出这种阻力的特性。

液体的黏性可以用黏度来衡量。黏度是选择液压用流体的主要指标,是影响流动流体的重要物理性质。

液体的黏度通常有三种不同的测试单位。

1.绝对黏度 μ

绝对黏度又称动力黏度,它直接表示流体的黏性即内摩擦力的大小。

2.运动黏度 ν

运动黏度是绝对黏度 μ 与密度 ρ 的比值:

$$\nu=\mu/\rho$$

3.相对黏度

相对黏度是以相对于蒸馏水的黏性的大小来表示该液体的黏性的。相对黏度又称条件黏度。

二、压力对黏度的影响

在一般情况下,压力对黏度的影响比较小,在工程中当压力所产生的压强低于 5 MPa 时,黏度值的变化很小,可以不考虑。

当液体所受的压力加大时,分子之间的距离缩小,内聚力增大,其黏度也随之增大。因此,在压力很高以及压力变化很大的情况下,黏度值的变化才不能忽视。

三、温度对黏度的影响

液压油黏度对温度的变化十分敏感。一般来说,当温度升高时,其分子之间的内聚力减小,黏度就随之降低,流动性变好。当温度降低时,其分子之间的内聚力增大,黏度就随之升高,流动性变差。不同种类的液压油,它的黏度随温度变化的规律也不同。

【课后训练】（打“※”为选做题）

一、名词解释

1.液压传动系统工作原理图　2.液体的压强　3.帕斯卡原理　4.流量　5.流速　6.绝对黏度　7.运动黏度　8.相对黏度

二、填空题

1.液压传动系统是利用工作油液为__________，再利用液压泵将原动机的机械能转换为液体的__________，通过液体压力能的变化来传递能量，经过各种__________和__________的传递，借助于液压（液压缸或马达）把液体压力能转换为__________，从而驱动工作机构，实现__________和回转运动。

2.一般的液压传动系统都是由__________、__________、__________、__________及__________五大系统组成。

3.油液在管道中流动时的压力损失主要体现为__________损失和__________损失两个方面。

4.液压油可分为__________型液压油和__________型液压油。

5.液压油的规格一般有六个牌号，分别是15、22、32、46、68、100。这些数字分别代表油液在40 ℃下__________黏度的平均值。

6.液压油黏度对温度的变化十分敏感。一般来说，当温度升高时，黏度就随之__________，当温度降低时，黏度就随之__________。

三、简答题（※）

1.液压传动的优缺点各是什么？

2.根据图4-1-4(c)绘制简单的手动液压千斤顶的工作原理图。

3.液压传动系统五大组成元件的作用各是什么？

4.为了减少液压系统的压力损失，常常采取的措施有哪些？

5.请说出下列液压系统元件各属于液压系统哪一组成部分。

液压马达　液压缸　单向阀　油箱　油泵　滤油器　油管

任务二 识别液压传动元件

【任务目标】

目标类型	目标要求
知识目标	(1)描述汽车液压系统的基本组成 (2)阐述汽车液压系统基本组成元件的种类、性能和基本工作原理
技能目标	达到汽车维修中级工如下要求： 运用汽车液压系统组成元件的基本知识认识各元件的性能
情感目标	(1)养成观察汽车液压系统各组成元件的铭牌的良好习惯 (2)注意维修汽车液压系统时各组成元件的合理搭配

【任务描述】

我们已经知道一般的液压传动系统都是由液压泵、液压缸、液压阀、油管、油箱等元器件组成的，汽车上的液压传动系统也不例外。那么这些元器件在液压传动管路中起什么作用？结构特点是什么？这些知识是我们在本任务要解决的问题。

【知识准备】

一、汽车液压传动系统中的液压泵

液压泵是指液压系统中的油泵，是实现能量转化的动力元件，它将原动机的机械能转换成液体的压力能，从而向整个液压系统提供动力。

液压泵的种类，见表 4-2-1。

表 4-2-1 液压泵的种类

名称	分类方法	分类
液压泵	按结构分	齿轮泵(图 4-2-1)、叶片泵、柱塞泵及转子泵等
	按输出油液方向分	单向泵、双向泵
	按输出流量能否调节分	定量泵、变量泵
	按额定压力高低分	低压泵、中压泵、中高压泵、高压泵、超高压泵

注意： 低压泵：2.5 MPa 以下；中压泵：2.5～8 MPa；中高压泵：8～16 MPa；高压泵：16～32 MPa；超高压泵：32 MPa 以上。

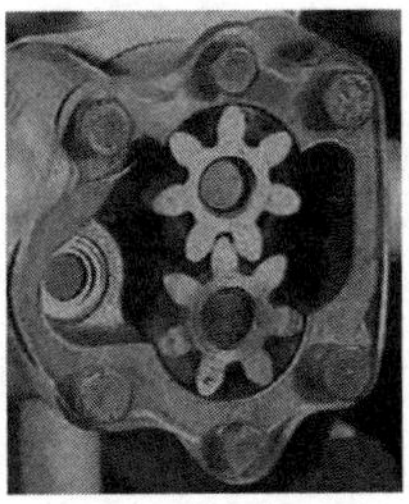

图 4-2-1 齿轮泵

图 4-2-2 桑塔纳汽车车轮制动缸

液压泵的基本工作条件：①吸油的必要条件：吸油时油箱与大气相通；②应有配流装置，且吸油时和油箱连通，压油时和供油管路连通，同时与油箱切断；③应具备密封工作容积，密封工作容积能交替变换。

二、汽车液压传动系统中的液压缸

液压缸，是实现能量转化的执行元件，它将液压能转变为做直线往复运动（或摆动运动）的机械能。它结构简单、工作可靠。一般用它来实现往复运动时，可免去减速装置，并且没有传动间隙，运动平稳，因此在各种机械的液压系统中得到广泛应用。

汽车上的液压缸按结构形式分类：活塞式液压缸、柱塞氏液压缸、伸缩式液压缸和摆动式液压缸。图 4-2-2 为桑塔纳汽车车轮制动缸。

三、汽车液压传动系统中的液压阀

液压阀是液压系统的控制元件，用来控制液压系统内油液的压力、流量和方向。控制压力的称为压力控制阀，控制流量的称为流量控制阀，控制通断和流向的称为方向控制阀。

液压阀按用途分类，见表 4-2-2。

表 4-2-2　液压阀按用途的分类

名称	分类	定义	包含
液压阀	方向控制阀	控制油液流动方向的阀	单向阀、换向阀等
	压力控制阀	控制液压系统的压力或利用压力作为信号控制其他元件动作的阀	溢流阀、减压阀、顺序阀等
	流量控制阀	调节通过阀口的油液流量，实现调节执行元件运动速度的阀	节流阀、调速阀等

四、汽车液压传动系统中的液压辅助元件

油管、油箱等都属于液压系统的辅助元件，还包括滤油器、管接头等。从液压系统的整体来看，辅助元件是必不可少的重要元件，如果选择或使用不当，会对系统的工作性能、寿命、温度、节能和噪声等都有直接的影响，因此必须予以充分重视。

可见，液压系统是由液压动力元件、液压执行元件、液压控制元件、液压辅助元件组成的一个动力传输和控制系统。目前液压系统正在向着计算机控制的机电一体化方向发展。

【任务实施】

一、汽车液压动力元件

1.液压泵的工作原理

任何工作系统都需要动力。液压系统是以液压泵作为向系统提供一定的流量和压力的动力元件，液压泵由电动机带动将液压油从油箱吸上来，并以一定的压力输送出去，使执行元件推动负载做功。

以单柱塞式液压泵为例来讲述液压泵的工作理，如图 4-2-3 所示。柱塞安装在泵体内，柱塞在弹簧的作用下与偏心轮紧密接触。当偏心轮转动时，柱塞做左右往复运动，当柱塞往右运动时，泵体左侧密封的容积增大，形成局部真空，油箱中的油液在大气压作用下通过单

向阀 2 进入泵体，单向阀 1 在弹簧力作用下密封出油口，防止系统中的油液回流，这就是泵的吸油过程。当柱塞向左运动时，泵体左侧密封容积减小，单向阀 2 在弹簧力的作用下封闭吸油口，油液通过单向阀 1 进入系统，这是液压泵的压油过程。偏心轮不断地旋转，液压泵就会不断地进行吸油和压油，把油液供入液压系统。

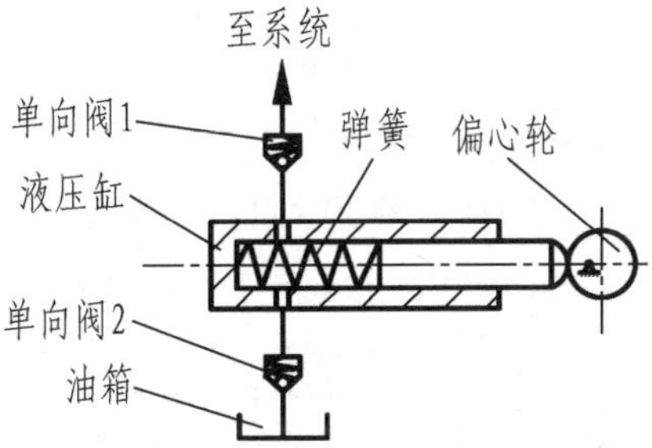

图 4-2-3　液压泵的工作原理

小提示：液压泵是依靠密封工作腔的容积变化来实现吸油和压油过程的；泵的输油量的大小取决于密封工作腔容积变化的大小和次数(柱塞往复运动的次数)；若不计泄漏，则流量与压力无关。

2.汽车上常用的液压泵

(1)齿轮泵。

齿轮泵有结构简单紧凑、体积小、制造方便、重量轻、自吸能力强、抗污染能力强、价格便宜、维修方便等优点，故在汽车上被广泛使用。它的缺点是内部泄漏大、噪声大、排量不能调节、所能达到的额定压力不够高、有困油现象等。

齿轮泵可分为外啮合齿轮泵和内啮合齿轮泵两种，其中以外啮合齿轮泵较为常用。

外啮合齿轮泵的结构和工作原理如图 4-2-4 所示。它由装在壳体内的一对齿轮组成，齿轮两侧由端盖罩住，壳体、端盖和齿轮的各个齿间槽组成了许多密封工作腔，轮齿的啮合线将密封腔分开而形成了吸油和压油两个腔。当齿轮按图示方向旋转时，右侧吸油腔由于相互啮合的齿轮逐渐脱开，吸油密封工作腔容积逐渐增大，形成部分真空，油箱中油液在外界大气压的作用下，经吸油管进入吸油腔，将齿间槽充满，并随着齿轮旋转，把油液带到左侧的压油腔内。压油腔内由于齿轮在这里逐渐进入啮合，密封工作腔容积不断减小，油液就被挤出去，进而从压油腔输送到压油管路中去。这样随着齿轮轮齿的不断旋转，齿轮泵就会不断地完成吸油和压油过程。

这里的啮合点(图 4-2-5 上的 A 点或 B 点)处的齿面接触线一直起着隔离高、低压腔的作用。

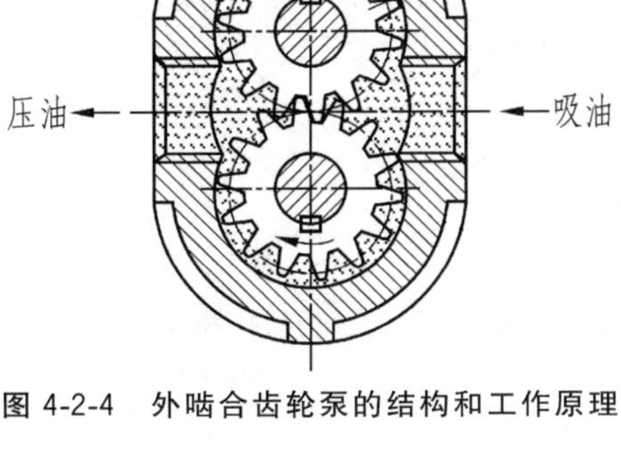

图 4-2-4　外啮合齿轮泵的结构和工作原理

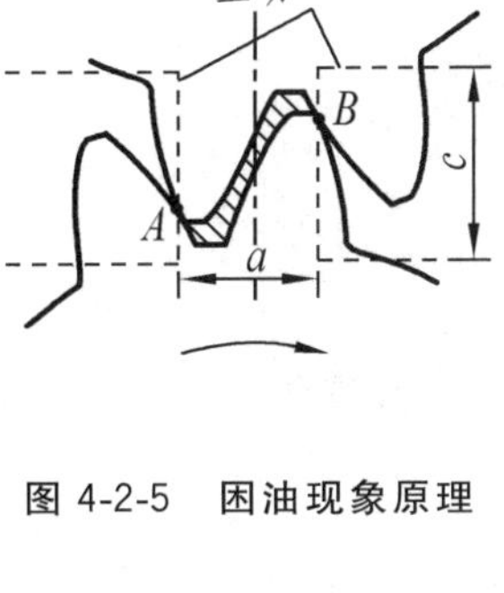

图 4-2-5　困油现象原理

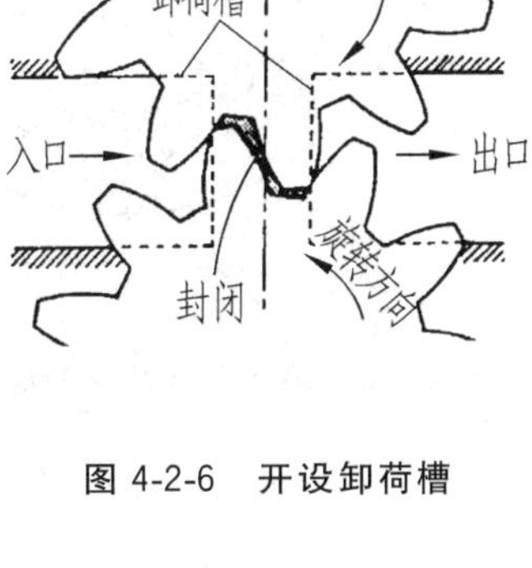

图 4-2-6　开设卸荷槽

齿轮泵工作时的两大现象:困油现象和泄漏现象。

困油现象:齿轮泵工作时,为保证齿轮的连续转动,要求前一对轮齿尚未脱离啮合前,后一对轮齿要进入啮合,这样两对齿同时啮合时,留在齿间的油液被困在一个封闭的空间,我们称之为困油现象。因为液压油不可压缩,随着外啮合齿轮泵轮齿的旋转,被困油液的压力随着困油腔容积的变化而变化,如图 4-2-7,轮齿的啮合位置由(a)图到(b)图,容积由大变小,而由(b)图到(c)图,容积又有小变大,这就使得被困油液的自身压力出现急剧的升高和降低。因而困油现象会产生极大的震动和噪声,同时会对齿轮轴产生侧压力,引起轴的弯曲和轴承的损坏,所以必须在侧板上开设卸荷槽(图 4-2-6),以防止困油现象的发生。

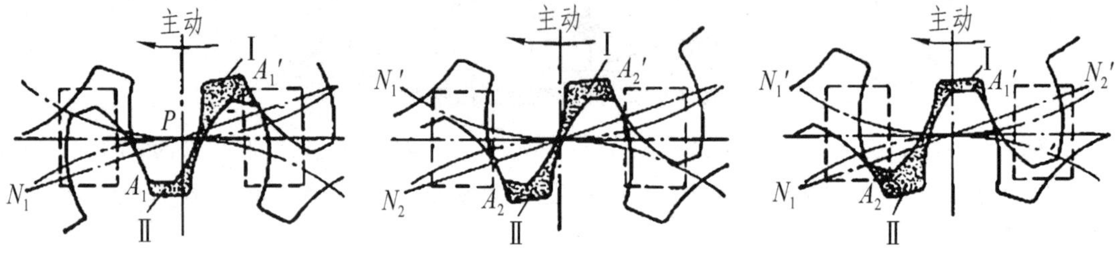

图 4-2-7 困油现象轮齿啮合位置的变化

泄漏现象:外啮合齿轮泵运转时泄漏的主要途径有二:一为齿顶与齿轮壳体内壁的间隙,二为齿轮端面与端盖侧面之间的间隙。其中对泄漏影响最大的是后者,它是影响齿轮泵压力提高的首要问题。为解决外啮合齿轮泵运转时的泄漏,提高泵的压力,关键是控制齿轮端面和端盖之间保持一个合适的间隙。

(2)叶片泵。

叶片泵的优点是:运转平稳、压力脉动小、噪声小、结构紧凑、尺寸小、流量大等。其缺点是:对油液要求高,如油液中有杂质,则叶片容易卡死;与齿轮泵相比结构较复杂。它广泛应用于中、低压液压系统中。该泵有两种结构形式:一种是单作用叶片泵,另一种是双作用叶片泵。

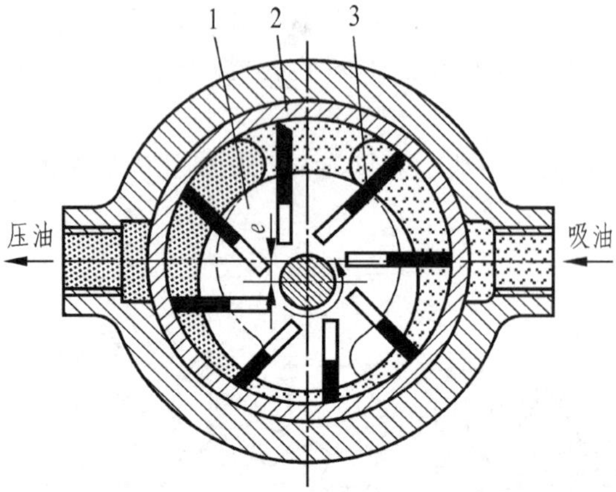

1-转子;2-定子;3-叶片

图 4-2-8 单作用叶片泵的结构和工作原理

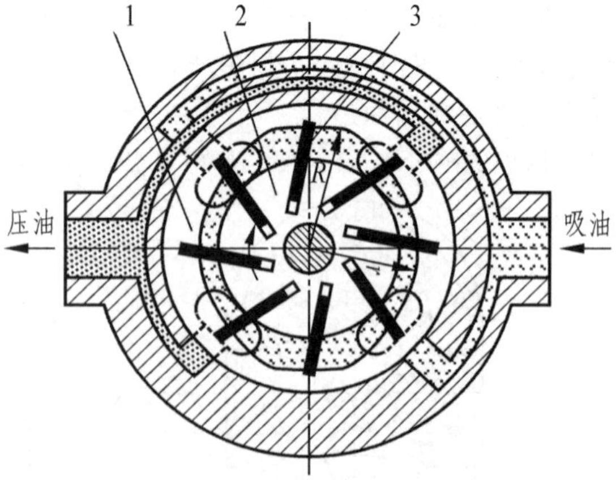

1-转子;2-定子;3-叶片

图 4-2-9 双作用叶片泵的结构和工作原理

单作用叶片泵的结构和工作原理，如图 4-2-8 所示。单作用叶片泵由转子 1、定子 2、叶片 3 和端盖等组成。定子具有圆柱形内表面，定子和转子间有偏心距 e；叶片装在转子槽中，并可在槽内滑动，当转子回转时，离心力使叶片紧靠在定子内壁。这样，在定子、转子、叶片和两侧配油盘间就形成了若干个密封的工作空间，当转子按逆时针方向回转时，在图 4-2-8 的右部，叶片逐渐伸出，叶片间的空间逐渐增大，从吸油口吸油，这是吸油区（也称吸油腔）。在图 4-2-8 的左部，叶片被定子内壁逐渐压进槽内，工作空间逐渐缩小，将油液从压油口压出，这就是压油区（也称压油腔）。在吸油腔和压油腔之间有一段封油区，把吸油腔和压油腔隔开，这种叶片泵每转一周，每个工作腔就完成一次吸油和压油过程，因此称之为单作用叶片泵。转子不停地旋转，泵就不断地吸油和压油。

改变转子与定子的偏心量，即可改变泵的流量，偏心量越大，则流量越大。若调成几乎是同心的，则流量接近于零。因此，单作用叶片泵大多为变量泵。

双作用叶片泵的结构和工作原理，如图 4-2-9 所示。由中心重合的定子和转子组成，定子内表面是由两段长半径圆弧、两段短半径圆弧和四段过渡曲线八个部分组成的近似椭圆形，有两对吸油区和压油区对称布置。在图示转子顺时针方向旋转的情况下，密封工作腔的容积在左上角和右下角处逐渐增大，为吸油区，在左下角和右上角处逐渐减小，为压油区；吸油区和压油区之间有一段封油区把它们隔开。这种泵的转子每转一转，每个密封工作腔完成吸油和压油动作各两次，所以称为双作用叶片泵。由于转子和定子同心安装，无法实现变量，所以双作用叶片泵是定量泵。

二、汽车上的液压执行元件

液压执行元件可分为液压缸和液压马达，习惯上液压马达是指输出旋转运动的液压执行元件，而把输出直线运动或摆动的液压执行元件称为液压缸。

液压缸又称油缸，其实物图如图 4-2-10 所示。

图 4-2-10 液压缸

1.液压缸的类型

液压缸按其作用方式分为单作用式液压缸和双作用式液压缸两大类。

液压缸按结构不同可分为活塞式、柱塞式、伸缩式等不同形式，其中以活塞式液压缸应用最为广泛。

表 4-2-3　液压缸的分类、特点及图形符号

分类		名称	图形符号	特点
单作用液压缸		活塞缸	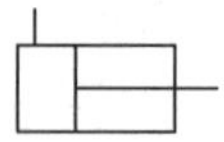	其中一个方向的运动靠油液压力实现，返回时靠自重或弹簧等外力实现，这种油缸的两个腔只有一端有油，另一端则与空气接触
		柱塞缸	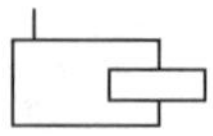	
		伸缩式套筒缸	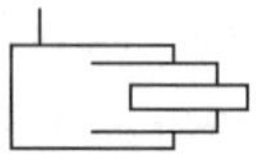	有多个互相连动的活塞，可依次伸缩，行程较大，由外力使活塞返回
双作用液压缸	单活塞杆	普通缸	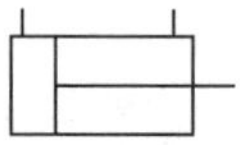	活塞双向受液压力而运动，双向受力及速度不同
		差动缸	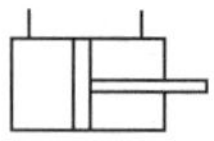	活塞两端面积差较大，使活塞往复运动的推力和速度相差较大
	双活塞杆	等行程等速缸	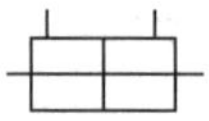	活塞左右移动速度、行程及推力均相等
		双向缸	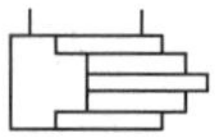	利用对油口进、排油次序的控制，可使两个活塞做多种配合动作的运动
		伸缩式套筒缸	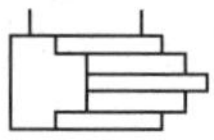	有多个互相联动的活塞，可依次伸出获得较大行程
组合缸		弹簧复位缸	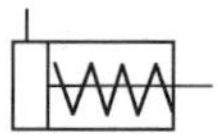	单向液压驱动，由弹簧力复位
		齿条传动缸	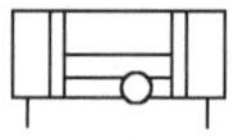	活塞的往复运动转换成齿轮的往复回转运动

2.液压缸的组成和结构(如图 4-2-11)

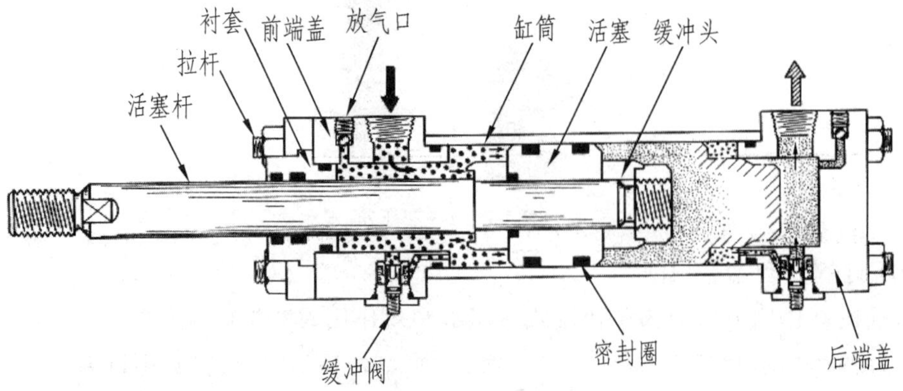

图 4-2-11　液压缸的组成和结构

缸筒：缸筒主要由钢材制成，缸筒内表面要经过精细加工，表面粗糙度 $Ra<0.08\ \mu m$，以减少密封件的摩擦。

端盖：通常由钢材制成，有前端盖和后端盖，安装在缸筒的前、后两端，盖板和缸筒的连接方法有焊接、拉杆、法兰、螺纹连接等。

活塞：活塞的材料通常为钢或铸铁，也可采用铝合金。活塞和缸筒内壁间需要密封，采用的密封件有 O 形环、Y 形油封和活塞环等。而活塞应有一定的导向长度，一般取活塞长度为缸筒内径的 0.6～1.0 倍。

活塞杆：由钢材做成实心杆或空心杆，表面经淬火再镀铬处理并抛光。

缓冲装置：为了防止活塞在行程的终点与前、后端盖板发生碰撞，引起噪声，影响工件精度或使液压缸损坏，常在液压缸前、后端盖上设缓冲装置，以使活塞移到快接近行程终点时速度减慢下来终至停止。前、后端盖上的缓冲阀附近有单向阀的结构。当活塞接近端盖时，缓冲环插入端盖板油出入口，强迫压油经缓冲阀的孔口流出，促使活塞的速度缓慢下来。相反，当活塞从行程的尽头将离去时，如压油只作用在缓冲环上，活塞要移动的那一瞬间将非常不稳定甚至无足够力量推动活塞，故必须使压油经缓冲阀内的止回阀作用在活塞上，如此才能使活塞平稳地前进。

放气装置：液压缸在安装过程中或停止工作的一段时间后，空气将渗入液压系统内，缸筒内如存留空气，将使液压缸在低速时产生爬行、颤抖现象，换向时易引起冲击，因此在液压缸结构上要能及时排出缸内留存的气体。

密封装置：液压缸的密封装置用以防止油液的泄漏，液压缸的密封主要是指活塞、活塞杆处的动密封和缸盖等处的静密封。常采用 O 形密封圈和 Y 形密封圈。

三、汽车上的液压控制元件

液压控制元件主要是各种控制阀，在液压系统中控制液体流动方向、流量大小和压力的高低，以满足执行元件的工作要求。

1.方向控制阀

控制油液流动方向的阀称为方向控制阀，如控制液压缸的前进、后退与停止等。它可以分为单向阀和换向阀两种。

单向阀控制油液只能在一个方向流动，反方向截止流动。它的结构及图形符号如图 4-2-12所示。

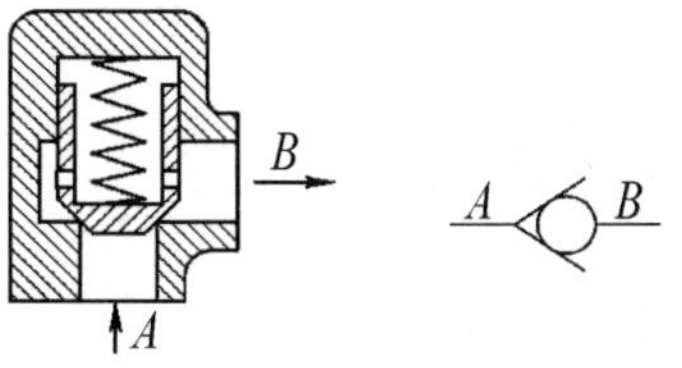

(a)结构图　(b)图形符号

图 4-2-12　单向阀

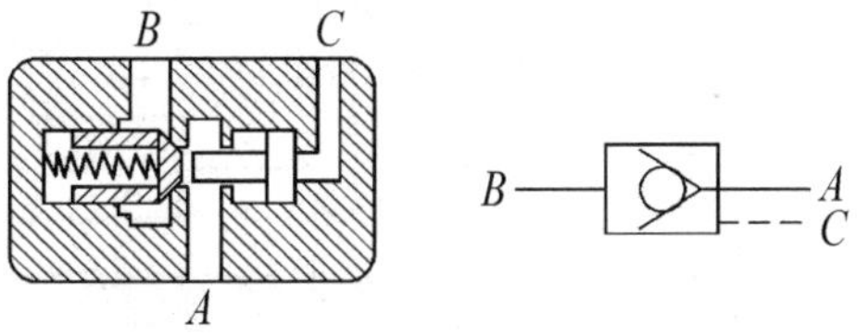

(a)结构图　(b)图形符号

图 4-2-13　液控单向阀

液控单向阀如图 4-2-13 所示，它是在普通单向阀的基础上多了一个控制口 C。当控制油口不通压力油时，该阀相当于一个普通单向阀；若控制油口接压力油，则油液可双向流动。

普通单向阀的应用：作单向阀用，控制油路单向接通；接在泵的出口，避免系统油液向泵内倒流等。

换向阀是利用阀芯对阀体的相对位置改变来控制油路通断或改变油液流动方向的。换向阀根据阀芯与阀体的相对运动方式可分为滑阀式、座阀式和转阀式三种。

接口是指阀体上接油管各进、出油口，体现在图形符号上为“⊥”“⊤”。

进油口通常标为P，回油口则标为R或T，出油口则以A、B来表示。

阀体内阀芯可移动的位置数目，体现在图形符号上就是方格的数目，称为切换位置数。

换向阀按接口数及切换位置数分：通常我们将接口称为“通”，将阀芯的位置称为“位”。所以可分为“几位几通阀”，“几”表示数字，如二位二通阀、二位三通阀等，换向阀的图形符号如图 4-2-14 所示。

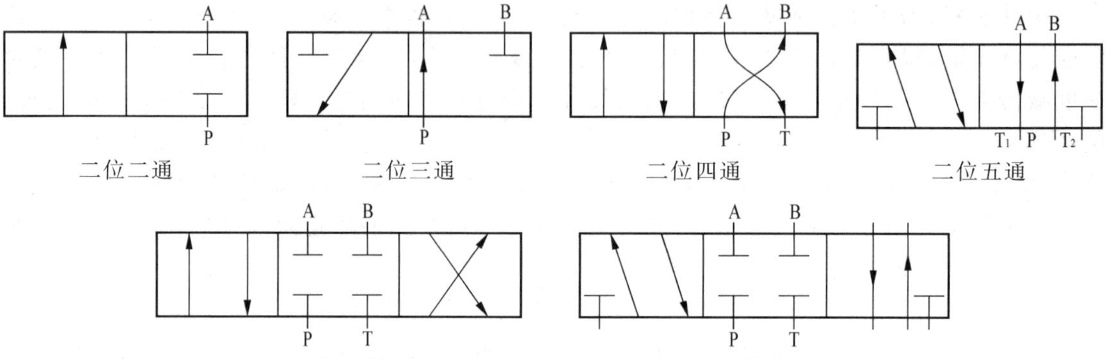

图 4-2-14　换向阀的图形符号

换向阀按操纵方式可分为：手动式、机动式、电磁式、弹簧式、液控式、电液控式等，其图形符号如图 4-2-15 所示。

图 4-2-15　换向阀操纵方式的图形符号

换向阀的工作原理，如图 4-2-16 所示，以三位五通滑动阀为例。其工作原理是：当阀芯处于图示位置时，出油口A、B都被阻塞，处于停机状态。若阀芯右移，换向阀在左位置工作，阀体上的油口P与B、A与T_1连通，压力油从P经B流入液压缸活塞右边的腔，推动活塞左移，液压缸活塞左边腔的油液经A流至T_1，回到油箱。若阀芯左移，换向阀在右位置工作，阀体上的油口P与A、B与T_2连通，压力油从P经A流入液压缸活塞左边的腔，推动活塞右移，液压缸活塞右边腔的油液经A流至T_2，回到油箱。

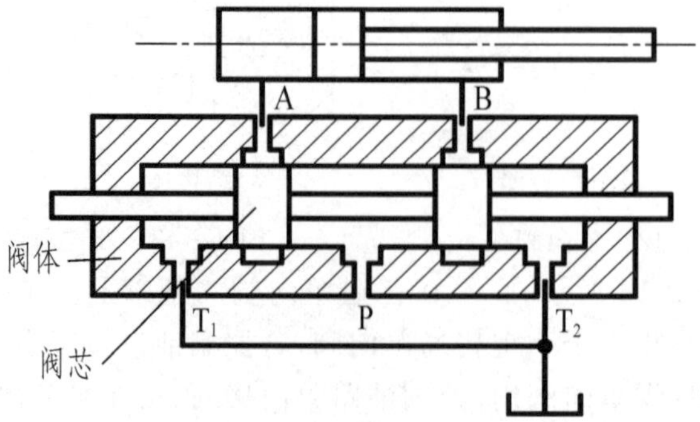

图 4-2-16　换向阀的工作原理

转阀的结构和工作原理，如图 4-2-17 所示，该阀由阀体、阀芯和手柄组成。手柄的工作位置有左、止、右三个位置。在图示位置，油口 P 与 A、B 与 T 分别相通。当手柄转到“止”位置时，油口 P、A、B、T 均不相通。当手柄转到“右”位置，油口 P 与 B、A 与 T 分别相通。这种转阀的图形符号如图 4-2-18 所示。

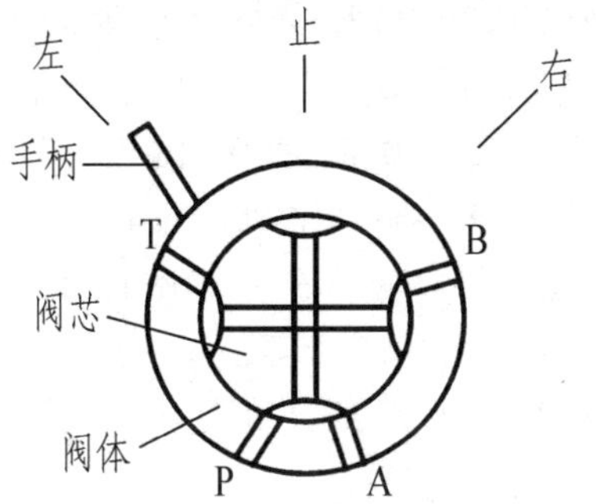

图 4-2-17 转阀的结构和工作原理

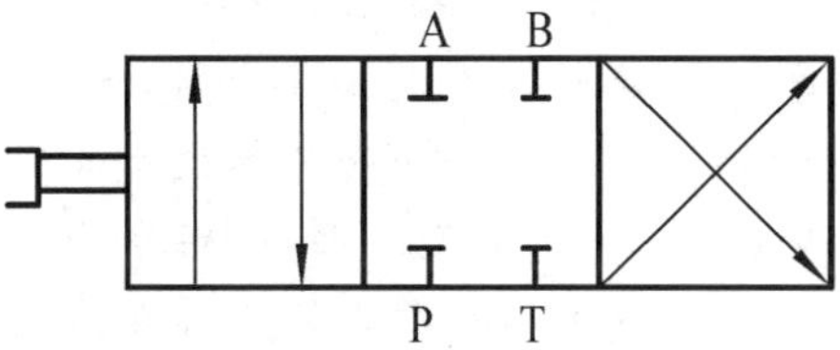

图 4-2-18 转阀的图形符号

2.压力控制阀

在液压系统中，用来控制系统压力或利用压力为信号控制其他元件动作的阀，均属于压力控制阀，简称压力阀。它是利用作用在阀芯上的液压力和弹簧力相平衡的原理进行工作的。根据结构和功用的不同，压力控制阀可分为溢流阀、减压阀、顺序阀等。

3.流量控制阀

流量控制阀是在一定压力差下，依靠改变通流截面积的大小来控制流过通流口的油液流量，从而实现调节执行元件(液压缸或液压马达)运动速度的。流量控制阀主要包括节流阀、调速阀、溢流节流阀等。

四、液压系统辅助元件

液压系统中除了动力元件、执行元件、控制元件外，还有油箱、滤油器、管件等，这些都是液压系统的辅助元件。

1.油箱

油箱的主要功能是储存油液，此外，还有散热(以控制油温)、阻止杂质进入、沉淀油中杂质、分离气泡等功能。

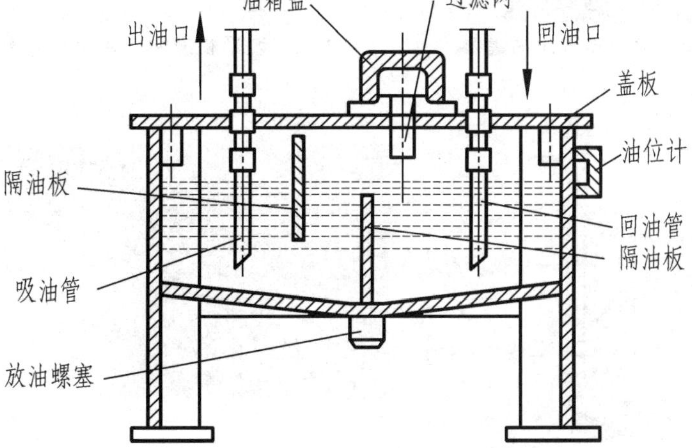

图 4-2-19 油箱的典型结构

油箱可分为开式油箱和闭式油箱两种。开式油箱的上面有通气孔，保证油液面和大气相通。闭式油箱完全封闭，油液面上的压力比大气压力高。汽车液压系统中大多数采用开式油箱。

油箱的典型结构如图 4-2-19 所示。由图可知，油箱内部的吸油管和回油管被两块隔油板隔开，起到沉淀杂质、分离气泡及散热的作用。吸油管的口径应为其余供油管径的 1.5 倍，以免泵吸入不良。回油管末端要浸在液面下，且其末端切成 45°倾角并面向箱壁，以使回油冲击箱壁而形成回流，这样有利于冷却油温和沉淀杂质。顶部、底部、侧边分别设有过滤网、放油螺塞、油位计。油箱顶部的盖板设有安装液压泵及其驱动电机的位置。

小提示： 油箱内必须设置滤油器，防止杂质被吸入吸油管，进入工作面引起堵塞。因汽车的工作环境灰尘较多，油箱顶部设有的通气孔必须设空气滤清器。为了监测液面，油箱侧壁应装油位计。为了检测油温，一般在油箱上装温度计，且温度计直接浸入油中。在油箱上亦装有压力表，可用以指示泵的工作压力。

2.滤油器

滤油器一般由滤芯（或滤网）和壳体构成。其通流面积由滤芯上无数个微小间隙或小孔构成。当混入油中的污物（杂质）大于微小间隙或小孔时，杂质被阻隔而滤清出来。所以滤油器的主要作用就是过滤液压系统油液的杂质，保证系统管路畅通工作正常。

滤油器可以安装在油泵的吸油管路上或某些重要零件之前，也可安装在回油管路上。滤油器可分成液压管路中使用的和油箱中使用的两种。油箱内部使用的滤油器亦称为滤清器和粗滤器，用来过滤一些太大的、容易造成泵损坏的杂质（体积在 0.1 mm^3 以上）。

汽车上常用的滤油器有发动机机油细滤器（图 4-2-20）、发动机油底壳机油粗滤器（图 4-2-21）、发动机不可拆式纸质汽油过滤器（图 4-2-22）、纸制滤芯（图 4-2-23）等。

滤油器的图形符号如图 4-2-24 所示。

图 4-2-20　发动机机油细滤器

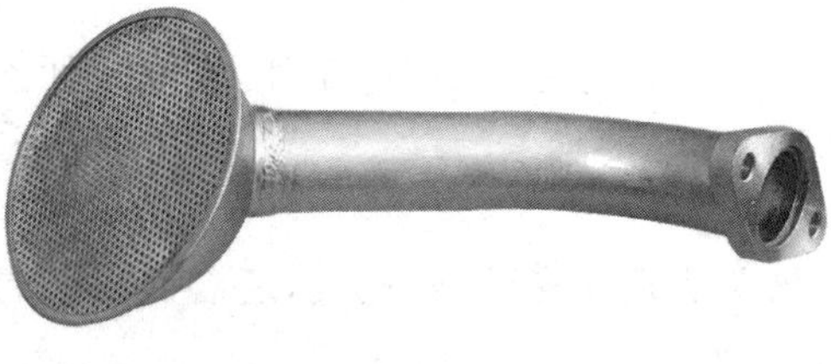

图 4-2-21　发动机油底壳机油粗滤器

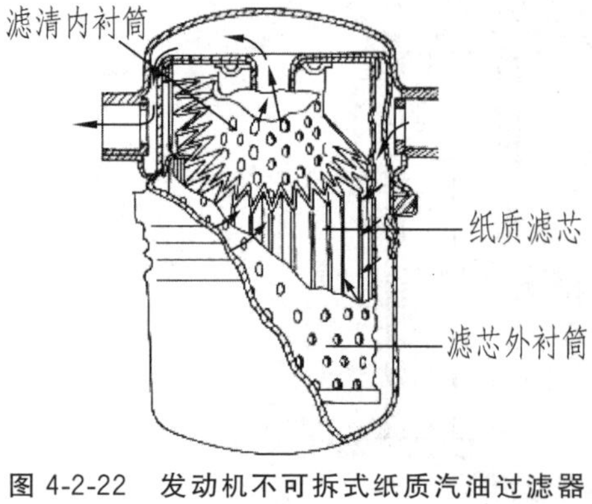

图 4-2-22　发动机不可拆式纸质汽油过滤器

图 4-2-23　纸质滤芯

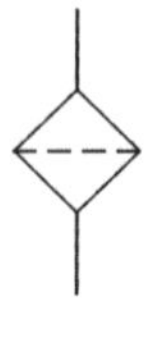

图 4-2-24　滤油器的图形符号

3.油管及管接头

油管材料可为金属或橡胶。吸油管路和回油管路一般用低压的有缝钢管，也可使用橡胶或塑料软管，当控制油路中流量小时，多用小铜管。考虑配管和工艺方便，在中、低压油路中也常使用铜管，高压油路一般使用冷拔无缝钢管。必要时也采用价格较贵的高压软管。高压软管是由橡胶中间加一层或几层钢丝编织网制成的。高压软管比硬管安装方便，且可以吸收震动。

油管接头有焊接管接头(图 4-2-25)、卡套管接头(图 4-2-26)、扩口管接头(图 4-2-27)、扣压式管接头(图 4-2-28)等几种形式，一般由具体使用需要来决定采用何种连接方式。

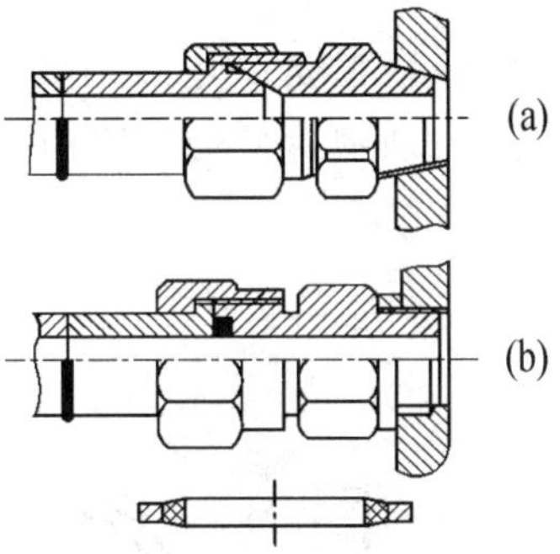

图 4-2-25 焊接管接头

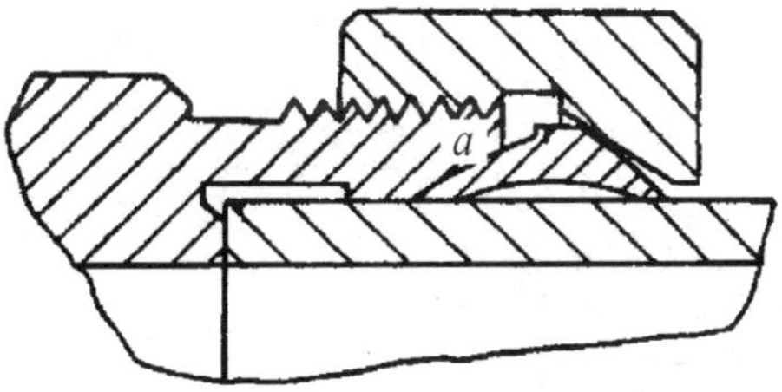

图 4-2-26 卡套管接头

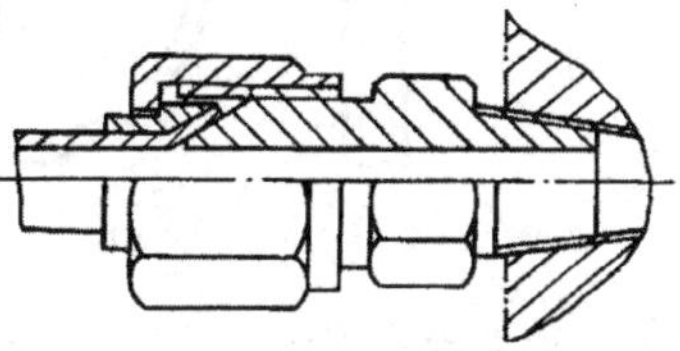
图 4-2-27 扩口管接头

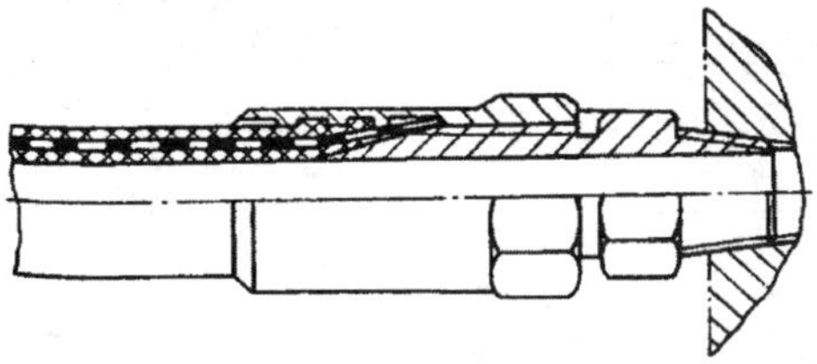
图 4-2-28 扣压式管接头

【任务拓展】

一、内啮合齿轮泵

内啮合齿轮泵的结构和工作原理，如图 4-2-29 所示。内啮合齿轮泵主要由内转子、外转子和月牙板组成，内、外转子不同心安装，同向但不同步旋转。随着内外转子的啮合旋转，各包液

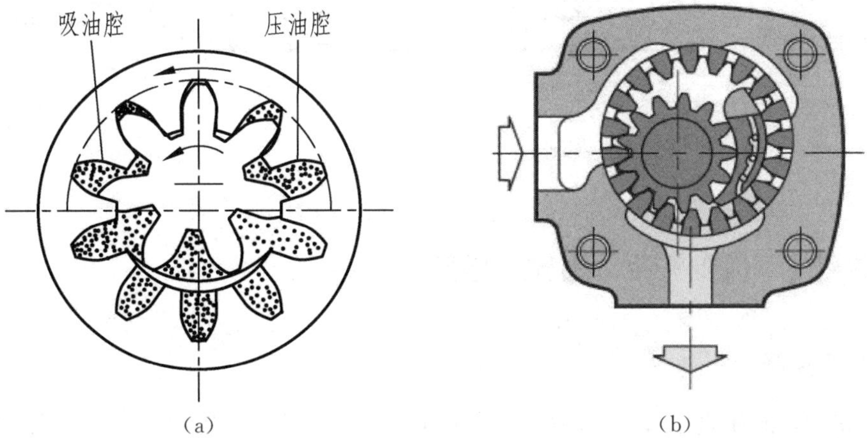

图 4-2-29 内啮合齿轮泵的结构和工作原理

腔的容积发生不同的变化，当包液腔容积由小变大时，包液腔内产生局部真空，在大气压作用下，液体通过进口管道和泵盖上的环形槽，进入泵腔开始吸液。当包液腔容积达到最大时，吸液过程结束。当包液腔内的容积由大变小时，包液腔内的液体就从另一个环形槽压出，此为泵的排出过程。内啮合齿轮泵可反向输送，只要更换电机转向即可。

想一想：图 4-2-29(b)，根据油液的流动方向，判断图上内外转子的转动方向。

小提示：当外转子与内转子的齿数差为 1 的时候，不需要月牙板装置。

二、液压系统的密封方式

密封方式分为动密封和静密封两大类。对密封装置的基本要求是：密封装置应具有良好的密封性能，并随系统压力的增加能自动提高密封能力；动密封处运动阻力要小；密封装置要耐油抗腐蚀、耐磨、寿命长、制造简单、拆装方便。

常见的密封方法有以下几种。

间隙密封，如图 4-2-30 所示。

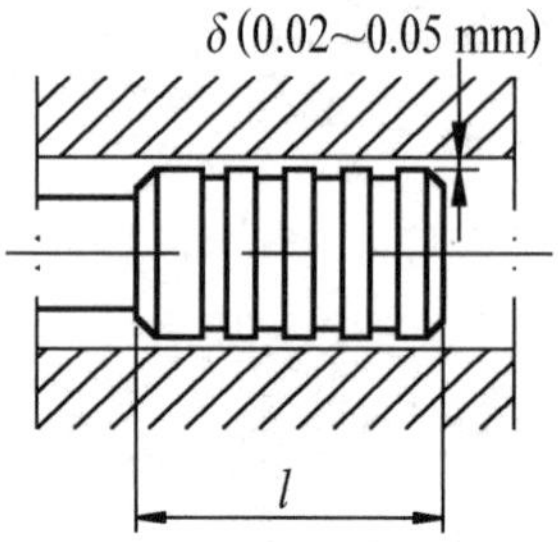

图 4-2-30　间隙密封

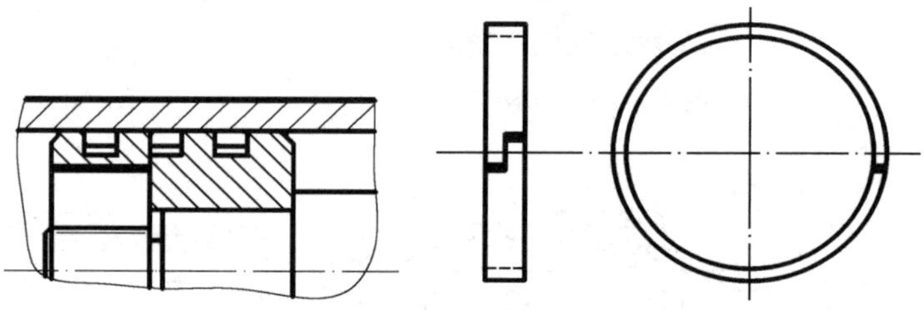

(a)　　(b)

图 4-2-31　活塞环结构与密封

活塞环密封，如图 4-2-31 所示，(a)为活塞环密封，(b)为活塞环结构。

密封圈密封，它采用橡胶、尼龙或其他高分子材料制成，密封圈密封是目前使用最为广泛的一种密封形式。图 4-2-32 中，(a)、(b)、(c)分别表示 O 形、V 形和 Y 形橡胶密封圈在活塞杆和端盖密封处的应用。活塞杆密封处设置防尘圈。防尘圈的唇边应朝向活塞杆外伸的一侧，如图(d)所示。

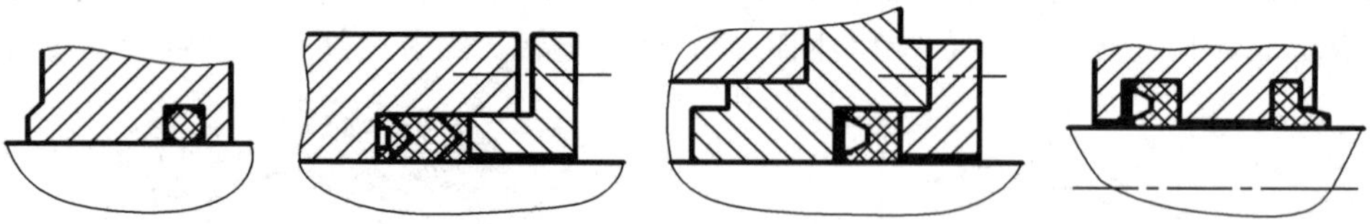

(a)　　(b)　　(c)　　(d)

图 4-2-32　密封圈密封

【课后训练】（打“※”为选做题）

一、名词解释

1.液压泵　2.液压缸　3.困油现象　4.泄漏现象　5.切换位置　6.压力控制阀　7.流量控制阀

二、填空题

1.液压泵按其结构分类可分为________、________、________和________四种。

2.液压系统中的液压阀种类有________、________及________三种。

3.液压系统是由液压________元件、液压________元件、液压________元件、液压________元件组成的一个动力传输和控制系统。目前液压系统向着________的机电一体化方向发展。

4.齿轮泵工作时的两大有害现象是________和________。

5.单作用液压缸根据结构可分为________、________、________。

6.换向阀根据阀芯与阀体的相对运动方式可分为________和________两种。

7.油箱内部的吸油管和回油管被两块________隔开，它起到________、________及________的作用。

8.滤油器的主要作用是________________________________。

9.油管接头有________、________、________、________等几种形式，一般由具体使用需要来决定采用何种连接方式。

三、选择题

1.滤油器属于液压系统的(　　)元件。

A.执行　　B.动力　　C.控制　　D.辅助

2.单向阀属于液压系统的(　　)原件。

A.执行　　B.动力　　C.控制　　D.辅助

3.节流阀属于(　　)阀。

A.方向　　B.压力　　C.流量　　D.单向

4.“三位四通”阀中的“位”指的是(　　)。

A.油口　　B.切换位置数　　C.接口　　D.阀芯

5.液压缸在使用过程中会渗入空气而引起爬行、颤抖现象，故液压系统应该设置(　　)装置。

A.换气　　B.放气　　C.缓冲　　D.密封

四、判断题

1.液控单向阀可以实现油液的双向流动。(　　)

2.普通单向阀接在泵的出口，可以避免系统油液向泵内倒流。(　　)

3.汽车上的燃油管都是由橡胶制作的。(　　)

4.汽车液压系统中大多数采用开放式油箱。(　　)

5.汽车底盘系统中的液压减震器就是一个液压油缸。(　　)

五、简答题(※)

1.液压泵的基本工作条件是什么？

2.简述液压系统的工作原理。

3.齿轮泵和叶片泵各有什么工作特点？

4.液压缸是由哪几部分构成的？

5.油箱的主要功能有哪些？

6.液压系统的密封方式有哪些？

任务三　汽车典型液压回路工作原理分析

【任务目标】

目标类型	目标要求
知识目标	(1)描述汽车发动机、汽车底盘系统的组成 (2)了解汽车转向系统、制动系统、润滑系统的基本组成和功用 (3)认识液压系统在汽车上的应用
技能目标	达到汽车维修中级工如下要求： 运用液压传动的基本知识学习其在汽车各装置上的运用
情感目标	(1)培养学生认识汽车是机、电、汽、液高度综合的产品意识 (2)培养学生要想成为合格的汽车维修工应具备的液压传动知识储备

【任务描述】

燃烧汽油的小轿车是由发动机、底盘、电气设备和车身及其附件四大部分组成的，而发动机是由曲柄连杆机构和配气机构两大机构和燃油供给系统、冷却系统、润滑系统、冷却系统、起动系统、点火系统五大系统构成，汽车底盘系统是由传动系统、行驶系统、转向系统、制动系统组成。在汽车的这些组成系统里大量采用了液压传动系统，如液压助力转向系统、液压制动系统、自动变速器液力传动系统、汽车发动机冷却系统、汽车发动机润滑系统等，因此我们需要掌握这些系统的组成和工作原理。

【知识准备】

一、汽车转向系统

汽车在行驶时，经常需要改变行驶方向。汽车上用来改变汽车行驶方向的机构称为汽车转向系统。汽车转向系统根据其转向能源的不同，可以分为机械转向系统、动力转向系统两大类型。机械转向系统以驾驶员的体力作为转向能源，又称为人力转向系统。机械转向系统是由转向操纵机构、转向器、转向传动装置构成。转向操纵机构包括转向盘、转向轴等机件。转向器包括转向轴下端的蜗杆与扇形齿轮。转向器是一个减速增矩机构，经转向器放大的力矩传给转向传动机构。转向传动机构包括转向直拉杆、转向节臂、转向横拉杆、左右梯形臂等机件构成。机械转向系统的构成，如图 4-3-1 所示。液压动力转向系统是在机械转向系统组成的基础上加设一套转向加力装置兼用驾驶员的体力和发动机动力作为转向能源，并且以发动机动力作为主要能源而成的转向系统。液压动力转向系统的组成，如图 4-3-2 所示。其中增加了油罐、油泵、转向控制阀、转向动力缸等构件。

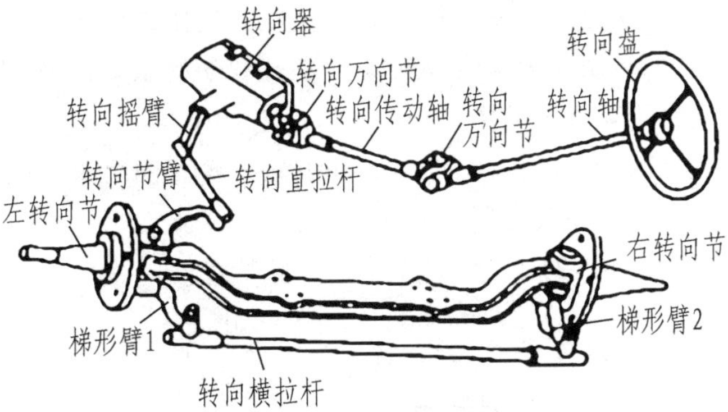

图 4-3-1 机械转向系统的构成

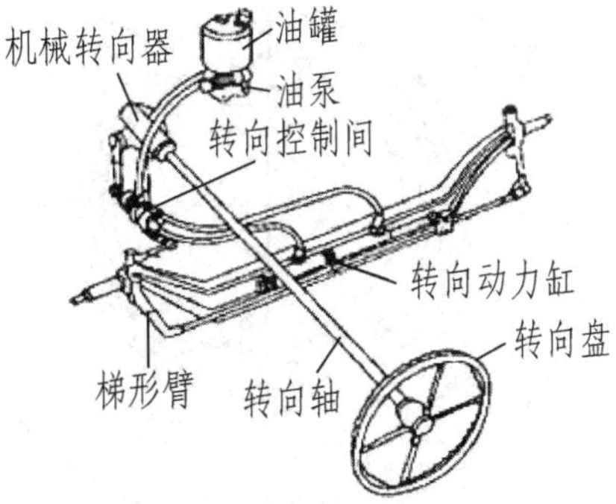

图 4-3-2 液压动力系统的组成

二、汽车制动系统

在路面宽阔平坦，车流和人流又较少的情况下，汽车可以高速行驶，以提高运输生产效率。但汽车行驶过程中也会遇到复杂多变的路面状况，如进入弯道、行经不平道路、两车交会、突遇障碍物等，为了保证行驶安全，要求汽车在尽可能短的距离内将车速降低，甚至停车。此外，汽车下长坡时，在重力产生的下滑力作用下，汽车有不断加速到危险程度的趋势，此时应将车速限定在安全值内，并保持相对稳定；对停驶的车辆，特别是在坡道上停驶的汽车应使之可靠地驻留原地不动。

汽车上用以使汽车减速或停止的一系列装置称之为制动系统。其功用是：按照需要使汽车减速或在最短离内停车；下坡行驶时限制车速；使汽车可靠地停放在原地，保持不动。（减速停车、驻车制动）

1.制动系统的分类

(1)按制动系统的功用分类。

①行车制动系统——使行驶中的汽车降低速度甚至停车的专门装置。

②驻车制动系统——使已停驶的汽车驻留原地不动的装置。

③第二制动系统——在行车制动系统失效情况下保证汽车仍能实现减速或停车的装置。

④辅助制动系统——在汽车下长坡时用以稳定车速的装置。

(2)按制动系统的制动能源分类。

①人力制动系统——以驾驶员的肌体作为唯一制动能源的制动系统。

②动力制动系统——完全依靠发动机动力转化成的气压或液压进行制动的制动系统。

③伺服制动系统——兼用人力和发动机动力进行制动的制动系统，也称助力制动系统。

(3)按照制动能量的传输方式分类。

制动系统又可分为机械式、液压式、气压式和电磁式等。同时采用两种传能方式的制动系统可称为组合式制动系统，如气液制动系统。

2.制动系统的组成(图 4-3-3)

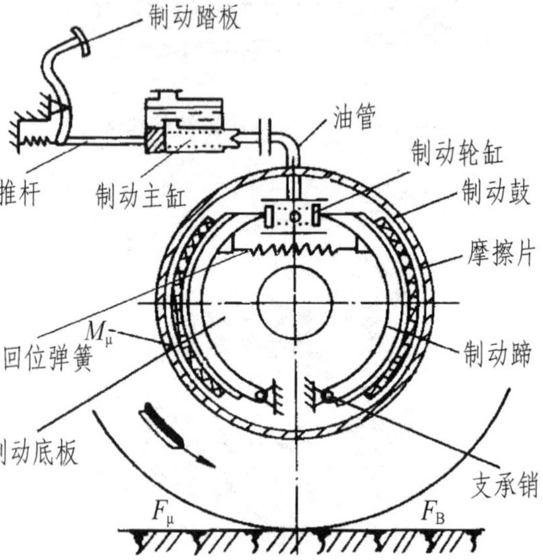

图 4-3-3 制动系统的组成

①供能装置——包括供给、调节制动所需能量以及改善传能介质状态的各种部件。其中产生制动能量的部分称为制动能源。人的肌体也可作为制动能源。

②控制装置——包括产生制动动作和控制制动效果的各种部件，如制动踏板、制动阀等。

③传动装置——包括将制动能量传输到制动器的各个部件，如制动主缸和制动轮缸等。

④制动器——产生制动摩擦力矩的部件。

较为完善的制动系统还具有制动力调节装置、报警装置、压力保护装置等附加装置。

三、汽车发动机润滑系统

发动机润滑系统的基本任务就是将清洁的、压力和温度适宜的润滑油不断地送到发动机各运行零件的表面，以减少零件的摩擦和磨损。它具有润滑、冷却、清洗、密封和防锈五大作用。

1.润滑方式

当前汽车发动机多采用飞溅润滑与压力润滑系统相结合的综合润滑方式。

(1)飞溅润滑是利用发动机工作时运动的零件溅泼起来的油滴或油雾润滑摩擦表面的润滑方式。该方式主要用来润滑负荷较轻的气缸壁面和配气机构的凸轮、挺柱、气门杆以及摇臂等零件的工作表面。

(2)压力润滑是以一定的压力把机油供入摩擦表面形成润滑油膜的润滑方式。这种方式主要用于润滑负荷较大的、相对运动速度较高的主轴承、连杆轴承及凸轮轴承等的摩擦表面的润滑。

2.发动机润滑系统的组成(图 4-3-4)

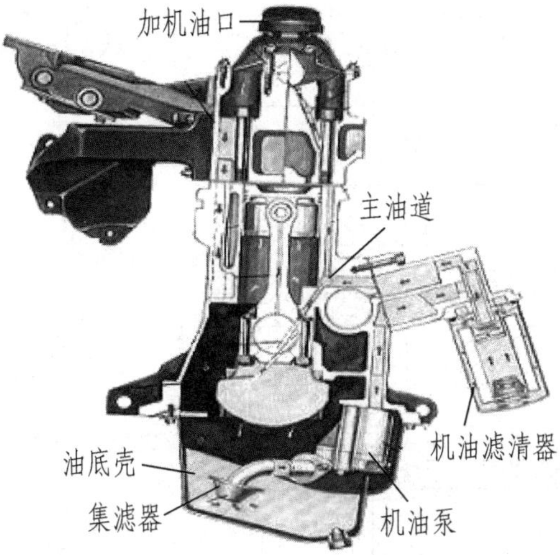

图 4-3-4 发动机润滑系统的组成

(1)机油供给装置。

组成:油底壳、机油泵、油管、油道等。

功用:储存、输送机油。

(2)机油滤清装置。

组成:机油集滤器、机油滤清器。

功用:滤去机油中杂质。

(3)机油压力显示装置。

组成:机油压力表、机油压力传感器、报警器、指示灯。

功用:显示机油压力。

(4)辅助装置。

组成:机油散热器、各种阀、机油尺等。

功用:使润滑系统性能更完善。

【任务实施】

一、汽车液压助力动力转向系统

汽车液压助力动力转向系统的工作原理,如图 4-3-5 所示。

动力转向所用的高压油由发动机驱动转向油泵供给,转向液压油缸内装活塞,驾驶员通过方向盘操纵转向器,由转向器控制转向控制阀,使油泵输出的高压油进入转向液压油缸内活塞的左腔室或右腔室,在液压油的压力作用下,转向液压油缸内活塞的左右移动,控制转向摇臂和转向传动机构使车轮左偏或右偏。

汽车液压助力动力转向系统的工作原理分析。

1.汽车直线行驶

在汽车直线行驶时,方向盘保持原位不动,换向阀芯处于中间位置,液压缸的左、右两腔与回油路相连通,转向液压油缸内的活塞处于平衡状态。

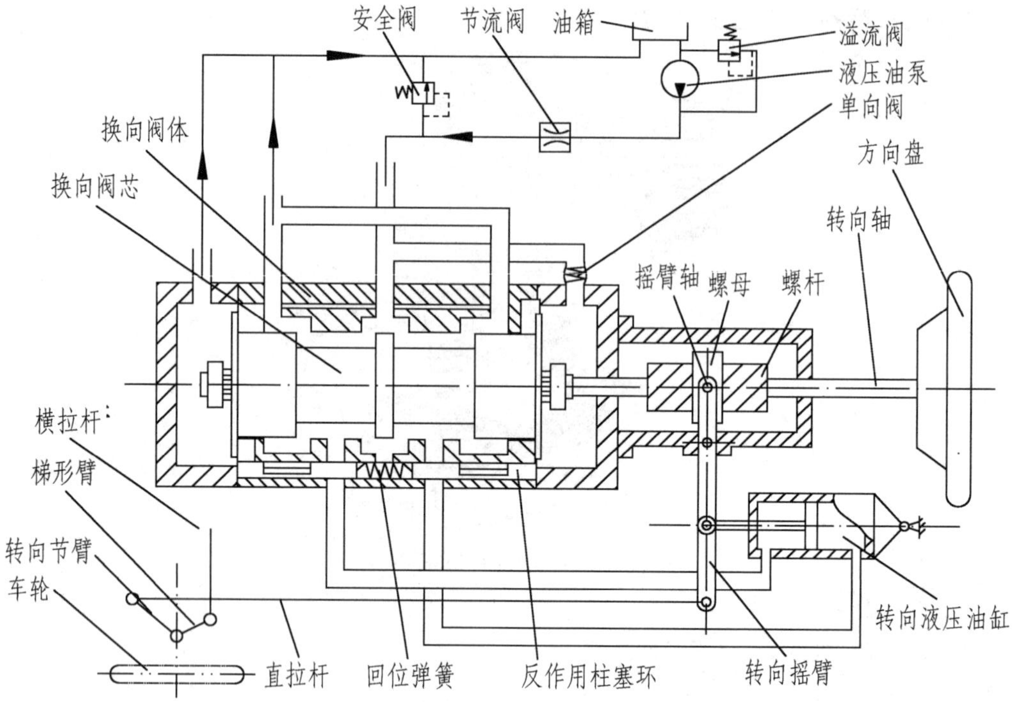

图 4-3-5 汽车液压助力动力转向系统工作原理

2.汽车左转

汽车左转时，驾驶员向左转动方向盘，螺杆随之转动，螺母受车轮转向的阻力约束而暂时不动，因而，螺母对螺杆产生一个向左的轴向作用力，迫使换向阀芯相对于换向阀体向左移动，因此改变油路的通路，从液压油泵传来的压力油经过转向控制阀进入转向液压油缸内活塞的右腔，推动活塞向左移动，从而推动摇臂、直拉杆、转向节臂、梯形臂、横拉杆带动车轮左转，起加力作用。

3.汽车右转

汽车右转时，驾驶员向右转动方向盘，螺杆随之转动，螺母受车轮转向的阻力约束而暂时不动，因而，螺母对螺杆产生一个向右的轴向作用力，迫使换向阀芯相对于换向阀体向右移动，因此改变油路的通路，从液压油泵传来的压力油经过转向控制阀进入转向液压油缸内活塞的左腔，推动活塞向右移动，从而推动摇臂、直拉杆、转向节臂、梯形臂、横拉杆带动车轮右转，起加力作用。

液压油泵由发动机带动，有时泵的转速会因发动机的转速的提升而加快，通过节流阀的阻力会增加，其前面的油液压力会增高，可使溢流阀打开，泵的多余油液经溢流阀流回油箱。如果负载加大，使节流阀后面的油液压力增高，则安全阀打开，降低系统的压力，从而限制压力的升高。

当液压泵失效而不能向系统供油时，通过进、回油道的压力差，使单向阀打开，从而使进、回油路相通，从而减小液压油的阻力，实现手动的机械式的转向操纵。

二、汽车液压制动系统

制动系统的一般工作原理：利用与车身（或车架）相连接的非旋转零件，与车轮（或传动轴)相连接的旋转零件之间的相互摩擦来阻止车轮的转动或转动趋势,达到制动的目的。

一个以内圆面为工作表面的金属制动鼓,固定在车轮的轮毂上,随车轮一同旋转,旋转部分就是制动鼓。固定部分包括制动蹄和制动底板,在固定不动的制动底板上,有两个支承销,支撑着两个弧形制动蹄的下端。制动蹄的外圆面上装有摩擦片。制动底板上还装有液压制动轮缸,用油管与装在车架上的制动主缸相连通。主缸内的活塞可由驾驶员通过制动踏板机构操纵。制动传动机构主要由制动踏板、推杆、制动主缸、制动轮缸和管路组成。

制动系统不工作时,制动蹄与制动鼓之间有间隙,车轮和制动鼓可自由旋转。制动时,要汽车减速,脚踏下制动器踏板,通过推杆和主缸活塞,使主缸油液在一定压力下流入轮缸,并通过两轮缸活塞,使制动蹄绕支承销转动,上端向两边分开而以其摩擦片压紧在制动鼓的内圆面上。不转的制动蹄对旋转制动鼓产生摩擦力矩,从而产生制动力。解除制动,当放开制动踏板时回位弹簧即将制动蹄拉回原位,制动力消失。

液压制动系统的工作原理如图 4-3-6 所示。油泵把储液罐内的油液经过单向阀压入前后轮制动储能器。当踏下制动踏板时,制动阀开启,使高压油液流入前后制动管路,对前、后轮进行制动,当放松制动踏板时,前后制动管路中多余的油经安装在制动阀上的回油管回到储液罐。

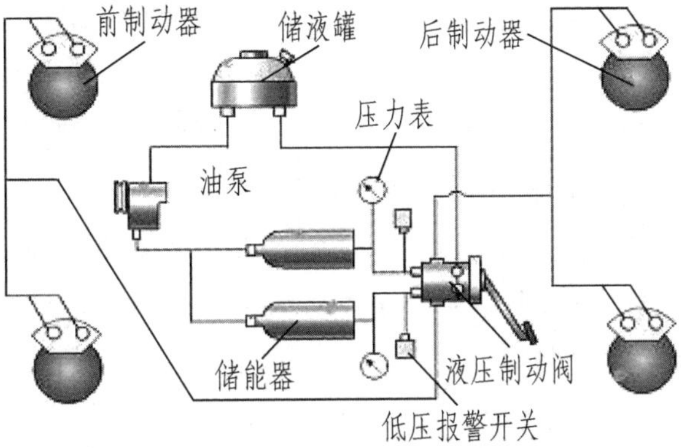

图 4-3-6 液压制动系统的工作原理

在当今的各类汽车上,不论依靠何种制动动力源,都采用双管路装置,若其中的一套管路损坏时,另一套仍然起制动作用,从而可以提高制动的可靠性。

三、汽车发动机润滑系统

采用复合式润滑系统的桑塔纳轿车汽油发动机润滑系统结构与油路如图 4-3-7 所示。

发动机工作时,油底壳内的润滑油经粗集滤器滤掉大的机械杂质后,被机油泵压入机油滤清器后分三路送出。第一路经主油道后分为两支:一支送入曲轴主轴承分油道,润滑主轴承,经曲轴内油道滑润连杆大端轴承,再经连杆内油道润滑连杆小端轴承后回到油底壳;另一支则进入中间轴的轴承后流回油底壳。第二路从主油道进入凸轮轴的轴承后再润滑气门机构,然后流回油底壳。第三路,在主油道油压太高或流量太大的情况下,润滑油冲开油底壳内的润滑油经粗集滤器滤掉大的机械杂质后,被机油泵压入机油滤清器后又分 3 路送出。第 1 路经主油道后分为两支:一支送入曲轴主轴承分油道,润滑主轴承,经曲轴内油道滑润连杆大端轴承,再经连杆内油道润滑连杆小端轴承后回到油底壳;另一支则进入中间轴的轴承(AJR 型发动机无中间轴)后流回油底壳。第 2 路从主油道进入凸轮轴的轴承后再润滑气门机构,然后流回油底壳。第 3 路，在主油道油压太高或流量太大的情况下，润滑油冲开安全阀，分流回油底壳。

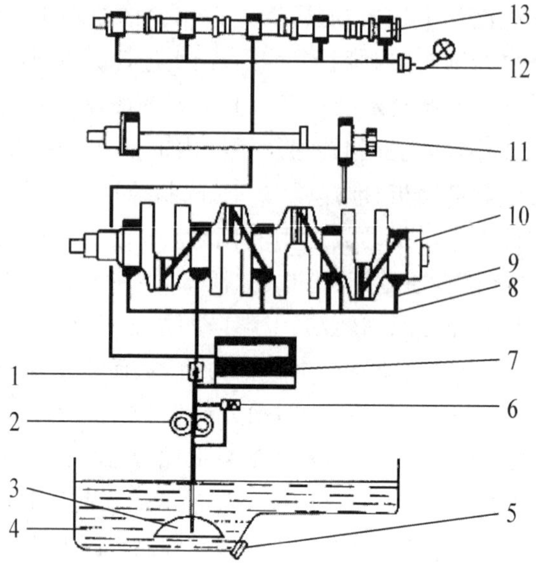

图 4-3-7　润滑系统结构与油路

1-旁通阀；2-机油泵；3-粗集滤器；4-油底壳；5-放油塞；6-安全阀；

7-机油滤清器；8-主油道；9-油道；10-曲轴；11-中间轴；12-压力开关；13-凸轮轴

机油滤清器上没有旁通阀，起动压力产生的压强为 0.18 MPa。当机油滤清器堵塞，润滑油通过压力开关短路进入主油道，防止发动机运动副因缺润滑油而烧坏。

一般机油泵的实际供油量比润滑系的循环油量大 2～3 倍，机油泵供给的多余润滑油通过润滑系统的安全阀直接流回油底壳。

【任务拓展】

气压制动系统

以发动机的动力驱动空气压缩机作为制动器制动的唯一能源，而驾驶员的体力仅作为控制能源的制动系统称为气压制动系统。一般装载质量在 8000 kg 以上的载货汽车和大客车都使用这种制动装置。

汽车气压制动系统示意图如图 4-3-8 所示。

由发动机驱动的空气压缩机(以下简称空压机)1 将压缩空气经单向阀 4 首先输入湿储气罐 6，压缩空气在湿储气罐内冷却并进行油水分离之后，分成两个回路：一个回路经储气罐 14、双腔制动阀 3 的后腔通向前制动气室 2，另一个回路经主储气罐 17、双腔制动阀 3 的前腔和快放阀 13 通向后制动气室 10。当其中一个回路发生故障失效时，另一个回路仍能继续工作，以维持汽车具有一定的制动能力，从而提高了汽车行驶的安全性。

双腔制动阀通过制动踏板来操纵。不制动时，前、后制动气室 2、10 分别经制动阀 3 和快放阀 13 与大气相通，而与来自储气罐 14 的压缩空气隔绝，因此所有车轮制动器均不制动。当驾驶员踩下制动踏板时，制动阀 3 首先切断各制动气室与大气的通道，并接通与压缩空气的通道，于是两个储气罐便各自独立地经制动阀向前、后制动气室 2、10 供气，促动前、后制动器产生制动。

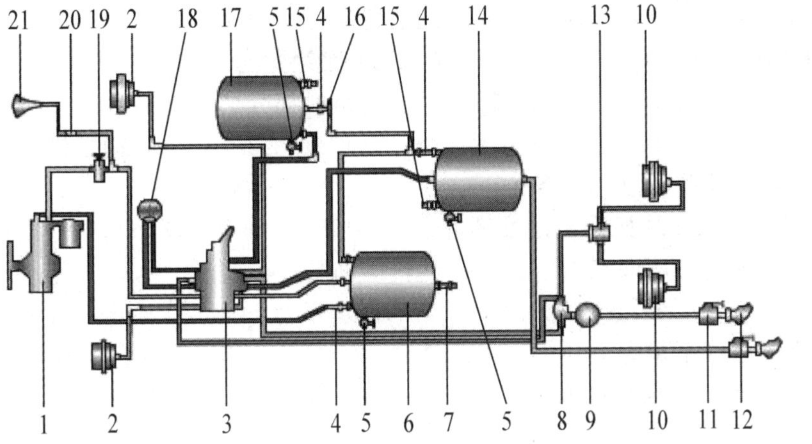

图 4-3-8 气压制动系统示意图

1-空气压缩机；2-前制动气室；3-双腔制动阀；4-单向阀；5-放水阀；
6-湿储气罐；7-安全阀；8-梭阀；9-挂车制动阀；10-后制动气室；11-挂车分离开关；
12-接头；13-快放阀；14-储气罐(供前制动器)；15-低压报警器；16-取气阀；
17-主储气罐(供后制动器)；18-双针气压表；19-调压器；20-气喇叭开关；21-气喇叭

上图中还有一条通向挂车制动回路的气路。在不制动的情况下，前制动储气罐通过挂车制动阀 9、挂车分离开关 11、接头 12 向挂车储气罐充气。制动时，双腔制动阀的前、后腔输出气压都通入梭阀 8。由于两腔输出的气压不可能一致，梭阀只让压力较高腔的压缩空气输入挂车制动阀 9，后者输出的气压又控制装在挂车上的继动阀，使挂车产生制动。

【课后训练】（打“※”为选做题）

一、名词解释

1.机械转向系统；2.液压动力转向系统；3.制动系统；4.飞溅润滑；5.压力润滑；6.组合制动系统

二、填空题

1.小轿车是由__________、__________、__________和__________四大部分组成。

2.发动机是由__________和__________两大机构及__________、__________、__________、__________和__________五大系统构成。

3.汽车底盘系统是由__________、__________、__________和__________组成。

4.转向器是一个__________机构，经转向器放大的力矩传给转向传动机构。

5.汽车下长坡时，在重力产生的下滑力作用下，汽车有不断________到危险程度的趋势。

6.安装在汽车上的汽车制动系统可分为__________制动系统、__________制动系统。

7.制动系统主要是由__________、__________、__________和__________组成。

8.发动机润滑系统具有__________、__________、__________、__________和__________五大作用。

9.发动机润滑系统是由__________、__________、__________和__________四部分组成。

三、选择题

1.汽车部件上没有采用液压传动系统的装置是(　　)。

A.助力转向系统　B.制动系统　C.自动变速器　D.点火系统

2.下面(　　)零件不是液压助力转向系统的组成部分。

A.油泵　B.轮缸　C.转向动力缸　D.转向控制阀

3.发动机润滑系统的基本任务是(　　)。

A.减少摩擦磨损　B.推动润滑油循环　C.形成动压润滑　D.防止零件损坏

4.动力转向系的高压油是由(　　)驱动转向油泵提供的。

C.发动机　B.电动机　C.液压马达　D.液压油缸

5.汽车制动系统不包含下列(　　)元件。

A.制动蹄　B.制动鼓　C.变速器　D.摩擦片

四、判断题

1.液力变矩器和液力耦合器起同样的作用。(　　)

2.汽车直线行驶,驾驶员的手可以长时间离开方向盘。(　　)

3.汽车行驶中制动,驾驶员可以长时间踩住制动踏板。(　　)

4.当机油滤清器堵塞时,润滑油可以通过压力开关短路而进入主油道。(　　)

5.油底壳内的润滑油经粗集滤器过滤后可以过滤掉所有的机械杂质。(　　)

五、简答题(※)

1.液压转向系统的基本组成零部件有哪些?

2.汽车制动系统的功能是什么?

3.发动机润滑系统的组成部分有哪些?

4.发动机润滑系统的工作原理是什么?

参 考 文 献

[1]冯学敦.汽车机械基础[M].北京:机械工业出版社,2011.

[2]徐彪,张秀清,沈琴.机械基础[M].上海:上海交通大学出版社,2011.

[3]黄森彬.机械设计基础(第二版)[M].北京:高等教育出版社,2008.

[4]屠卫星.自动变速器维修(第二版)[M].北京:高等教育出版社,2007.

[5]王宝玺,贾庆祥.汽车制造工艺学(第3版)[M].北京:机械工业出版社,2010.

[6]何仕涛.实施汽车发动机维修[M].重庆:重庆大学出版社,2007.

[7]陈文均.汽车材料(第二版)[M].北京:高等教育出版社,2007.

[8]邹世平,刘晛暲.金属材料与热处理[M].重庆:西南师范大学出版社,2010.

[9]解生杰,陈大红.汽车维修机械基础[M].重庆:西南师范大学出版社,2012.